[新版]
教養としての体育原理

現代の体育・スポーツを考えるために

友添秀則・岡出美則　編著

大修館書店

まえがき

　早いもので本書の初版が公刊されてから、すでに10年余の歳月が流れた。この間、わが国のスポーツや学校体育をめぐる状況は大きく変化した。そのため、この変化に対応できるように、中堅・若手研究者に新たに執筆に加わっていただき、内容を大きく刷新し、ここに新版として公刊することとした。

　2005年に初版が出て以降、2010年には、文部科学省から「スポーツ立国戦略」が出された。そこでは、すべての人々のスポーツ機会の確保やトップスポーツと地域スポーツの好循環の創出、新たなスポーツ文化の確立が目指された。さらに、翌年（2011年）に出された「スポーツ基本法」では、「スポーツ立国戦略」を基調としながら、スポーツを通じて幸福で豊かな生活を営むことが、すべての人々の権利であることが謳われた。この基本法を受けて2012年の「スポーツ基本計画」では①子供のスポーツ機会の充実、②ライフステージに応じたスポーツ活動の推進、③地域のスポーツ環境の整備、④国際競技力の向上、⑤スポーツを通じた国際貢献や交流の推進、⑥スポーツ界の透明性とガバナンス（組織統治）の強化、⑦トップスポーツと地域スポーツの好循循環が目指されることになった。そして、これらの施策の推進・実現のために、2015年にはスポーツ庁が創設された。

　このようなスポーツの一連の政策では、正課の体育授業や運動部活動を含んだ学校体育が、その根幹に位置づけられている。というのも、生涯スポーツ社会の実現には、学童期に生涯にわたって豊かなスポーツライフを継続する資質や能力を育てることが何よりも大切であり、とりわけ学校体育が果たす役割が大きいからである。

　しかし、スポーツが社会の中で重要な位置を占める時代になったとはいえ、現実のスポーツの世界には、競技団体の監督・コーチによる暴力行為、競技団体による補助金の不正受給、Ｊリーグでの人種差別行為、プロ野球選手による野球賭博や覚せい剤使用、未成年選手による大麻吸引等などの問題が起こった。また、ロシアの国家ぐるみのドーピング、国際オリンピック委員会（IOC）が懸念する八百長等など、スポーツの世界での不祥事が後を絶たず、現代のスポーツは危機に瀕しているといっても過言ではない。

他方、2012年末に起こった部活顧問教師の暴力による高校生の自殺、その後発覚した運動部活動での一連の体罰・暴力問題は、競技団体の暴力問題とともに、時の文部科学大臣が緊急メッセージを出すほどの社会問題となった。加えて、学校体育を取り巻く問題は、この他にも次のように多くある。運動する子と運動しない子の二極化現象の問題は指摘されても、一向に解消される気配はない。学校体育でスポーツ権や生涯スポーツの重要性を学んでも、学校外の日常生活でスポーツ参加が積極的に行われているとは言い難い現実がある。また、中学校や高校の体育授業（体育理論）で学ぶ現代のスポーツのあり方と現実のスポーツのギャップは埋めようがないかのようである。

　ところで、体育原理という領域は、本書で述べているように、スポーツや学校体育の本質を考え、あるべきスポーツや学校体育の原理・原則を明確にしていく領域である。主に哲学的な方法を用いながら考察される。本書は多くの問題を抱える現代のスポーツや学校体育への解決の糸口を提供してくれるだろう。

　もとより本書は、保健体育の教員免許の必要科目「体育原理」のテキストとして編まれたものであるが、この領域を初めて学ぶ人から、現代のスポーツや体育について真剣に考えたいと思っている人たちにも、是非読んでいただきたいと思う。

　周知のように2020年には東京で、オリンピック・パラリンピック競技大会が開催されるが、この国家的イベントはさらに、これからのわが国のスポーツの有り様や学校体育を大きく変えていく契機になるだろう。そのような時期だからこそ、本書でスポーツや学校体育の学びを深めていただければ、筆者らの望外の喜びでもある。

　最後になったが、改訂版の完成でも、初版同様、編集部の松井貴之氏には大変お世話になった。ここに記してお礼を申し上げる。

編者を代表して
友添　秀則
2016年7月

CONTENTS

第 I 部 体育原理への誘い
体育原理の基礎理論 — 1

第1章 なぜ、体育原理を学ぶのか — 2
1. スポーツと体育への考察
2. 現代スポーツをとりまく諸問題
3. 学校体育をとりまく諸問題
4. 体育原理の必要性

第2章 体育原理はどのような学問か — 8
1. 「体育原理」とそれに類似した名称
2. 体育原理の学問的位置づけ
3. 体育原理の学問的役割
4. 体育原理の対象・課題
5. 体育原理の今日的意義

第3章 体育の理念はどう変わってきたのか — 14
1. 体育の理念を理解するための4つの概念
2. 生涯にわたりスポーツに親しむ資質・能力の育成をめざす動き
3. 発達の段階に応じた児童生徒の人間形成に対する体育の貢献
4. 体育の質の改善に向けた国際的な取り組み

第4章 体育とスポーツは何が違うのか — 20
1. 「運動」部から「スポーツ」部へ
2. 体育という教科名
3. 「体育」から「スポーツ」へ
4. 体育とスポーツの混同と混用
5. 体育の新しい役割

第 II 部 体育原理の深層へ
体育原理の発展理論 — 27

第1章 運動のもつ可能性 — 28
1. 「運動」の概念
2. 「身体運動」のもつ可能性
3. 身体運動における意味生成と体験
4. 「スポーツ」のもつ可能性
5. 運動のもつ豊かな可能性を生み出すために

第2章 体育における人間形成 — 34
1. 体育における人間形成とはどのような意味か
2. 個人的人間形成
3. 共同体的人間形成
4. 武道と人間形成
5. 現代への視角

第3章 体育とフェアプレイ
フェアプレイは有効か — 40
1. スポーツ規範の教育的価値
2. スポーツ規範
3. フェアプレイの特質
4. フェアな子を育てるには

46	第4章 体育と身体形成 身体形成とは何か	1. 身体の自然成長と意図的教育 2. 身体形成における身体観 3. 人間の身体の階層構造 4. スポーツ・運動文化の独自の意義 5. 人間の身体の未来を選びとる
52	第5章 身体からみた 体育の可能性	1. 体育学としての身体論 2. 学校という制度と身体 3. 学校教育と身体教育 4. 身体の可能性と学校体育
58	第6章 体育で競争を どのように位置づけるか	1. 競争とは 2. 教育における競争 3. スポーツにおける競争をどうとらえるのか 4. 体育で競争を教える
64	第7章 プレイが生み出す 体育の可能性 プレイは何をもたらすか	1. スポーツとプレイ（遊び） 2. プレイとは何か 3. 他者関係としてのプレイ 4. 「プレイとしてのスポーツ」と体育
70	第8章 技術指導からみた体育	1. 体育の目標と運動技術・戦術 2. 運動の課題性と運動技能・戦術行動の構造 3. 運動の課題性の違いに応じた 　技術・戦術指導の視点
76	第9章 体育と指導者 体育教師とコーチ、何が違うのか	1. 「コーチは教師である」論 2. 「教師／コーチ」の役割葛藤 3. 「教師／コーチ」から「コーチ」へ 4. 「運動部活動」の指導とは何か
82	第10章 運動部活動の 意義と課題	1. 運動部活動への期待と批判 2. 運動部活動の歴史的背景 3. 運動部活動の現状 4. 運動部活動の政策動向 5. 運動部活動の重要課題
88	第11章 子供からみた 体育の存在意義 なぜ、子供に体育は必要か	1. 子供の体力低下問題にみる体育の重要性 2. 「できる」経験による運動有能感の高まり 3. 他者との協同的な学びによる 　コミュニケーションスキルの向上 4. これからの社会で求められる 　「思考力」を育む体育 5. 子供にとって価値ある体育の充実のために
94	第12章 社会変化と今後の体育	1. ゆれる社会、ゆれる教育と学校体育 2. スポーツ需要の変化と学校体育 3. 新たなスポーツ現象が問いかけるもの 4. これからの学校体育のあり方

| 101 | 第Ⅲ部 | # 体育原理を考えるために
現代スポーツの周辺 |

102	第1章 スポーツと宗教	1. スポーツのはじまりと宗教 2. 近代スポーツのはじまり 3. 現代・未来のスポーツに宗教はどのように裨益するのか
105	第2章 スポーツと政治	1. オリンピックと政治の補完と不可侵の関係 2. 国家戦略としてのスポーツ 3. スポーツ団体と政治家の相互依存
108	第3章 スポーツと法・行政	1. 体育原理と法・人権 2. スポーツと法 3. 体育行政からスポーツ行政へ
111	第4章 スポーツと環境	1. 環境問題がもたらすスポーツフィールドの貧困化 2. "加害者"としてのスポーツ 3. 環境とスポーツの共存・共生の道を探る
114	第5章 スポーツとグローバリゼーション	1. 「越境する文化」としてのスポーツ 2. スポーツのグローバリゼーションが引き起こす問題
117	第6章 スポーツとビジネス	1. スポーツビジネスの時代 2. スポーツの産業と経済規模 3. スポーツビジネスの課題
120	第7章 みんなのスポーツ	1. 「みんなのスポーツ」スローガンの意義 2. 日本における「みんなのスポーツ」 3. 「スポーツプロモーション」の実現をめざして
123	第8章 スポーツとドーピング	1. ドーピングとは何か 2. スポーツとドーピングの歴史 3. アンチ・ドーピング活動の展開とその意義
126	第9章 スポーツとナショナリズム	1. スポーツにみられるナショナリズム 2. ナショナリズムとは 3. スポーツとナショナリズムを問うこと
129	第10章 スポーツと勝利至上主義	1. 「勝利至上主義」という問題性 2. スポーツにおける勝利は至上価値なのか 3. 「勝利至上主義」の社会的意味
132	第11章 スポーツとオリンピズム	1. クーベルタンと近代オリンピック誕生の背景 2. クーベルタンが表現したオリンピズム 3. クーベルタン以降のオリンピズムの解釈と展開

135	第12章 スポーツとルール	1. スポーツのルールの機能：面白さの保障 2. ルールがスポーツを構成する 3. ルールブックや慣習を支える原理と解釈 4. いろいろな視点からルールを解釈・デザインする
138	第13章 スポーツとメディア	1. スポーツとメディアの共生的関係 2. メディアスポーツの構造と意味 3. 「流通／消費過程」における課題
141	第14章 スポーツと美しさ	1. 「スポーツと美しさ」という表題 2. 「スポーツの美」についての研究から 3. 「美しさ」を考えるためのテーマとしてのスポーツ
144	第15章 スポーツとコミュニティ	1. わが国のスポーツトレンドと 　「地域」への期待の高まり 2. コミュニティとは何か 3. コミュニティスポーツの展開と難問 4. スポーツとコミュニティの形成
147	第16章 スポーツの制度化と暴力	1. 近代化とスポーツによる暴力の封印 2. スポーツ教育による暴力制御の学習 3. スポーツにおける暴力のほころび
150	第17章 スポーツとジェンダー	1. ジェンダーの視点からみたスポーツ 2. スポーツの成立と「男らしい男」 3. 性別二元論がもたらすスポーツの「新しい」問題
153	第18章 スポーツと障害者	1. 障害者スポーツの発展 2. 障害者スポーツの概念をめぐって 3. 障害者スポーツを考えること

157	第Ⅳ部	**体育原理を学ぶ人のための基本文献案内**
157	第1章 体育科教育原論に 関する文献	新版体育科教育学入門／体育科教育学の探究／体育教育を学ぶ人のために／戦後体育実践論（全4巻）／学校体育授業事典／学校になぜ体育の時間があるのか？／よい体育授業を求めて／体育の教材を創る／体育の人間形成論／新版体育科教育学の現在
162	第2章 スポーツ原論に 関する文献	スポーツ倫理を問う／スポーツ哲学の入門／スポーツ文化論シリーズ（全14巻）／21世紀スポーツ大事典／身体の論理／スポーツの哲学的研究／体育・スポーツの哲学的見方／遊戯する身体／身体教育を哲学する／身体教育の思想
167	索引	

第 I 部 体育原理への誘い

体育原理の基礎理論

第1章　なぜ、体育原理を学ぶのか
第2章　体育原理はどのような学問か
第3章　体育の理念はどう変わってきたのか
第4章　体育とスポーツは何が違うのか

第 I 部
体育原理への誘い

第 1 章
なぜ、体育原理を学ぶのか

学習のねらい

スポーツ基本法が成立し、体育やスポーツの施策がスポーツ庁で行われるようになった。今、スポーツと体育は大きな変革期にあるが、同時にスポーツや体育には多くの問題も山積している。これらの問題を前に、私たちはどうすればよいのだろうか。私たちはスポーツと体育の諸問題に向き合い、批判的な考察を重ねながら、あるべきスポーツや体育の世界を創造していかなければならない。ここでは、そのための真摯な努力を支えてくれるのが体育原理という学問であることを理解する。

1. スポーツと体育への考察

　本書を手に取った人の多くは、子供の頃からスポーツが大好きで、学校での体育が得意な人たちが多いのではないだろうか。だから、スポーツや体育について、ことさら問題を感じたり、深く掘り下げて考えてみたりすることなどなかったかもしれない。あるいは、自らのスポーツ経験の中で、記録が伸びなかったり、人間関係に悩んだりといった経験の中で、スポーツについて考え始めた人がいるかもしれない。また、学校の体育の授業で、劣等感を味わったり深く傷ついたりした経験を心の奥深くにしまいこんだりして、体育が嫌いになった人もいるだろう。中には、高校の体育理論の授業を通して、現代のスポーツが陽のあたる部分だけではなく、多くの問題を抱えていることを知った人もいるだろう。

　スポーツや体育の良い面や悪い面だけを取り上げて、それを過大に評価したり逆に批判しているだけでは、スポーツや体育の現実はみえない。それどころか、時にはスポーツや体育を歪めてしまうことにもなりかねない。2020年の東京オリンピック・パラリンピック競技大会を控え、また、**スポーツ庁**が設置された今、スポーツや体育は大きな変革期にある。加えてスポーツや体育は様々な側面で、それぞれ大きな難問を抱え、今後うまく発展し続けていくことができるかどうかの岐路に立っている。

　ところで、スポーツや体育についての問題意識の大小はあっても、そもそも、スポーツや体育が何であり、両者の違いがどのようなものかを詳しく知っている人は少ないと思われる。スポーツや体育の問題を考えていくには、これらのおおよその了解が必要だろう。もちろん、これらについては、本書全体を通して、スポーツや体育を様々な視点から学んでいくうちに明確になっていくであろうが、さしあたりスポーツと体育を次のようにとらえておきたい。

　狭い意味でのスポーツは、18世紀中頃から19世紀末までの近代という時代に、最初はイギリスで、その後引き続いてアメリカという特定の地域に生まれた、独自の論理（資本の論理、自由競争の論理、平等主義の論理、禁欲的な倫理観、モダニズム）をもった、大筋活動と競争を伴った身体運動にかかわる文化である。また広

スポーツ庁
：各省にまたがるスポーツ行政の縦割りを解消し、一層のスポーツ振興を図るために、2015年10月1日に文部科学省の外局として発足した。体育授業や運動部活動等の学校体育については、政策課の学校体育室が扱う。

い意味では、古代ギリシャの運動競技や、中世ヨーロッパの民族伝承運動に代表されるように、各民族が継承、発展させてきた踊りや健康体操などを含んだ様々な身体運動の形式を指して用いられる。近年では、このような広狭のスポーツ概念を考慮しながら、スポーツを、競争的なスポーツ（競技スポーツ）だけではなく、体操、ダンス、野外活動などを含めて広い意味で用いることが多くなった。本書でもスポーツをこのような意味で用いていくことにする。

　スポーツをこのようにとらえるとき、体育はどのように考えればよいのだろうか。もちろん、体育は今ここで述べたようなスポーツとは明らかに違う。体育は、ここで述べたスポーツ（運動、遊戯、武道などを含む）を教材として行われる人間形成を目的とする教育の一領域である。教科としての体育のように、一定の教育目的や教育内容を備えた教育課程（カリキュラム）に基づいて行われるものから、運動部活動のように教育活動の一環として教科外活動で行われる活動も体育に含まれると考えられる。したがって、本書ではとくに断りのないかぎり、体育は学校で行われる教科としての体育や運動部活動、つまりこれらを合わせた学校体育の意味を指して用いていく。

　さて、スポーツや体育をこのように規定したとき、これらの言葉から何を連想するだろうか。スポーツでは、アメリカのメジャーリーグで活躍する日本人選手の雄姿だろうか。それともオリンピックやパラリンピックで金メダルを獲得した選手の笑顔だろうか。あるいは、スポーツを通しての国際親善や平和だろうか。自分のスポーツ経験から、スポーツの明るさや爽やかさ、そこから生まれる友情や青春を連想するだろうか。他方、体育はどうだろうか。クラスの友人とゲームを通して気持ちが通じ合った思い出だろうか。懸命に努力してやっと逆上がりができたときの喜びだろうか。あるいは、運動部活動で部員が一丸となり、勝利を得た時の達成感や感動だろうか。スポーツも体育も、物心ついたときから、本当に私たちの身近にあって、それらについて考える必要がないほど、両者は私たちに近い存在なのだろう。

　現代では、スポーツは社会の重要な領域を占めるようになったし、体育もその地位が揺るぎないものになったかにみえる。だが、現実のスポーツや体育には難問が山積している。

2．現代スポーツをとりまく諸問題

　周知のように、第二次世界大戦後の東西冷戦下では、スポーツは国威発揚の手段として用いられ、時に社会体制の優位を示す代理戦争の道具としても利用された。冷戦が終結した1990年代以降、一方でスポーツは国際親善や平和のシンボルと考えられるようになったが、他方では冷戦時にも増して、国力や国家のプレゼンス（存在感）を示すものとして用いられるようになった。だから、多くの先進諸国では、オリンピック競技大会で多くの金メダルを獲得したり、サッカーのワールドカップ大会等で優勝することが、国家としての威信を世界に示したり、国民の一体感を醸成する上で重要な政治課題と考えられるようになった。例えば、欧米先進諸国や中国、韓国等のアジアの国では、たとえ不況の中でも競技スポーツに多額の投資を行うようになった。

　このような状況は日本も例外ではなく、スポーツを国づくりの原理とすることを

定めた「スポーツ立国戦略」（2011年）を手始めに、「スポーツ基本法」（同年）を経て、「スポーツ基本計画」（2012年）では、政策目標としてオリンピックの金メダル獲得ランキングで夏季大会では世界5位以上、冬季大会では10位以上が目標と定められた。

　先進諸国が国力を傾注し国家の威信をかけて、メダル獲得に多額の公金を投入したり、若年アスリートを駆り立てスポーツ大国を目指すことが、かつての冷戦下における軍拡競争で軍事大国を目指すことと本質的に同じように思えてならない。文部科学省の外局として設置されたスポーツ庁が、なりふり構わずメダル至上主義によるスポーツ大国を目指すことにならないように、私たちは国際親善や国際平和への貢献というスポーツの価値を実現していくために、注意を払っていかなければならない。

　ところで、現代の国際的なスポーツ大会は大会そのものが巨大化し、競技者はもちろん、大会に様々な形で関与する大会関係者、観客、メディア関係者も膨大な数にのぼるようになった。2012年のロンドンオリンピック・パラリンピック競技大会では、わずか一か月足らずの間に、延べ270万人が競技場で直接観戦し、7万人がボランティアに従事し、世界で370万人がテレビ視聴したという。まさに強烈なメガ化（巨大化）のベクトルを志向しているといえる。そして、イベントが巨大化すると多様な問題が発生する。複雑な国際情勢の中で、オリンピックをはじめとする国際的なスポーツ大会は、テロ組織にとって自らの存在を誇示する格好の標的となる。また、巨大化した現代スポーツは、短い期日に1つの場所に多くの人を集中させるので、**環境破壊の問題**と直結するようにもなった。そして、巨大化した大会は電力使用量も莫大なものになる。

　また現在では、インターネットの普及でどこでも誰でもスポーツに賭けることが可能になった。インターネットを利用しての違法なスポーツ賭博（Sport betting）は、換金性や匿名性に優れていて、摘発が極めて難しい。違法賭博と同時に、スポーツにおける八百長も頻発するようになった。サッカー元日本代表監督の八百長疑惑による監督解任は、日本人にスポーツの世界における賭博や八百長の存在に気づかせることになった。さらに2015年秋には読売巨人軍の現役選手による野球賭博が明るみに出たが、すでに2010年には大相撲幕内力士や親方による野球賭博が発覚している。

　報道で多くの人が知ることになったように、近年多発した競技団体の助成金の不正受給や領収書等の捏造等によるコンプライアンス（法令遵守）違反、ガバナンス（統治）の欠如は社会からのスポーツへの支持の失墜を招いた。また、サッカーJリーグの浦和レッズのサポーターによる人種差別的な「JAPSANESE ONLY」の垂れ幕問題も社会から大きな批判を招いた。他方、悪しき商業主義に染まったスポーツの世界には、いつ頃からか悪しき勝利至上主義が闊歩するようになった。そして、選手のパフォーマンスが商品として売買され、選手は一層自らの商品価値を高めるために頻繁にドーピングに手を染めるようになった。筋肉増強剤等の摂取による薬物ドーピング、呼吸心肺能力の向上を意図した血液ドーピング、ドーピング検査をすりぬけるために行われる尿ドーピング、妊娠初期の母体がたんぱく同化ホルモンの急激な分泌で筋力向上に適することを利用し、人工的に妊娠させ中絶する中絶ド

環境破壊の問題
：スポーツそのものが環境破壊に結びつく場合もある。例えば、競技場の夜間照明は野鳥の生態系に影響を与えたり、アルペンスキーやボブスレーなどの冬季競技は、施設やその利用が生態系に大きな被害をもたらすことがある。

ーピング、そして今や遺伝子を操作して競技能力を高める遺伝子ドーピングが臨床段階に入ったといわれる。なぜ、人間性を破壊するドーピングがスポーツの世界から根絶されないのだろうか。

加えて、相も変わらず、ゲーム中のプレイヤーや審判等の不正や**チート行為**が後を絶たない。これらには、ルール内の合法的なものから違法的なものまで無限にあるといわれる。

ここでみたように、現代スポーツの問題は単純なものから、様々な背景をもつ複雑なものまで多様であるが、スポーツが自立した文化として成立していくためには、何よりも、スポーツの世界の**インテグリティ**（健全性）の確立と強化が求められる。

3．学校体育をとりまく諸問題

現代のスポーツに多くの難問があることを述べてきたが、体育も今、教科そのものの存在意義が様々なレベルで問われている。よく知られているように、公教育は、近代になってヨーロッパに国民国家が成立した早い時期から開始されたもので、日本でも1872（明治5）年には学制が制定され、公教育が開始された。体育はこの学制の制定と同時に、その後、**教科の名称**を何度か変えながらも、現在まで一貫して公教育の中に一定の地位を築いてきた。とくに、第二次世界大戦前は兵士や労働者を身体的側面から形成することに教科の存在意義が置かれてきたし、戦後は産業社会の中で安価で良質の労働者を育成することが主眼にされてきた。つまり、教育における人的資源政策（Manpower Policy）を具体的に担う教科として、教科の存在意義ははっきりしていたともいえる。

しかし、1960年代以降の高度経済成長に伴って登場した脱産業社会の下では、それまでの体育の存在意義も大きな変革を余儀なくされた。この時期以降、学校体育は社会の多様なスポーツ実践を学校に導入しながら、多くの競技スポーツを体育の教材として採用するようになった。そして、体育は生涯スポーツを志向したレジャーの教育として位置づけられるようになる。しかし、1990年代以降の世界的な産業構造の急激な変化や経済不況、健康被害といった子供たちが直面する様々な問題状況の中で、2000年を前後して、アメリカやイギリス、ドイツなどの先進諸国では学力向上を目指す大規模な学校教育改革が起こった。この一連の教育改革の中では、脱産業社会下のレジャー志向の体育は批判を浴びるようになった。学習者のニーズに対応するだけの、スポーツ中心のカリキュラムは、課外活動や学校外のスポーツクラブで十分だとの認識が、体育への批判の基底に存在している。このように教育改革の中で、体育のアカウンタビリティー（教育責任）が問われ、体育という教科がなぜ必要なのかという強い批判が起こった[1]。

このような体育への批判は日本でも潜在的に存在している。先進諸国の体育は、一様に授業時間が削減されたが、日本の体育も先の学習指導要領の改訂（2002年）で、例えば、小学校の年間授業時数が105時間から90時間に削減された。しかし、現行の学習指導要領（2011年）では小学校では高学年を除き、概ね105時間に戻った。だが、これは体育の存在意義が認知されたというより、体力低下が社会問題となったことを反映してのものであった。

元来、学校教育とは、一定の観点から精選された文化内容を次世代の担い手とな

チート行為
：チート（cheat）とは「人をだますこと」「欺くこと」「不正行為」等を意味し、ゲームで審判を欺いたり、相手選手をだましたりするチート行為は無数にある。

インテグリティ
：インテグリティ（integrity）という言葉は、「健全」「誠実」「無欠な状態」と訳されることが多い。スポーツにおけるインテグリティとは、スポーツにおける高潔さや健全さを意味する。スポーツにおけるインテグリティの擁護は、スポーツに携わる者にとっての大きな責務でもある。

教科の名称
：体育の教科名称は、学制の制定と同時に体術とされたが、その後、体操、体錬となり、戦後は保健体育（小学校は体育）と変化してきた。

(1) ICSSPE編：日本体育学会学校体育問題検討特別委員会監訳（2002）『世界学校体育サミット―優れた教科「体育」の創造をめざして―』杏林書院

る学習者に伝え、学習者は当該の文化内容を受容し咀嚼し身につける中で、教師の援助や指導を仰ぎながら人間形成を行っていく過程と考えることができる。そのように考えるとき、体育という教科は果たしていかなる文化領域に対応する教科なのだろうか。少なくとも、他教科には明確な文化領域や文化内容が対応すると考えられるが、体育が扱う文化領域や文化内容は身体文化（Physical culture or Body culture）、運動にかかわる文化（Movement culture）、スポーツ文化（Sport culture）のいずれだろうか。それともこれらのどれもが該当しないのだろうか。何よりもまず、教科が成立する文化的基盤そのものが議論され、確立されなければならないだろう。

　このような理論的側面だけではなく、現実にも体育にかかわる大きな問題がある。運動する子供と運動しない子供の二極化傾向が指摘されて久しいが、2013（平成25）年度の文部科学省の全国体力・運動能力・運動習慣等調査では、中学生の一週間の総運動時間が60分未満の生徒は男子でおよそ16％、女子でおよそ27％を占め、この数値からは女子の約3分の1の生徒が日常生活ではほとんど運動せず、運動習慣がないことが明らかになった。また、古くから、教師の体育授業での教授技術の稚拙さによる子供の体育嫌いが指摘されているが、今もなお、体育授業を通して少なくない運動嫌いや体育嫌いが生み出され続けている現状がある。なぜ、体育での学習が子供の日常生活に発展しないのだろうか。良質の体育授業のために、指導の充実や体育教師の資質の向上が早急に模索されなければならない。

　いうまでもなく、生涯にわたってスポーツを楽しみ、スポーツに自立できる能力は、なにもスポーツをプレイする能力だけではない。スポーツの組織を運営したり、スポーツを通して豊かな交流を生み出す能力も必須であろう。また、現実のスポーツを相対的にとらえ、スポーツを批判的な視座から創造していく能力も必要である。このようなスポーツに自立するために必要なスポーツのリテラシーを体育という教科が十分に保障することが、果たして体育の中でなされてきたのだろうか。

4．体育原理の必要性

　記憶に新しいが、「2012年12月に起こった高校運動部顧問の体罰による高校生の自殺は、大きな社会問題となった。また、それより少し遅れて発覚した、女子柔道ナショナルチームの監督による暴力行為は、選手側からの告発に加えて、競技団体等の対応の遅れもあって社会的な批判を招いた。これらの問題を契機に、日本のスポーツの指導場面における様々なレベルでの体罰や暴力、ハラスメント行為」[2]が明るみに出された。他方では、「文部科学省の調査（文部科学省、2012年）によると、体育授業や運動部活動中の突然死、頭部外傷、脊髄損傷、熱中症などによる死亡や重度の障害事故は近年、減少傾向にあるとはいえ、1998（平成10）年度から2009（平成21）年度までの間に小・中・高校を合わせて590件が報告」[3]されている。

　スポーツの世界では勝利がすべてに優先すると考えられ、敗者の存在を肯定する居場所が奪われる。体育の授業や運動部活動は事故と隣り合わせで、競争と皮相な楽しさに充満し、勝利こそがスポーツで目指されるべき価値だというスポーツ観を醸成していく。これはまるでスポーツと体育の世界に優勝劣敗を当然とする市場原

[2] 友添秀則（2015）「求められるスポーツ思想―スポーツの価値を構築するために」『現代スポーツ評論』32（スポーツ・インテグリティーを考える―スポーツの正義をどう保つか）. p.8.

[3] 友添秀則（2015）前掲書. p.12.

理主義が闊歩しているかのようである。そのようなスポーツを教材とする体育は、なぜ教科として教えられなければならないのだろうか。

このようなスポーツや体育に渦巻く多くの問題に、私たちはどのように立ち向かっていけばよいのだろうか。このようなスポーツや体育の現実に目をそらし、日々の体育授業をやり過ごし、テレビから流れるひいきのチームの勝敗に一喜一憂していればよいのだろうか。それとも、スポーツや体育に生起している問題を直視し、体育は何を教えるべき教科なのかを真剣に自問したり、あるいは人間にとっての本当のスポーツのあり方はどうあるべきかを考えるべきなのだろうか。もし、後者の立場でスポーツや体育について真剣に考えていこうとすれば、一体、どのような原理や原則に立って、眼前に横たわる問題を評価し、分析し、乗り越えていくべきなのだろうか。

スポーツや体育の現実を直視し、スポーツや体育の世界を支配する様々な諸原理（諸原則）を明確にし、それらを体系立て、批判的に検討する領域が体育原理なのである。もちろん、数学のように厳密で正確な答えを引き出せるような領域ではない。しかし、このことがスポーツや体育の諸問題に対する考察が不正確でも、いい加減なものであってもよいということを意味するものではない。本書で、以下展開される理論的枠組みを用いながら、スポーツや体育の問題群という対象と向き合いつつ、反省的な考察を重ね、さらに自らの考えを議論や討議によって批判にさらし、より精緻なものに高めていくことで、スポーツや体育の世界に妥当する諸原理（諸原則）の信憑性を高めていくことができる。スポーツや体育に対するある考え方や原理・原則が様々な反論や批判を切り抜け、厳しい試練に耐えて生き残っていけば、その考え方や原理・原則は信頼するに足るものになっていくだろう。そしてこのような考え方や原理・原則を基盤に、あるべきスポーツや体育の理想的世界が構築され創造されていかなければならない。もちろん、厳しい反論や批判に耐え、反省的思考を経た原理・原則は、何よりも公正で体系的に一貫していなければならない。このような原理・原則が私たちの哲学に高められてはじめて、私たちにとって真のスポーツが創造され、あるべき体育が構築されていくのである。

多くの問題を抱えている現代スポーツが一見隆盛をきわめているようにみえ、また体育の存在意義に疑義がもたれ、現状に問題がある今、何よりも真摯にスポーツや体育の様々な問題群に向き合い、自らの考えを鍛えることを使命とする体育原理という学問領域を学ぶ必要があるのである。

（友添 秀則）

理解度チェック

1. スポーツと体育にはどんな問題があるだろうか。具体例を挙げて説明しなさい。
2. 体育原理という学問領域はどうして必要なのかについて述べなさい。

さらに読んでみよう おすすめ文献

● 友添秀則・清水諭 編（2010）『現代スポーツ評論』23（スポーツ思想を学ぶ）

第2章
体育原理はどのような学問か

学習のねらい

体育という営みをよりよいものにしていくには、それを批判的にとらえ直してみることが重要である。しかし、体育が一体何であるかを知らずに批判しても見当違いとなってしまうこともあるだろう。また、体育が成立する根拠を知ることは、その存在意義を明らかにすることにもなる。ここでは、体育原理という名称の出自を知るとともに、関係する学問領域に対する認識を通し、体育原理の位置づけや役割、また、体育原理の多様性と可能性について理解を深める。

1.「体育原理」とそれに類似した名称

　21世紀に生きる私たちが「体育原理」という言葉を目にするのはどのような場面においてであろうか。まず挙げられるのが、いわゆる教育職員免許法（以下、「教員免許法」とする。）だろう。教員免許法施行規則の第四条（中学校教諭）および第五条（高等学校教諭）には、保健体育において修得を要する科目として、「『体育原理、体育心理学、体育経営管理学、体育社会学』及び運動学（運動方法学を含む。）」と示されている。それを受けて、各大学の教職課程関連科目に「体育原理」が設けられるのだが、しかし、それ以外の科目名で開講する大学もある。例えば、「体育哲学」や「スポーツ原理」である。また、「体育原理」の英文名を"Philosophy of Physical Education"と表記する例も見受けられる。

　関連して、大学の研究室名として「体育原理」を冠するところがある一方、「体育原論」「体育哲学」「体育・スポーツ哲学」といった名称へ変更した研究室もある。また、日本体育学会の下におかれている専門領域（2011・平成23年度までは専門分科会）に関してみると、「体育哲学専門領域」は、2005（平成17）年度に名称変更が行われるまでは「体育原理専門分科会」と称していた。

　このように、体育原理という名称との若干のずれや類似した用語を用いる例が存在するわけだが、この名称をめぐるそれまでの経緯を簡単に確認しておくことにしよう。「体育原理」が制度的な位置づけを与えられたのは、冒頭で触れたような戦後の教員免許制度と日本体育学会の存在であった。日本体育学会に専門分科会が設けられたのは1960年代のことである。1961（昭和36）年に運動生理学、体育心理学、キネシオロジー（のちにバイオメカニクスに変更）が設立された翌年、体育史、体育社会学、発育発達と並んで体育原理が分科会として設立されたのである[1]。

　なお、体育原理という名称が使用されたのは、戦後からではなく、古くは児童心理学の基礎を築き、嘉納（治五郎）塾の塾生であったという高島平三郎の著書『体育原理』にその名をみることができる。1904（明治37）年に著された彼の著書では、体育の必要性やその目的から身体に関する基礎理論（発育や心身相関）、体操や運動の価値、教授論、生理や疲労、学校衛生、体育史に至る広範な対象が取り扱

---

[1] 日本体育学会（2010）『日本体育学会60周年記念誌』社団法人日本体育学会

われている。その意図は、読者に対し、「単ニ生理解剖衛生等ノ諸科学ニ興味ヲ有スルノミナラズ之ト共ニ倫理心理教育社會生物等ノ諸学ニ注意シ是等ノ智識ヲ基礎トシテ身體ヲ研究スルニ至ランコト」[2]を望んでいる由にある。

この明治時代における体育原理とは、体育の存在理由から教授のための基礎理論や方法、それらに関連する領域を射程に入れた体育全体の体系の提示を試みるものといえよう。今日に至るまで、体育以外の学問分野と同様、体育にかかわる学問が細分化される過程において、体育原理が被ってきた変容を知ることは、その学問的位置づけや性格、意味のゆらぎの背景を知る手がかりとなるだろう。

2．体育原理の学問的位置づけ

体育原理における意味のゆらぎをもたらしているものの一つとして、日米の位置づけの違いを挙げることができよう。

日本における体育原理はアメリカのprinciples of physical educationをモデルとして戦後存続してきたが、アメリカにおけるそれは、体育にかかわる人文社会系から自然系にわたる様々な学問領域の研究成果を体育実践に携わる体育教師が原理・原則として利活用できるようにまとめられた知識や知見の集合体である。いわば技術的な領域であるといえよう。

体育実践をより効果的・効率的に行うには、対象となる児童生徒の身体的な発育・発達段階を考慮したり、向上させたい身体能力とそれに適切な運動刺激や動機づけを与えたりすることが重要である。例えば、それらに対応する発育発達学や体力学、運動生理学、運動学、各運動種目の指導法、体育心理学、その他体育にかかわる諸領域の知見や成果を動員しながら体育実践を遂行するのである。上述のように、そうした諸々の知識や知見を踏まえて目の前にいる学習者を相手にするならば、これらの知見を利活用するために、必然的に**原理・原則**としてまとめあげておくことが求められてくる。その原理・原則を踏まえて指導の現場に活かしていくわけである。

そうした体育に関連する学問領域を実践に結びつけるために取りまとめられたとする見方に対し、日本における体育原理は、体育諸科学の成立基盤を批判的に検討し、そもそも「体育とは何か」といった哲学的な問いを立てる領域となっていた。それは、「体育とは何か」が不明なままでは、体育関連の諸学問領域の存在根拠も曖昧なままになってしまうからである。かくして、日本における体育原理とは、体育のアルケー（始原）、すなわち体育に関連する諸学問領域の存在理由を示す領域として位置づけられたといえる。いわば哲学としての位置づけが与えられたと解釈することができる（図1-1）[3]。

では、先にみたように、広く体育学が各分科会・専門領域の名称によって分類されるようになると、どのようなことが起こるだろうか。考えられることは、それぞれの学問領域が他の領域との差別化を図り、自らのアイデンティティ確立のために独自性を追求するようになるということである。原理と原則からなる体育原理でいうならば、「原理」の方は体育哲学が担い、「原則」については体育科教育学が担う方向で分化してきたとみることができるだろう。そのようにしてそれぞれの独自性を求め、専門分化することになるのは、ある意味で必然の成り行きなのかもしれない。

[2] 高島平三郎（1904）『体育原理』育英舎

原理
：事物や現象を成り立たせている根本の法則。認識や行動の根本の理論。

原則
：基本的な方針となっている規則。

[3] 佐藤臣彦（2000）「体育学における哲学的研究の課題と二十一世紀への展望」『体育学研究』45（3）：433-442.

ただ、体育学は複合領域であるがゆえに、分化や専門化への傾向が進むのは必ずしも体育学にとって望ましいとは限らないように思える。つまり、分化と同時に総合への志向性を保っておく必要があるのではなかろうか。体育原理がもつ哲学的な側面に各諸領域間のつながりを見出す役割が期待されるところである。

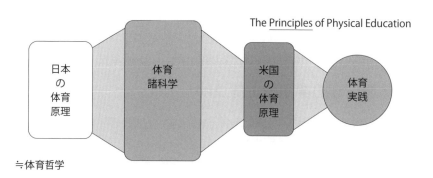

図1-1　体育原理と体育哲学
体育諸科学の成果を体育実践に活用しやすい形でまとめられたものが米国の「体育原理」であるのに対し、体育諸科学の拠り所を見出したり、それを問い直したりするのが日本の「体育原理」≒「体育哲学」である。

3．体育原理の学問的役割

　それでは、体育原理に近接する領域に触れつつ、その役割をみておくことにしよう。ここで取り上げる体育科教育学、体育哲学、スポーツ哲学といった領域は、体育原理を萌芽としたその発展形態とみることができるかもしれない。

　体育を実践するにあたり、まずはどのようなことを目的に行うべきかを考える必要があるだろう。そしてその目的のためには、具体的にどのような目標を設定したらよいかを考えてみるべきである。これは、「ねらい」と「めあて」との関係に置き換えてみてもよいだろう。例えば、「持久力の向上」を目的（ねらい）に据えた場合、そのために長距離走を1500 m行うのがよいか、水泳で400 m完泳を目指すのがよいか、といった目標設定（めあて）について検討するようなことである。そして、どのくらいの期間、どの程度の回数をかけて、どういった段階を踏んで教授したり学習したりするのがよいか、といった学習の計画を立てることが必要となるだろう。これはカリキュラム論ととらえることができる。

　このような目的・目標論やカリキュラム論という部分は、体育原理から体育科教育学が担うように推移してきたといえるだろう。ただ、計画の妥当性や実現可能性については体育科教育学で検討できるものの、目的の妥当性や意味に関しては、教育観や体育観と照らしあわせてみるべきで、これは哲学的な発想から検討する性格のものである。先の「持久力の向上」という目的が何のために据えられる必要があるかといった問いは、体育科教育学だけで答えられるものではないからである。その意味で、体育科教育学と体育哲学との協力が必要な問題が存在しているといえる。

　また、教材として選択される各種目が体育実践にとって妥当であるかどうかを検討するには、その種目に対する深い洞察が求められるであろう。加えて、教材とし

て選択されるのはスポーツだけではなく、ダンスや体操、武道などもある。それぞれの**身体運動文化**の本質について、スポーツ哲学の類の哲学的アプローチから明らかにしておくべきだろう。

さらに、体育は身体的側面に関わる運動技能・体力の向上にとどまらず、生涯を通じて身体運動文化に親しむ態度の育成や社会性の獲得という機能を期待されている。例えば、『学習指導要領』には、「心と体を一体としてとらえ、健康・安全や運動についての理解と運動の合理的、計画的な実践を通して、生涯にわたって豊かなスポーツライフを継続する資質や能力を育てるとともに健康の保持増進のための実践力の育成と体力の向上を図り、明るく豊かで活力ある生活を営む態度を育てる」(高等学校：平成21年)ことが教科「保健体育」の目標として示されている[4]。そのような意図がスポーツ教育という体育と類似した表現に反映している可能性も考えられる。

このような学校体育の目的や目標に鑑みると、生涯にわたってスポーツをはじめとする身体運動文化に親しみ、生活を豊かにする、という体育の目的を知ることができる。この目的を実現するには、私たちはスポーツなどを行える機会（場所、時間）をいかにして見出し確保するか、という問題に直面する。また、そのような機会を提供する側（例えば、民間や地域スポーツクラブ、スポーツ・メディアなどスポーツ関連産業やスポーツ行政）からすれば、いかに身体運動文化の価値や意義を見出し、それらを伝え、動機づけ、運動に触れる機会を整備・提供すべきかを考えることが重要である。そのためには、人々の価値観や生活文化、社会の仕組みなどに対する理解が求められることだろう。学問領域でいえば、上述の哲学や教育学のみならず、社会学や心理学、経営学、史学、産業学、法学、行政学等々に専門化・深化していくような問題圏の入り口に体育原理を位置づけることができる。そのように捉えてみると、体育原理には、体育や身体運動文化にかかわる様々な事柄について知り、考え、意見交換し課題解決を図るためのいわばポータルサイトのような役割を果たすことが期待されるであろう。

4．体育原理の対象・課題

他の関連領域との連携を図りつつ、また、体育に関する学問の入り口としての体育原理が対象とする事柄について掘り下げてみよう。先に触れたように、体育原理は、学校教育における教科としての体育にかかわる問題から身体運動文化をめぐる諸問題に至るまで、相当射程の広いものである。その中でも「原理」と「原則」の2つの視点からまとめてみよう。

まず、「原理」に関しては、体育の存在意義を明らかにするという課題がある。体育とは何を目的とするのか（体力・運動技能の向上、社会性の育成、スポーツ享受能力の涵養…）やそもそも体育とは何であるか（知育や徳育、あるいはスポーツ活動との違いやそれらとの関連性）を明らかにし、理解するということである。体育に内在する本質的な価値やそれがもたらす効果のような外在的な価値を認識することも含まれるだろう。

そして、時代や地域によって期待される価値に違いがあり、その影響で体育における目的も変化する可能性がある。例えば、国の防衛や国力増強という国家の強い

身体運動文化
：人間が歴史的・社会的に継承し発展させてきた文化としてとらえられる身体運動の総称。

(4) 文部科学省（2009）『高等学校学習指導要領解説保健体育編・体育編』東山書房

要請がある時代においては、体力の向上や集団で行動できる国民の育成が求められたし、産業発展のための労働力が求められた時代にあっては、活力を生むためのレクリエーションの側面が重視されるようになった。社会が成熟し、文化的な生活の享受が目指されると、スポーツを楽しむために必要な運動技能や運動の行い方の工夫を生み出すような創造性が強調されるだろう。また、科学技術の進歩により、生活のための運動の機会が減少すると、心身の健康や充実感が得られるような身体運動の実践方法を学ぶことへのニーズが高まるかもしれない。さらに体育は人間形成への寄与といった価値も含むであろう。

　このような体育の目的や価値の多様性とそれらに関する深い洞察力をもつことは、個々人に対する体育実践の指針を見定めるのみならず、当該社会や時代に対して体育の貢献をもたらすことだろう。例えば、スポーツに関する不正や様々な問題（ドーピング、八百長、暴力、差別など）の解決・改善を図り、スポーツが文化として健全な姿を保ち続けるには、教育の力が必要であり、哲学・倫理学からアプローチしていくことが肝要であろう。

　次に、「原則」の方に目を向けてみよう。例えば、学校体育やジュニアを対象としたクラブなどでは、子供たちの発育・発達のレベルを考慮し、それぞれの年齢に適切な運動の種類や運動負荷を知っておくことが重要である。また、個々の興味・関心・意欲は一様ではなく、多様なニーズがあることを踏まえ、それぞれに適した指導支援の仕方を心得ておくべきだろう。コーチングには、選手のパフォーマンスの向上や動機づけの原則、トレーニングの原則、アスリート個人やチームへのかかわり方に関する倫理的な側面（例えば、その時々の感情で個人や集団に働きかけるのではなく、言葉でもって語りかけ、相手の考え・思いを聞くことで相手の尊厳を尊重すること）などの理解が不可欠だろう。

　これらはコーチングの原則やトレーニングの原則として、体育原理が対象とするものとはまた異なる領域に属するものとなるが、体育原理と関係がないわけではない。体育原理は、それが含む哲学的な発想から、コーチングの在り方を見直し、コーチングの原則の刷新をもたらすからである。それを支えているのは、人間は変わり得る存在である、という考えである。子供たちやアスリートは、時に教師や指導者、コーチの予想を超えた変化をみせてくれることさえある。そのような可能性に対する尊敬を忘れてはならないだろう。

5．体育原理の今日的意義

　日本における体育原理は、先に触れたように、アメリカのPrinciples of Physical Educationにみられる体育実践のための原則の部分を欠くきらいがあった。ややもすれば実践からの乖離を招来しかねないおそれがあるという点で、いまだ完成した学とは言いがたいものかもしれない。しかし、このいわば未完の学だからこそ、本書のタイトルにある「教養としての」体育原理が生まれる余地があるといえるだろう。それは、常に流動する実践から私たちが何か重要なことに気づき、学び直し、省察を促され、原則との往還運動が生み出される場として機能するからである。

　その意味では、狭義の哲学的な研究手法にとどまらず、教育学的研究や歴史学的研究、社会学的研究、心理学的研究、経営学的研究といったそれぞれの手法を体育

やスポーツの事象に適用し、体育・スポーツの将来の姿を構想したり原理・原則を導出したりできるとよいのではなかろうか。このようなスタンスを取ることにより、体育の歴史学的研究や社会学的研究は、その事実を明らかにするに留まらず、将来の予測に役立てることができるだろう。あるいは、心理学的研究や経営学的研究は、成功事例や失敗事例とその背景の分析から、体育・スポーツ実践に携わる人々や活動形態を類型化し、行動パターンを知ることにより、より適切な実践を導く原則を見出すことが期待できるであろう。

また、いわゆる人文社会系の研究のみならず、運動学やコーチング学、運動生理学、バイオメカニクスといった領域が連携し合うことにより、パフォーマンスの向上やより快適な運動実践の原則を導くことになるだろう。そして、こうした向上を適切に生み出すためには、倫理的な観点からその妥当性を検討すべきだろう。そのためには、現代の科学技術の水準を知る必要があり、自然科学に関する知は不可欠なのである。

スポーツをはじめとする身体運動文化や体育を対象として展開される諸学問領域がどのように相互に関連しあっているのか、またそれぞれがどのような意義や意味をもつかを検討することにより、体育や身体運動文化にかかわる諸学問が真の意味で学際的な領域となることが期待される。それらを取りまとめ、いわば理論と実践の橋渡しをする役割を体育原理は担うことになるだろう。

(深澤 浩洋)

理解度チェック

1. 体育原理の役割や意義について説明しなさい。
2. 体育やスポーツ、身体運動文化をめぐる現状から課題を見つけ、その解決のためにどのような原理・原則に基づいてみたらよいかを述べなさい。

さらに読んでみよう おすすめ文献

- 佐藤臣彦（1993）『身体教育を哲学する』北樹出版
- 久保正秋（2010）『体育・スポーツの哲学的見方』東海大学出版会
- 大橋道雄 編著（2011）『体育哲学原論』不昧堂出版

第Ⅰ部
体育原理への誘い

第3章
体育の理念は
どう変わってきたのか

学習のねらい　体育の理念は、歴史的社会的な制約を受け、常に変化していく。ここでは、「身体の教育」「運動を通しての教育」「運動の中の教育」「運動に関する教育」の違いや体育の理念が、第一次領域、再文脈化領域、第二次領域でのスポーツの提供のされ方に応じて変化していくことを理解する。

1．体育の理念を理解するための4つの概念

　日本語の体育は、多義的である。例えば、日本体育協会の英語表記はJapan Sports Associationであり、日本中学校体育連盟の英語表記はNippon Junior High School Physical Culture Associationである。また、全国大学体育連合の英語表記は、Japanese Association of University Physical Education and Sportsである。

　日本語で体育と表記されてはいても、実際にはスポーツと体育が概念的には混同されているケースが多い。また、同じく体育といわれる場合も、教科として営まれる諸活動と教科外で営まれる諸活動が体育として一括して語られるケースもみられる。そのため、ここでは、体育を教科としての体育ならびに保健体育科の中の体育分野（中学校）、科目体育（高等学校）と限定し、体育の理念を体育の授業を通して得られる成果と定義する。

　国際的な体育の危機[1]以降、体育の授業で保証できる成果の提案が常に求められてきた。その結果、現在では、体力や技能に留まるものでなく、スポーツをすることへの動機づけや知識、理解、価値観、人間関係にかかわるスキル等の広がりをもつ、生涯にわたりスポーツに親しむ資質や能力が体育に期待される成果であるとの認識が、国際的には共有されてきている。また、良質の体育（Quality Physical Eduaction）が志向されるようになっている[2][3]。

　しかし、体育の理念は、歴史的、社会的に常に作り出され続けてきた。また、それは今も作り続けられている。この変化を特徴づける概念としてわが国で用いられてきたのが、「身体の教育」「スポーツを通しての教育」「スポーツの中の教育」「運動に関する教育」であった。

　わが国でいわれてきた「身体の教育」とは、モノとしての身体の機能向上を図る教育を指す。また、「スポーツを通した教育」とは、スポーツを通して民主的な人格形成を求める立場を指す。さらに、「運動の中の教育」とは、「楽しい体育」と呼ばれ、運動の楽しさを目的、内容とした体育を指す。わが国の体育の理念は、第二次大戦前の「身体の教育」から第二次大戦後に「身体を通しての教育」へと変化し、1970年代末には「運動の中の教育」へと変化してきたと説明されるように[4]、わが国ではこれら三者は発展図式の中で説明されていた。

　しかし、同じ名称を用いていてもわが国と諸外国の間にはずれがみられる。例え

(1) ICSSPE編：日本体育学会学校体育問題検討特別委員会監訳（2002）『世界学校体育サミット―優れた教科「体育」の創造をめざして―』杏林書院

(2) UNESCO（2013）MINEPSE MediaE-KIIT（http://www.mineps2013.de/fileadmin/Dokumente/pdf/MINEPS%20V_Media%20E%20Kit_eng.pdf）（参照2013年6月3日）

(3) UNESCO（2015）Quality of Physical Education Guidelines for Policy-Makers（http://unesdoc.Unesco.org/images/0023/002311/231101E.pdf）（参照2015年1月30日）

(4) 宇土正彦（1990）『小学校新しい体育の考え方・進め方』4版．大修館書店．p.41.

ば、アーノルドは、「運動を通しての教育（Education through movement）」は、運動を一般的な教育目標達成の手段として用いる立場であると説明している。そのため、この立場の下では、体育には教科固有の指導内容が認められることはない。これに対して「運動の中の教育（Education in movement）」は、教科固有に指導すべき価値のある指導内容が存在しているという立場を取る。そのため、学ぶべき知識や技能が明示されることになる。あるいは、価値観や運動が楽しいといった経験もまた、それ自体が指導に値する内容として設定されることになる。さらに、「運動に関する教育（Education about movement）」は、この指導内容が科学的な知識に限定される立場である。高等教育機関におけるスポーツ科学の地位の危機がみられた際には、この立場がクローズアップされることになる[5]。

また、ドイツ語圏では、「スポーツへの教育（Erziehung zum Sport）」という概念が用いられている。それは、動きの学習を指す。これに対し「スポーツの中の教育（Erziehung im Sport）」は、スポーツを行う中で成熟や社会性、民主的な価値観を身につけた人格の形成を意図した教育を意味する[6]。英語圏でいう「通しての教育」がドイツ語圏では「中の教育」に置き換えられている。

このように、同様の名辞を用いていても、その含意は同じではない。しかし、「運動を通しての教育」「運動の中の教育」「運動に関する教育」は、今日では発展図式ではなく、互いに交錯する概念として用いられている。加えて、生涯にわたりスポーツを営む資質や能力そのものが、学校教育の中で意図的に指導されるべきであるとの認識が、今日、世界的に共通されている。以下では、ユネスコの試みを通してその経過を確認したい。

2. 生涯にわたりスポーツに親しむ資質・能力の育成をめざす動き

表1-1は、体育やスポーツが万人の権利であることを訴え続けてきたユネスコの歩みを示している。とくに国際スポーツ科学・体育協議会（International Council of Sport Science and Physical Education：ICSSPE、1999）によるベルリン・アジェンダを踏まえた、体育・スポーツ担当大臣等国際会議（MINEPS）Ⅲ（1999年）以降は、国際的な体育の危機を乗り越え、質の高い体育授業の実現にむけて、国際的な合意形成が進められてきた。その結果、MINEPS Ⅴ（2013年）ではベルリン宣言が採択され、生涯にわたり身体活動を営み、健康な生活スタイルを身につける契機を提供する、体育の質保証が求められている。また、インクルーシブな体育の授業の実現が明確に提案されている[7][8]。さらに2015年には、体育およびスポーツに関する国際憲章が改訂され、体育、身体活動ならびにスポーツに関する国際憲章がユネスコ総会で採択された。

ICSSPEやユネスコは、MINEPS Ⅴ以降も良質の体育の実現に向け、積極的に活動を展開し、多くの文書を発刊している。それらの文書では、設定されている政策と実際に実施されている授業のギャップを埋めるための諸提案が示されている。例えば、良質の体育授業が21世紀型教育に貢献するとの提案である。具体的には、次の4点への貢献が示唆されている[9]。

(5) Arnord, P. J.（1979）*Meaning in Movement, Sport & Physical Education.* Fakenham Press.

(6) Balz, E., Bräutigam, M., Mlethling, W.-D., und Wolters, P.（2011）*Empirie des Schulsports.* Mayer & Meyer. p.44.

(7) ICSSPE（1999）Berlin Agenda english (http://www.icsspe.org/about/structure/declarations-about-sport)（参照2015年9月24日）

(8) UNESCO（2013）Declaration of Berlin (http://www.icsspe.org/sites/default/files/MINEPS%20V%20-%20Declaration%20of%20Berlin%20%28Original%20English%20Final%29.pdf)（参照2015年9月24日）

(9) UNESCO Promote Quality Physical Education Policy (http://visual.ly/quality-physical-education-policy)（参照2015年8月23日）

表1-1 体育・スポーツ担当大臣等国際会議（MINEPS）の歩み[8]

年	出来事
1952	ユネスコが、スポーツ促進に関わる活動を開始する。
1976	体育・スポーツ担当大臣等国際会議Ⅰ（パリ）―国際体育スポーツ憲章の検討
1978	ユネスコ総会。体育およびスポーツに関する国際憲章の承認。 体育・スポーツ政府間委員会（The Intergovernmental Committee for Physical Education and Sport：CIGEPS）設置。 体育、スポーツの発展のための国際基金（International Fund for the Development of Physical Education and Sport：FIDEPS）の設立。
1988	体育・スポーツ担当大臣等国際会議Ⅱ（モスクワ）
1999	第1回体育世界サミット（ベルリン）
1999	体育・スポーツ担当大臣等国際会議Ⅲ（プンタデル・エステ）
2000	国連ミレニアム開発目標の採択
2005	第2回体育世界サミット（マグリンゲン）
2005	国連体育とスポーツの国際年
2005	体育・スポーツ担当大臣等国際会議Ⅳ（アテネ）
2006	ユネスコの良質の体育に関するセミナー
2013	体育・スポーツ担当大臣等国際会議Ⅴ（ベルリン）
2015	ユネスコ体育の質評価指標の提案
2015	ユネスコ体育、身体活動ならびにスポーツに関する国際憲章

①ライフスキル教育と生涯スポーツへの参加の実現
②青少年の責任ある市民への育成
③21世紀に直面する様々な課題解決に必要なスキルと価値観の育成
④学力を身につけるために必要な知識と自信を身につけた身体的リテラシーを備えた児童生徒の育成

しかし、それらは、一方的な押しつけではなく、当該地域、国の特色を生かした努力を求めている。例えばそこでは、政策の実行に際して①政策が地域のオーナーシップに即したものであること、②関係者が政策の開発過程に関与することを促すこと、③参加者の多様性を確保すること、ならびに④政策の妥当性をジェンダーという観点から検討することが求められている[10]。

以上の一連の流れは、国際的な体育の危機を回避し、体育の地位保全に向け、体育の授業で保証し得る成果が学校教育や社会を豊かにすることをエビデンスベースで提案してきた経過といえる。その論点は、スポーツが豊かな学校教育や社会の実現に対する貢献であり、体育がその実現の鍵を握っているとの認識である。

これらの一連の提案の背景には、豊かで健康的な生涯スポーツを志向する提案や体育の授業で保証し得る学力に関する提案が存在する。例えば、アメリカで提案されたスポーツ教育論は、わが国でいうスポーツをする、観る、支える能力を身につけた人物といえる有能なスポーツ人、リテラシーを備えたスポーツ人ならびに熱狂的なスポーツ人に生徒を育てることが目的とされている[11]が、それはヨーロッパで展開されていたみんなのスポーツ運動の影響を強く受けたものであった[12]。同様に、身体的リテラシー（Physical Literacy）という概念もまた、体育の学力を表現する概念として広く用いられるようになっている。その提案者であるホワイトヘ

(10) UNCESCO Quality of Physical Education Policy Guidelines Methodology, p.5. (http://unesdoc.unesco.org/images/0023/002338/233812E.pdf)（参照2015年8月22日）

(11) Siedentop, D., Hastie, P.A. and van der Mars, H.(2011) Complete Guide to Sport Education. 2nd ed. Human Kinetics. p.5.

(12) Siedentop, D. et al. (2011) 前掲書. p.vii.

ッドは、それを次のように定義している。
「個人の才能にふさわしいように、身体的リテラシーは、生涯にわたり身体活動に親しむために必要な動機、自信、**身体的コンピテンシー**、知識並びに理解と定義できる。」[13]

3．発達の段階に応じた児童生徒の人間形成に対する体育の貢献

　もっとも、体育の授業で生涯にわたり健康で豊かなスポーツを営む資質や能力の育成を主張するだけで、体育が制度的に安定した地位を保証されるわけではない。当然、制度としての学校教育の中で、教科としての必要性を論理的に主張し、その主張が制度的に了解される必要がある。アメリカにおいてナショナルスタンダード作成を通して、体育がコア教科であることが主張されていること[14]は、その例である。

　ICSSPEは、この根拠として良質の体育が財政的資源、身体的資源、情緒的資源、個人的資源、社会的資源、知的資源の獲得に対する貢献を挙げている[15]。同様に、ベルリン宣言においては、社会参加を可能にする技能や態度、価値観、知識を提供する最も効果的な手段であることが明言されている[16]。また、身体的リテラシーの提案が広く受け入れられるようになる背景には、発達の段階に応じた意図的なスポーツの学習を通して、児童生徒が自尊感情や自己効力感を獲得していくことの認識がみられる[17]。

　これら一連の指摘は、改めて、体育が学校教育において児童生徒の人格形成や価値観、社会的能力の形成に効果的に機能することを主張している。その意味では、スポーツの自己目的的な学習によるスポーツを通した全人的な発達保証への貢献や社会への貢献という認識が、今日の体育の理念をめぐる論議を支えているといえる。

　もっともそれは、体育が授業外や学校外で営まれるスポーツをモデルとして無批判に受け入れるべきことを意味していない。体育はあくまで、学校教育の目指すべき目標への貢献を求められるのであり、授業外で営まれるスポーツや学校教育に対して批判的な距離を取ることが求められる。学校外で営まれるスポーツが体育のモデルとはなり得ないという指摘[18]や動きのある学校（bewegte Schule）に関する試み[19]は、その例である。

　このような現象が生み出される原因をクライン[20]は、教科としての体育の地位を規定している①理論的な交渉の場、②政治的な交渉の場、ならびに③制度的な交渉の場の存在を挙げている。理論的な交渉の場では、体育の価値や教科内容設定の根拠をめぐる諸提案がなされる。政治的な交渉の場では、教科の地位や時間数、教師教育、給与等が交渉の場に乗せられることになる。制度的な交渉の場では、制度や組織がどのように構成されているのかが問題にされることになる。

　このクラインの指摘は、学習指導要領のような公的な文書に示される提案と実際に展開される実践の間にギャップが生み出されることも示唆している。この点とも関連しカーク[21]は、この現象を、多様な見解の産出という視点から説明している。

　図1-2は、体育の理念の変遷の理由を説明するためにカークの図に一部修正を加えたものである。学校外で営まれる多様なスポーツは、体育の教科内容の源泉とな

(13) Whitehead, M. (2010) *Physical Literacy*：Throughout the Lifecourse（1st Edition）. Routledge. pp.11-12.

身体的コンピテンシー
：physical competence。個々のスポーツ種目の場面に限定されず、日常生活にも有用な多様な動きを幅広く身につけている状態を指す（参照 文献12）。

(14) NASPE (2010) PHYSICAL EDUCATION IS AN ACADEMIC SUBJECT (http://www.aahperd.org/naspe/advocacy/governmentRelations/upload/PE-is-an-Academic-Subject-2010.pdf)（参照2012年8月12日）

(15) ICSSPE (2012) *Designed to Move. A Physical Activity Action Agenda.*

(16) UNESCO (2013) 前掲書. p.3.

(17) Whitehead (2010) 前掲書. pp.xv-xvi.

(18) Kirk, D. (2004) Framing quality physical education：the elite sport model or sport Education. *Physical Education and Sport Pedagogy.* 9(2)：185-195.

(19) 近藤智靖ほか (2013) 「ドイツとスイスにおける「動きのある学校」の理念の拡がりとその事例について」『体育学研究』58(1)：343-360.

(20) Klein, G. (2003) A Future for Physical Education within the International Context：Institutional Fragility or Collective Adjustment. in：Hardman, K. (Ed.) *Physival Education：Deconstruction and Reconstruction-Issues and Directions.* Hofmann. pp.153-169.

(21) Kirk, D. (2003) The Social Construction of Physical Education, Legitimation Crises and Strategic Intervention in Educational Reform. In : Hardman, K.(Ed.) *Physical Education : Deconstruction and Reconstruction-Issues and Directions*. Hofmann. pp.171-183.

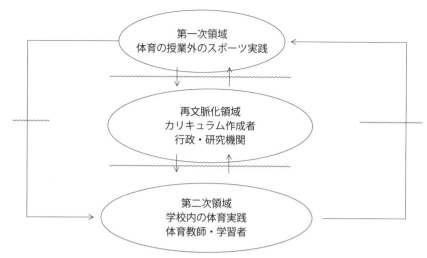

図1-2　体育のカリキュラムが社会的、歴史的に構成されていくメカニズム

る。しかし、それらの何を体育の授業で実際に指導すべきかは、カリキュラム作成者により取捨選択されることになる。しかし、体育の授業を実施する教員やそれを受ける児童生徒は、学校外で行われている多様なスポーツに関する経験を直接、体育の授業に持ち込むことになる。その結果として、学校の外で人々が抱く体育の理念やカリキュラム作成者が抱く体育の理念、さらには授業を提供する教師やそれを受ける児童生徒が営む体育の理念が社会的に構成され続けていくことになる。その意味では、長期的にみた場合、教科としての体育の学習が、スポーツを批判的、生産的に検討することやそのより豊かな改善を可能にしていくとも考えられる。そのため、体育の授業の質が常に問われることになる。これが良質の体育（Quality Physical Education）が求められる所以である。

4. 体育の質の改善に向けた国際的な取り組み

最後に、以上を踏まえ、体育の質の改善に向けた国際的な取り組みを確認したい。ユネスコ体育、身体活動ならびにスポーツに関する国際憲章[22]は、2015年11月18日のユネスコ総会で採択された。1978年の体育およびスポーツに関する国際憲章[23]において、体育とスポーツがすべての人々の権利であることが謳われたが、それ以降、37年ぶりの改訂である。

この改訂では、質の高い体育の授業に参加することが生涯にわたり身体活動やスポーツに参加していくために必要な技能や態度、価値観、知識、理解ならびに楽しさを学習していくための重要な入り口になっていることが強調されている。当然、このすべての人々には、障害を抱える人々や女性も含まれている。同時に、フェアプレイや平等性、誠実さ、卓説性、コミットメント、勇気、チームワーク、ルールや法の遵守、自身や他者の尊重、コミュニティ精神、連帯、楽しさや喜び等、体育、身体活動ならびにスポーツが秘めている価値の実現には、提供されるそれらの質（quality）が重要になることが明記されている。そして、この質保証に向けては、体育、身体活動ならびにスポーツにかかわる人々の継続的な能力改善が必要になることが強調されている。

(22) UNESCO (2015) International Charter of Physical Education, Physical Activity and Sport (http://unesdoc.unesco.org/images/0023/002354/235409e.pdf)（参照2015年12月5日）

(23) UNESCO (1978) International Charter of Physical Education and Sport (http://portal.unesco.org/en/ev.php-URL_ID=13150&URL_DO=DO_TOPIC&URL_SECTION=201.html)（参照2013年6月4日）

体育およびスポーツに関する国際憲章が採択された時点でも、障害を抱える人々への言及はみられた。また、体育、スポーツに関する研究の重要性は指摘されていた。その意味では、新憲章において類似の指摘がみられることは、事態の改善に長い時間を要することを示唆している。同時に、生涯にわたるスポーツへの参加という観点から体育の可能性や価値についての共通理解を得る試みがこの間、継続されてきたことを示している。

　確かに、個々の国や地域レベルでみれば、教育システムや教育を実施する条件は千差万別であり、再文脈化領域で体育の質保証にかかわる人々は、きわめて現実的な判断を求められる。彼らは同時に、長期的視点のもとで、状況を改善していく提案を求められる。体育の教師の教育やカリキュラム上の時間数確保がベルリン・アジェンダ（ICSSPE, 1999）で求められたことは、その例である。

　他方で、ベルリン宣言（UNESCO, 2013）で提案されたように、学校外で実施されているスポーツは現在、解決すべき多くの課題を抱えている。そのため、その課題解決に向けた取り組みの一つとして、スポーツの価値に関する教育プログラムの開発、普及[24][25]に向けた取り組みが展開されている。他方で、それらが体育の授業を想定して開発されていることも見過ごせない。体育、身体活動、スポーツの質の改善に向けた取り組みは、互いが互いの質の改善にかかわり相互依存関係にあることやその中でも、すべての人々が履修するという点からみて体育の果たす役割が大きくなっていることを示している。

　体育の理念は、児童生徒の全人的な発達保証や学校文化を豊かにするという観点と同時に、このように社会における身体活動やスポーツの質の改善という観点からも検討され続ける必要があろう。

（岡出 美則）

(24) Binder, B.L. (eds.) (2007) Teaching Values An Olympic Education Toolkit. IOC (http://www.olympic.org/content/olympism-in-action/educators/ovep-initiatives/)（参照2016年4月19日）

(25) WADA (2009) Teacher's Kit. (http://www.olympic.org/world-anti-doping-agency-wada)（参照2016年4月19日）

理解度チェック

1. アーノルドの提案した「運動を通しての教育」「運動の中の教育」「運動に関する教育」の違いについて説明しなさい。
2. 体育の理念が変化するメカニズムを第一次領域、再文脈化領域、第二次領域という言葉を用いて説明しなさい。

さらに読んでみよう　おすすめ文献

- ICSSPE（2012）Designed to Move. A Physical Activity Action Agenda.
- Siedentop, D., Hastie, P.A. and van der Mars, H. (2011) Complete Guide to Sport Education. 2nd Human Kinetics：Champaign
- UNESCO（2015）Quality of Physical Education Guidelines for Policy-Makers (http://unesdoc.Unesco.org/images/0023/002311/231101E.pdf)（参照2015年1月30日）

第 I 部
体育原理への誘い

第4章
体育とスポーツは何が違うのか

学習のねらい　「体育」と「スポーツ」という用語は日本では長い間、同義語として使われてきた。それは学校教育がスポーツの指導や普及を一手に引き受けてきたという特殊日本的事情によるものである。また同時に、学校の「外」でこの文化が十分には成熟してこなかったためでもある。ここでは、概念や用語の違いを歴史的・社会的背景にまでさかのぼってみつめることで、「体育」や「スポーツ」の新しい展望を考える。

1.「運動」部から「スポーツ」部へ—新聞社での改称—

　朝日新聞社は2001（平成13）年9月1日朝刊の「社告」で運動部をスポーツ部と改称すると発表した。「社告」は変更の理由を次のように述べている。

　「近年、『運動部の名称ではスポーツ報道の部門であると理解しにくい』という声をよく耳にするようになりました。新世紀の初年でもあるこの機会に、『スポーツ』を部名として採用することにしました」

　わが国の多くの新聞社はスポーツ報道のセクションを運動部と呼んできた。毎日新聞や読売新聞といった全国紙だけではなく、北海道新聞、神奈川新聞、中日新聞、山陽新聞、宮崎日日新聞など地方紙も運動部のままのところが圧倒的に多い。
　日本における新聞のスポーツ報道は、戦前の学生野球や中等学校野球報道で基本スタイルを作っていった。また、1920年代から30年代にかけてのオリンピック報道もその契機となった。戦前のこの時期にはスポーツよりは運動がこれらの競技を表現する最適な用語だった。同時期に出版された子供向けのスポーツ読み物はタイトルを『運動の話』[1]としていた。スポーツという外来語はまだ国民の間ではなじみが薄く、運動や運動競技という用語が一般的だったのである。近代スポーツの輸入国であったわが国はスポーツという用語の本来の語源的意味を問うことなく、「体を動かすこと」＝運動をスポーツの代替用語にしたのである。こうしてスポーツの別称として、運動や運動競技という用語が定着していった。また、学校におけるスポーツクラブも運動部と呼ばれてきたことは見かけ上の運動や身体活動という特徴でスポーツを捉えてきたという日本の特別な歴史的事情を示しているといえよう。
　今、働き盛りを迎えた30代が生まれた1980年代半ば頃は夕刊には固定したスポーツ欄はなかった。今日ではほとんどの全国紙が夕刊のほぼ1面をこれに充てている。朝刊もスポーツ欄は平日1ページ、週末2ページ立てであったが、21世紀の今日では4～6ページをとっている。また、地域の小さなスポーツ大会の結果についても地方版では詳しく報道されるようになってきた。この期間で、スポーツは国民・市民生活に確実に定着したといえるだろう。ナショナルパスタイム（国民的

(1) 針重敬喜（1929）『運動の話』アルス

娯楽）として、また「人間らしく生きるために欠かせない文化」として、スポーツを「する」「見る」ことは、生活の一部分となってきたのである。

運動という用語ではスポーツがもっている文化的特質を正確に表現することはできなくなってきたのである。朝日新聞の「社告」がいうように、今日では運動はスポーツの世界を示す用語としてはふさわしいとはいえない。市民の日常生活にもスポーツが深く根付いており、スポーツという用語がふさわしい文化的世界が確実に成立しているのだといえよう。

2．体育という教科名

体育という言葉は教育の中の用語であり、学校の中の用語である。**表1-2は学習指導要領**が示す中学校の教科一覧である。

これらの教科名を眺めてみると、体育にだけ「育」という字が入っていることに気づく。また、学習指導要領の英語版では、国語はJapanese Language、数学はMathematics、理科はScience、音楽はMusicとなっており、体育だけがPhysical Educationというように教科名にEducationが入っている。各教科の教育法などを研究する学問分野を、音楽（科）教育学や美術（科）教育学と呼んでいるが、音楽教育はMusic Education、美術教育はArt Educationである。もし、教科名に教育＝Educationをつけることによって、教科教育学の名称を示すとすれば、体育（科）教育学は「Physical Education」Educationということになる。日本体育科教育学会はこのような混乱を避けるためにJapan Society for Pedagogy of Physical Educationという名称になっているが、厳密にいえば、PedagogyとEducationの重複した使用があるといえよう。

教科にはそれぞれに対応する科学や文化ジャンルが存在する。教科はこれらの学問や文化によって成立している。社会科には歴史学、地理学、政治学、経済学、倫理学などの学問が対応し、理科の土台には物理学、化学、生物学、地学などがある。音楽や美術などは教科の背後に独自の文化として存在しているものがある。つまり、教科には教えるべき対象となる科学、文化、芸術、技術があり、これらを教育目的に応じて加工し、利用するのである。それでは、体育という教科の対象となる分野とは何だろうか。Music EducationやArt EducationのMusicやArtにあたるものは何だろうか。それは**Physical Education**であった。音楽や美術は学校の外に文化として存在していたが、体育では対象となる文化領域が学校の外には十分成熟していなかったのである。

音楽や美術などは人類とともにあったといわれるほどの長い歴史と文化的蓄積をもっているが、今日の体育という教科の主な内容となっている近代スポーツは150年ほどの歴史しかもたない。さらに、この文化が市民レベルにまで普及したのは50〜60年ほど前からである。教科名としての体育が独自の文化領域名で呼称されず、Educationを含まざるをえなかったのは、学校教育が直接、この文化の実践と普及を担ってきたからである。日本では輸入文化としてのスポーツを学校教育の

学習指導要領
：学校教育法施行規則に基づいて、小学校、中学校、中等教育学校、高等学校、特別支援学校の教育課程の基準として国が定めたもの。およそ10年に一度改訂されてきた。

Physical Education
：英語圏の教科名称であるが、わが国では明治時代の初めに体育と訳され、身体運動を通しての教育の意味で用いられてきた。戦後、体育は教科や科目等の名称になったが、Physical Educationでは教科や科目等に対応する文化領域が不明瞭になる。

(2) 文部科学省（2015）『学校教育法施行規則』

表1-2　中学校の教科[(2)]

国語	社会	数学	理科	音楽	美術	保健体育	技術・家庭	外国語

実用目的に合わせて利用した。それが体育の役割であった。教科としての体育や学校スポーツはこうして花開いていったが、スポーツ文化の市民レベルでの成熟度は十分ではなかった。文化や芸術などは学校や教育とは別に独立して存在するものである。だが、日本のスポーツは学校の中で育ち、長い間そこから出ることはなかった。教科の背後にあるスポーツの文化としての未成熟さ＝日本的特殊性はこうしてスポーツを学校の中に押しとどめた。その意味で、体育という概念はきわめて歴史的な背景を背負っているといえる。

3．「体育」から「スポーツ」へ―大学、学部名の変更―

　2003（平成15）年4月、日本で初めて大学名に「スポーツ」を冠した大学が誕生した。びわこ成蹊スポーツ大学（Biwako Seikei Sport College）である。このスポーツ大学は1学部（スポーツ学部）に1学科（スポーツ学科）をもつ。大学案内で体育という用語が出てくるのは「学校スポーツコース」のところだけで、体育が大幅に縮小されていることがわかる。初代学長となった森昭三はスポーツを大学名称に用いた意図を次のように述べている。

　　「体育教師という教育専門職分野以外のスポーツ専門職業人の養成をめざしてのことである。というよりもスポーツ専門職業人の養成に重点をシフトすることへの挑戦である」[3]

(3) 森昭三（2004）「スポーツ大学研究紀要』の創刊にあたって」『びわこ成蹊スポーツ大学研究紀要』（創刊号）：4.

　21世紀の初頭にこのようなネイミングの大学が生まれたことは、日本における体育とスポーツの大きな変化を反映している。体育教師が代表的なスポーツの専門職であった時代から、学校の外にこれを専門職とする職域が拡大しているのである。いうまでもなくこれらの専門職の成立と必要性の背後には、市民レベルでのスポーツ世界の拡大がある。

　学部名称を体育学部から、スポーツを用いるよう変更した大学は順天堂大学スポーツ健康科学部、福岡大学スポーツ科学部などのように数多くある。また、大学名や学部名にスポーツという用語を使用していないところでも、公式の英文表記をみると体育（Physical Education）ではなく、スポーツ（SportやSport Scienceなど）が使われている。表1-3はその一例である。

　もちろん、体育（Physical Education）をそのまま大学名、学部名に使っているところも残っている。国士舘大学体育学部（Faculty of Physical Education）、日本女子体育大学（Japan Women's College of Physical Education）、東京女子体育大学（Tokyo Women's College of Physical Education）などである。

　また、**日本体育協会**の英語表記はJapan Sports Association（JASA）、国民体育大会はNational Sports Festival、「体育の日」はHealth & Sports Day（JASAのHPではSports Day）となっている。

日本体育協会
：1911年に嘉納治五郎によって創設された大日本体育協会を母体とする。実際には、国内のスポーツ競技団体を統轄する唯一の組織であるが、その名称には創設当初からの「体育」が用いられている。

表1-3　体育系大学、学部名称の英文表記の例

日本体育大学	Nippon Sport Science University
天理大学体育学部	Tenri University Faculty of Budo and Sport Studies
大阪体育大学	Osaka University of Health and Sport Sciences

このように、現在の日本では体育を用いながら、英語表記ではSportを用いる事例が増えている。大学名や学部名は「看板」の役割を果たしているので、そのまま体育を用い、教育目標や内容の実態はSportやSport Scienceで表現しているのだといえよう。

4．体育とスポーツの混同と混用

わが国では体育（Physical Education）とスポーツ（Sport）が区別されず、混同または混用される形で使われてきた。では、なぜ、このように混同（混用）されてきたのだろうか。

スポーツ評論家の玉木正之は、文化を「他の文化を有効に生かすための文化」（政治、経済、教育、体育など）と「その文化自体を楽しむための文化」（芸術、料理、スポーツなど）の二つに分け、日本では前者に位置する体育と後者に位置するスポーツが混同されてきたことを指摘している[4]。そして、「（日本では）スポーツは、それ自体を楽しむ（そして人生を豊かにする）ものではなく、身体を鍛えて、その身体を他の目的のために活用するためのもの、と考えられつづけた」[4]と述べている。本来、固有の文化的価値をもっているスポーツが、日本では教育の世界に持ち込まれ、政治や経済の目的（時の中央政府や財界などの目的）を「有効に生かすため」にその一部分だけを利用されてきたのである。特に戦前までの体育では、スポーツの文化的価値の一部を、強い兵士や均質の労働力育成のため、また時には皇国民にふさわしいモラルを育てるために使われた。

佐藤臣彦は、体育とは単に個人が身体運動しているような場面ではなく、作用者と非作用者の「教育的関係様態」であると説明する[5]。体育とは人間と人間の関係（教育的関係）を表す「関係概念」であり、これに対してスポーツはこのような関係の媒体となる「実体概念」であるとし、両者を峻別する。「教育的関係様態」の中に入ったスポーツは、学校や教師（それを統制する教育行政）によって利用される。利用されるのはスポーツの総体ではなく、目的に必要な一部分である。そこでは、スポーツの文化的価値より教育という関係が優先されるのである。

また、唐木國彦は、体育とスポーツの概念の歴史的変遷を眺める中で、両者が区別されず、「体育・スポーツ」のように連結語として用いられる理由を次のように整理している[6]。①「スポーツ」は「体育」の概念に含み得ない内容をもつから、両者を区別する意味で並列にせざるを得なかった。②「スポーツ」が大衆的に普及しているので「体育」という上位概念だけでは全社会的な視野を確保しえなくなった。③歴史的にみれば、この連結語が広範な大衆に支持されてきた「体操」的発想が「スポーツ」的発想に移行しつつある証拠であり、将来「スポーツ」が上位概念となる事態がくることが予想される。

唐木の予想は30年後の今日、確かに進行している。唐木はまた次のように述べて、スポーツ概念の精緻性を追及しようという意図を表明しているが、この背後にはスポーツの普及や文化的成熟の高まりが存在することを「その後の事態」が証明している。

「社会現象としてのスポーツは、私たちの主観にかかわりなく、客観的にひとつの運動法則を持って発展してきた。それぞれのスポーツ活動は一過性的で

(4) 玉木正之（1999）『スポーツとは何か』〈講談社現代新書〉講談社. p.184.

(5) 佐藤臣彦（1993）『身体教育を哲学する』北樹出版. p.217.

(6) 唐木國彦（1986）「スポーツ概念の整理について」体育原理専門分科会編『スポーツの概念』不昧堂出版. p.12.

あるけれども、その活動を外側から支えてきた歴史的、社会的基盤があったはずである。そうした基盤の上にスポーツがどのような構造をつくりあげ、どのような運動法則のもとに発展していくかを知ることが科学的な認識の内容になるのであろう。私たちが追究したいのは、こうした科学理論の装置としてのスポーツ概念である」[(6)]

　用語や概念の違いを説明するだけでは体育やスポーツの意味を言い当てることはできない。改めて、歴史と社会の座標軸の中にこれらを位置づけることが必要である。振り返ってみれば日本の20世紀は体育とスポーツの混用の世紀であった。その意味でこのような混用や混同は時代制約性をもつし、それを解きほぐすためには唐木のいう「歴史的、社会的基盤」とのかかわりをみつめることが欠かせないのである。

5．体育の新しい役割

　シドニーパラリンピックで水泳の成田真由美は5つの金メダルを取った。スポーツジャーナリストの二宮清純はNHKのスポーツニュース（2000〔平成12〕年10月29日）で「成田こそ国民栄誉賞に値する」とコメントした。下半身麻痺の成田は、治療のため多数の薬を服用しながら競技を続けている。主治医からは激しいスポーツは危険だといわれているのにもかかわらず、成田はそれを承知で、アスリートとして、パラリンピックのために激しいトレーニングを重ねてきた。障害者にとってのスポーツが治療目的のためにあるとするなら、成田のスポーツは度を超えている。教育や治療などの実用目的のスポーツは「度を超える」ことはない。だが、スポーツはその文化的特質のため、実用目的を超えるのである。「度を超える」ほど人を夢中にさせる——それがスポーツなのである。

　すでにみてきたように、20世紀のわが国はスポーツを実用目的で利用し、活用してきた。その中心となったのは学校教育であり、体育であった。ここではスポーツ本来の持ち味が歪められて利用されることが多かった。そのため、スポーツが文化として本質的に問題点をもつととらえる論調や体育の存在そのものを否定するような学校体育不要論も生まれた。だが、20世紀の100年というロングスパンでみるなら、学校教育によって、体育によって、スポーツの「する」「見る」学力と教養は国民・市民の中に築かれていった。スポーツ文化の発展の土台は体育によって作られたのである。近代国家は国づくりのために、中央政府や行政の強い統制のもとで近代公教育の制度と内実を発展させてきた。21世紀の今日では、教育の担い手は市民である。学校教育は「すべての子供」に科学や文化、芸術、技術の基礎的部分を教え、育てるところである。市民自身が、社会と文化の変革主体にふさわしい教養や学力を築くところとして、学校教育を創造していくのである。ヒューマニズムや人権意識にあふれた市民を育てるための基礎教育の場が学校であり、その中核は授業である。体育はスポーツや舞踊、体操などを教える教科であったが、体育という教科名がこれからも存続するかどうかは不明である。だが、スポーツという独自の価値をもった文化の世界は「すべての子供」に必要な市民的教養である。舞踊や体操そして武道も同様に独自の文化的価値をもつ。教科名がスポーツ（科）、

舞踊（科）などになったとき、音楽や美術と同じように、この教科は教科名にふさわしい文化ジャンルと対応することができるようになるのである。このような変革を生み出す土台は、スポーツなどの文化としての成熟がいっそう深まり、スポーツが市民の文化的生存に欠かせない必需品として定着することである。

（出原 泰明）

理解度チェック
1. 体育とスポーツという用語の混同や混用の例を挙げなさい。
2. 日本におけるスポーツ文化の成熟度と体育の関係を説明しなさい。
3. これまでの体育という教科名に代わる新しい名称を提案しなさい。

さらに読んでみよう おすすめ文献
- 佐藤臣彦（1993）『身体教育を哲学する』北樹出版
- 玉木正之（1999）『スポーツとは何か』〈講談社現代新書〉講談社
- 友添秀則（2009）『体育の人間形成論』大修館書店
- 中村敏雄・髙橋健夫・寒川恒夫・友添秀則 編（2015）『21世紀スポーツ大事典』大修館書店

第II部 体育原理の深層へ

体育原理の発展理論

第1章　運動のもつ可能性
第2章　体育における人間形成
第3章　体育とフェアプレイ
第4章　体育と身体形成
第5章　身体からみた体育の可能性
第6章　体育で競争をどのように位置づけるか
第7章　プレイが生み出す体育の可能性
第8章　技術指導からみた体育
第9章　体育と指導者
第10章　運動部活動の意義と課題
第11章　子供からみた体育の存在意義
第12章　社会変化と今後の体育

第Ⅱ部
体育原理の深層へ

第1章
運動のもつ可能性

学習のねらい

運動という現象は多様な形で目にされるが、ここでは、それを「身体運動」と、身体運動がルールによって制度化された「スポーツ」という2つのレベルからとらえる。また、運動はこれまで主にその過程や結果として生み出されるものが着目されてきたが、運動自体のもつ意味を理解することが必要であること、さらには、運動を「体験」という視点からとらえることによって、運動のもつ可能性に対して新たな光を当てる。

1.「運動」の概念―「身体運動」と「スポーツ」―

　まず、私たちは「運動」という言葉を聞いたとき、どのような場面をイメージするだろうか。ある人は健康のために走ったりトレーニングマシーンで体を鍛えたりしている光景、さらにある人はサッカーというスポーツをしている光景など、多様な運動場面を想起する。運動は体を動かすことに間違いないが、ここでは前者と後者をまず区別したい。すなわち、「身体運動」と「スポーツ」を別の事象としてとらえるということである。

　例えば、野球というゲームでは投手の投球動作、打者の打撃フォームや走塁などの動作を、サッカーではキック、ドリブル、ヘディング、トラッピングなどを「身体運動」として私たちは直接目にするが、これらの運動形態のどれをとってみても野球やサッカーと同一視はできないと、佐藤臣彦はいう[1]。また、ドイツのスポーツ哲学者レンクは、「スポーツの運動と行為は日常の運動パターンと区別されなければならないものであり、特別な文化的伝統と歴史的特性によって性格づけられ、社会的フレームワークの中で制度化されたものとして、スポーツの運動は、意識的に計画され、標準化され、目標へと志向し、特殊化し、そしてパフォーマンスによって規制されている。」[2]と述べている。

　すなわち、走るという運動もサッカーというスポーツ（運動）のどちらも、体が動いている・体を動かしている点では「運動」であるが、後者が「制度の特別な規範（ルールなど）によって命令され、方向づけられ、決定され、そして意味と価値が与えられている」のに対して、前者にはそれが存在しない点で大きく異なる。つまり、前者（走る）は後者（サッカー）にとって構成要素ではありうるが、一定のルールに基づいてその身体的卓越を競うことを目的に人間が作り出した「スポーツ」とは、次元が異なるものとしてとらえるべきである。

　したがって、以下で運動のもつ可能性を論じるにあたっては、「身体運動」レベルと「スポーツ」レベルの区別を行うこととする。

[1] 佐藤臣彦（2000）「スポーツと思想」身体運動文化学会 編『身体教育のアスペクト』道和書院. pp.2-11.

[2] Lenk, H.（1979）*Social Philosophy of Athletics.* Stipes Publishing Company.

2. 「身体運動」のもつ可能性

1) 運動がもつ手段的価値

　運動は、私たち人間にとってどのような可能性をもっているのか。このように問われた場合にすぐさま思い浮かぶのは、運動によって「健康になる」「体力が向上する」といった健康面への影響（効果）、あるいは集団で運動することで「人間性が磨かれる」「社会的態度が育成される」といった精神面や社会面での望ましい影響（効果）である。前掲「第Ⅰ部第3章：体育の理念はどう変わってきたのか」でも述べられたように、世界的にも体育は様々な身体活動を通して教育の一般目標の達成に貢献しようとしてきたし、現在においてもその考え方がなくなっているわけではない。これらは教育の目的である人間の成長発達に対してどのような刺激・促進剤になりうるのか、また結果としてその経験から何がもたらされるのかという点で評価された、**運動の「手段的価値」**と呼ばれてきたものである。

　しかしながら、これらはまさに可能性であって、必ずそうなるというものではないことは自明のこととなっている。例えば、運動によって社会的に望ましい人間が作られるというのは、あるときには正しく感じるが、スポーツ選手が社会的事件を起こす報道をみるにつけ必然的にそうなるのではないことからも明らかであろう。さらには、運動することで健康にもなりうるが、一方で、同じ部分を使い過ぎれば障害や怪我にもつながるといったこともある。したがって、これまで主張されてきた「運動の手段的価値」を否定するものではないが、教育や体育としてのあるべき目的・目標に対応するような形での運動の価値づけではなく、「運動自体がもつ意味」をまず把握する必要があるだろう。

2) 運動自体がもつ可能性：世界への媒介としての運動

　では、人間にとっての「運動の本来の意味」をどのように把握すべきであろうか。西ドイツの体育学者グルーペは、「人間が運動する現実から出発せよ」と述べつつ、「運動は世界への通路としての意味を持っている」という[3]。

　すなわち、環境世界とやり取りをしながら生きる存在である私たち人間は、日常生活をみても、例えば、土を掘る、何かを持ち上げる、運ぶなどの運動を通じて、世界に働きかけることができる。と同時に、私たちはその運動を通じて自分を取り巻く世界を知覚し、経験もしている。また、ボールで遊んでいる人は、ボールを追いかけて走ったり、投げたり、さらには相手の投げたボールを捕ったりすることによって積極的に世界に働きかけているのであるが、同時に、彼はボールの飛んでくる速度、柔らかさ、重さ、大きさ、地面の状況などを知覚しているのである。

　このことは、特に発育発達期の子供には顕著である。子供は歩く、走る、跳ぶといった基本的な運動様式を身につける中ではじめて空間性を認識するし、手で物を取り扱ってはじめて物の重さや硬さなどの性質を認識するのである。もし子供が運動を全くしなかったならば、世界は彼ら彼女らにとっては閉ざされたままとなってしまうだろう。

　子供にとって「運動は彼らの周りの世界を探索するための乗り物」[4]と表現されるように、私たちは運動を通じてはじめて世界とつながることが可能となり、また

運動の「手段的価値」：外在的価値（extrinsic value）ともいわれ、運動がもつ「何かのための道具（手段）」としての価値・側面である。また、これを評価する立場は「運動手段論」と呼ばれる。それに対して、運動自体に内在する性質、すなわち「運動経験そのものが、人間と社会にとって意味と価値をもち、人間の欲求充足のための自己目的的な活動」に焦点化する立場が、目的的・内在的価値（intrinsic value）である。この立場に立脚する考え方は「運動目的論」と呼ばれ、人間の競争・卓越・自己表現等のプレイ欲求に基づいて運動経験それ自体を自由に楽しんでいこうという立場である。

[3] 木村真知子（1987）「運動とは何か」中村敏雄・高橋健夫 編著『体育原理講義』大修館書店. pp.39-43.

[4] デビッド・L・ガラヒュー：杉原隆監訳（1999）『幼少年期の体育─発達的視点からのアプローチ─』大修館書店. pp.24-25.

運動を通じて世界を知ることができるといえる。私たちにとって運動は世界への通路としての意味をもっている。

そして、運動を「世界への通路としての意味を持つ」ととらえるグルーペは、表2-1に示したように、それを道具的意味、探索的意味、表現的意味、自己形成的意味の4つに分けている。もちろん、現実の私たちの運動を考えると、このような厳密に区分はできないが、運動自体がもつ可能性を網羅するとらえ方としては一定の評価をすることができる。

世界とつながる道具、さらには言語以外の表現手段としての運動は、私たちに自分自身の身体について理解する経験をさせてくれるとともに、物質的な経験や社会的な経験の場を提供してくれる。そのなかで、一人ひとりの人間が自分自身の身体像や自己を形成していくことができるのである。

表2-1 グルーペによる「運動の意味」

道具的意味	：日常の生活やスポーツ、労働において、運動を一種の「道具」として利用することで、私たちは、自分にとって秩序ある世界を作りあげる。
探索的意味	：運動することを通して環境世界と交信・交流する中で、私たちは、自分自身の身体の経験、物質的経験、社会的経験を充実させていく。
表現的意味	：運動は、積極的に社会的関係を作り出す。私たちは、言語以外に運動によっても他の人間と交流し、彼らとのつながりをつくることができる。
自己形成的意味	：運動は、自己を形成していくうえで一つの可能性を有している。私たちは、運動の中で自分自身についての何かを経験し、自己を見定めている。

（出典：文献(3)をもとに筆者作成）

3. 身体運動における意味生成と体験
―「生成の論理」からみた運動のもつ可能性―

前節では、身体運動を経験する中で人間は何を学ぶことができるのかという観点で、その可能性について触れた。ここでは、人間の変容に及ぼす運動の意味と可能性について、「体験」という視点から興味深い議論をする矢野智司の考えを紹介したい。

彼は、これまで子供に対する教育の大部分は、将来の社会生活において「役に立つ（かどうか）」（有用性の原理）という観点で様々な教育財がとらえられてきたという。また、それを支えるのは、あるべき姿に向かって伸びていくことが望ましいという「発達の論理」に支えられた考え方である。しかし、人間はそのような有用性の原理に則って生きると同時に、自分らしくあるために有用性の世界秩序から離脱し、日常的な生を越え出て、新たな根源的な生に触れることが必要であると述べる（「生成の論理」）。言い換えるならば、目的―手段関係に支配されない次元における世界との対峙が、教育の枠組みの中で体験として重要になっており、私たちの学びがどんどん機能化され断片化された活動へと追いやられている現在、いま一度、人間として統一された意味ある「生」の体験が求められているというのである[5]。

これはどういうことであろうか。体育において扱う身体運動やスポーツの意義や可能性も、矢野が指摘する通り、社会において「役に立つ」側面から評価されてきたことは事実である。先に挙げたように、「健康に生きるための体力」「豊かな人間性の醸成」「社会的な態度の育成」などが、まさにそれを示している。だが一方で、

(5) 矢野智司（1999）「非知の体験としての身体運動―生成の教育人間学からの試論―」『体育原理研究』29：108-112.

身体運動において、役に立つ／役立たないの基準では推し量ることのできないまでに没入・没頭していくとき、「何のためにこれをやっているのか」を超越して、根源的な自分らしさに触れたり気づいたりしたことはないだろうか。

　このように、身体運動の体験は、有用性の原理が支配する社会とは異なる次元における意味生成にその意義を見出すことができる。言い換えると、優れた身体運動の中には、「発達の論理」に回収できない、このような生成の体験を多く見出すことができるのである。それを矢野は「溶解体験（生成体験）」と呼び、村野四郎の詩「**鉄棒**」や、まどみちおの詩「**てつぼう**」を引き合いに出しながら、意味生成の可能性としての身体運動を描き出している(5)。鉄棒でクルッと回る瞬間の「おお」とか「ああ」とかいう体験は、うまく言葉では言い表せないが、世界と自分の一体感のような感覚・心地よさを表現している。このような体験の必要性や重要性は、あまりにも有用性の原理（「前より速くなった」とか「多くできた」といった）に囚われて鉄棒をはじめ多くの身体活動をしてきた私たちには理解しがたいという声もあるだろう。数年前のテレビ番組で、酸素ボンベを使わず海底100m近くまで素潜りをする女性が取り上げられていた。深海での美しさ、そこは全く音のない真っ黒の世界。彼女は自分と周囲の世界が一つに溶け込んだ一体的な感覚について話をしていた。ここまで極端な例ではないにせよ、私たちが日常から離れて山や海の自然と対峙したときに感じたあの独特な感じ、さらには日頃とは異なる時空間（例えば、クライマックスとなる大会や試合）でプレイするときの独特な感じは、確かに私たちの根源的な生に訴えるものである。

　頭で考えるのではなく無我夢中でやっている時には、自分が「生きている／生かされている」感覚、あるいは自己の尊厳みたいなものに触れているのではないだろうか。身体活動の中には自分を取り巻く日常世界（環境）から離れた「非知の体験」をする可能性が潜んでいるということである。

　このように、矢野によれば、身体運動の中には、運動を知性によってとらえるという「経験」の次元を超えた「体験」の次元があることが指摘されており、その運動体験の中にこそ教育における大切な意義が隠されているという(5)。言い換えるならば、優れた運動体験からは「発達の論理」に回収できないような「溶解体験」や、言葉では言い表すことのできない「生成の世界」がもたらされるということである。

　身体運動を通して、人間の生き方と全体性にかかわることが可能となる、それが身体運動体験の可能性とまとめられるのである。

4．「スポーツ」のもつ可能性

　第1節でも述べたように、私たちは「身体活動」のレベルで運動を実践すると同時に、「スポーツ」というレベルでの運動を経験・体験もしている。例えば、かつて雪国においてスキーは日常生活を生きるための術（移動手段）であったが、現在はそれとともに、急斜面やデコボコ斜面といった危険な状況を速くあるいは巧みに滑り降りることを楽しむようにもなった。今や「身体活動」は実用的意味を超えて常に新しい可能性へと挑戦することで意味を獲得する「スポーツ（運動）」として存在しているのである。木村は、その「スポーツ運動」のもつ可能性を次のように表現する。

鉄棒
："僕は地平線に飛びつく
僕に指さきが引っかかった
僕は世界にぶら下った
筋肉だけが僕の頼みだ
僕は赤くなる　僕は収縮する足が上ってゆく
おお　僕は何処へ行く
大きく世界が一回転して
僕が上になる
高くからの俯瞰
ああ　両肩に柔軟な雲"
（村野四郎）

てつぼう
：くるりんと
あしかけあがりを　した
一しゅんにだ
うちゅうが
ぼくに　ほおずりしたのは
まっさおの
その　ほっぺたで…

おお
こここそ　うちゅう！
ぼくらこそ　うちゅうじん！
ヤッホー…
（まど・みちお）
（詩集『しゃっくりうた』所収）

スポーツ運動では、思いきって、ある一つの能力をきわだたせ、その限界に挑戦することが可能となる。それによって、人は身体的自由を飛躍的に拡大し、私たちの経験する世界を無限に開いていくのである[3]。

すなわち、同じ「滑る」という運動であっても、スポーツとしてのスキーでは多様な斜面状況が作り出されることによって異なる「滑る」能力が要求される。そのことで、私たちは日常の活動レベルでは決して経験できない世界に開かれることになり、そこで身体を経験・体験することによって、これまで知りえなかった意味を知ることになるだろう。私たちが日常において経験しえない世界への通路が、スポーツ（運動）なのである。これに関連して、体育哲学者のメセニーも、スポーツにおいては、用具、活動内容、それらを評価する方法をルールによって明記し、日常の世界における様々な問題から私たちの心理的構えを自由にすることで、本来の「自分自身を理解する」ための独自の機会を提供する[6]といった興味深い指摘をしている。

このように、いまやスポーツによって、私たちは個人レベルでも身体的に無限に開かれた経験をすることができるようになったが、アメリカのスポーツ哲学者ワイスが述べたように、スポーツはまた「人類」というレベルでも大きな可能性を垣間見せてくれる。

　　卓越性excellenceは人々を高揚させ、そして畏敬を呼び起こす。そして、それは人々を歓喜させ、そして挑戦にも誘う。人々は、時折、それが花であれ、動物であれ、人間であれ、見事な実例には喜ばされてしまう。素晴らしいパフォーマンスには、その時なし得る最高度のものを示してくれるため、より一層人々を引きつけるのである[7]。

オリンピックやワールドカップでの競技者の力強い、あるいは美しい、あるいは巧みな動きに会場どころか全世界の人間がテレビの前で注目するという事実を引き合いに出すまでもなく、スポーツにおける絶え間ない意味探求と創造の先導者が、競技者（アスリート）であることはいうまでもなかろう。私たちは彼ら彼女らの姿に「人間がなし得ること」の具体的な表現をみることができ、そのような競技者の姿に、「あり得たであろう自分の姿」を垣間見ることができる。彼らは「代現者」であり、彼らのパフォーマンスは「身体的な、それもある特定の領域・分野において、人間はどこまで成し遂げうるのかを示してくれる」という意味ももっているのである。佐藤臣彦は、私たち人間が文化として継承してきたスポーツやダンスを「象徴的運動形式」と命名しているが、まさに「人類が身体面において何をなしとげるのかを象徴する」ことに、制度化したスポーツやダンスの大きな可能性をみることができる[8]。

このように、スポーツは、個々人の身体において多様な意味が生じているのはもちろんのこと、その象徴的機能にも大きな可能性がある。

5．運動のもつ豊かな可能性を生み出すために

ここまで「運動のもつ可能性」について述べてきたが、このテーマについての正

---

(3) 木村真知子（1987）前掲書．pp.43-44.

(6) キャロリン・E・トーマス：大橋道雄 他訳（1991）『スポーツの哲学』不昧堂出版．pp.115-118.

(7) P・ワイス：片岡暁夫訳（1985）『スポーツとはなにか』不昧堂出版．p.3.

(8) 佐藤臣彦（1993）『身体教育を哲学する―体育哲学叙説―』北樹出版．pp.245-252.

しい認識が、体育やスポーツの具体的現実（実践）をよりよくしていく上で大切である。教師や指導者が運動の可能性を豊かな形で認識していれば、それを具現化するべく多様な取り組みが生まれてくる。人間の運動は、客観的に確認できる外的な運動経過や結果は分かりやすいが、それだけでその成否を判断すべきではない。運動をする主体がどのような課題をもって世界と向かい合い、その瞬間に何を感じたり認識したりしているのかについても光を当てることが、運動のもつ豊かな可能性を正しく評価することにつながる。それは、矢野の表現を借りれば、「今日の体育の課題は、従来の体育目標に加えて、より根本的であるところの身体経験を十分にするための〈開かれた身体性〉を目指すことである。」[5]ということになるかもしれない。

と同時に大事なことは、この可能性が「理論」に留まっては意味をなさないということである。「優れた運動体験」には人間を変容させる大いなる可能性があるとしても、「どのような場面や状況で運動を学べばよいのか、あるいは設定すればよいのか」、それを具現化するための試みと取り組みが継続して必要となってくることはいうまでもない。

（森田 啓之）

理解度チェック

1. 「運動」を「身体運動」と「スポーツ」に分け、その違いを説明しなさい。
2. 「運動は私たちの周りの世界を探索するための乗り物」とはどういうことか述べなさい。
3. 「生成体験としての身体運動」とはどのようなものだろうか。具体例を挙げて説明しなさい。

さらに読んでみよう おすすめ文献

- 久保正秋（2010）『体育・スポーツの哲学的見方』東海大学出版会
- 大橋道雄 編著、服部豊示・阿部悟郎 著（2011）『体育哲学原論―体育・スポーツの理解に向けて―』不昧堂出版

第Ⅱ部
体育原理の深層へ

第2章
体育における人間形成

学習のねらい

体育の大きな使命の一つに人間形成がある。しかし、スポーツを行うことで自動的に人間が形成されるわけではないし、体育授業においてもそれはいえる。また、体育で形成されるべき人間とはどのような人間なのだろうか。今を生きる時代精神の中で、あるいはこれからの時代の中で、体育はどのような人間を形成すればよいのだろうか。ここでは、これまでの学説を振り返り、現在の体育原理の水準を確認しながら考える。

1. 体育における人間形成とはどのような意味か

「体育における人間形成」という言葉でまずイメージするのは、「競技スポーツによる人間形成」あるいは「部活動による人間形成」ということではないだろうか。体育教師を目指している人の多くは高校や大学までの競技経験から、自分の人間性が形成されてきたと感じているかもしれない。それは例えば、厳しい上下関係を通した規律の獲得や、先生や先輩から「あいさつ」の重要性を教えられたこと、苦しいトレーニングに耐え抜きチームの仲間たちと一致団結したことなど、いくつかの甘美な思い出として一人ひとりに残されているかもしれない。

人がスポーツ（競技）を通じて自分の人間形成が成されてきたと考えるとき、ここにはいくつかの問題点がある。確かにスポーツ（競技）経験を通して何らかの人間が形成されるが、必ずしも意図された望ましい人間に形成されるとは限らないのではないか。例えば、これまで暴力事件や大麻栽培事件など、大学運動部員による反社会的な事件がいくつか起こっている。スポーツ（競技）を通じて人間形成が成されているはずの選手たちが反社会的な行為を行ってしまうことを、どのように説明すればよいのだろうか。

また、目指されるべき人間形成というときの「人間形成」は何かという問題は大きな問題である。2009年に友添秀則によってなされた「体育における人間形成」の概念規定は、それまでの先行研究を踏まえたうえでなされており、現在の体育学の水準で最も信頼できる規定であると考えられる。それによると、「体育における人間形成は、体育という営みの中で、体育という教科に対応するスポーツ文化という文化領域を媒体に、一定の価値的な人間像を目標にして、体育教師が学習者を対象に人間形成的目標や人間形成に関わる教授方略を用いながら、学習者のうちに社会性および道徳性が形成されるように意図的に働きかける営みであるということができよう。そして体育における人間形成にあたっては、スポーツを自ら変革・創造していける能力の育成や、スポーツ文化を相対化していくことができる能力が求められる」[1]。「体育における人間形成」が問題にされるとき、体育において形成される人間の意味範囲は「競技者」や「プレイヤー」「スポーツ人」の範囲に留まらな

(1) 友添秀則（2009）『体育の人間形成論』大修館書店．pp.313-314.

いということである。そうではなくて、スポーツの場を離れて社会や日常を生きる「人間」を体育を通じて（もちろん多くは教材としてのスポーツを通じて）形成することを意味している。

2. 個人的人間形成

日本は明治時代以降、積極的に西洋文化を取り入れ近代化を図ってきた。太平洋戦争での敗戦まで、日本は国家レベルで富国強兵のための身体訓練という教育を進めながら人間形成を図り、教育ならびに精神の風土においては高等教育やエリート層に代表される**教養主義**が人間形成に寄与してきた。よく知られるように、夏目漱石にとっては自我や個人の確立が大きな主題となっていたし、哲学の古典を教養として読むことは、学問の成果を通しての人間形成に他ならなかった。近代日本においては個人としての人間を完成していくことが、人間形成の関心だった。

体育では、このような個人の人格の完成や個人としての人間形成論が出てきたのは主に戦後のことであった。体育において育成すべき人間像が**皇国民錬成**から民主的人間へと変わったのである。その先駆的研究は、竹之下休蔵と丹下保夫によってなされた。竹之下の名前は「B型学習論」ならびに「グループ学習論」とともに知られている。これは体育の時間の中で、話し合いや討議を通して生徒児童のなかに民主的・社会的性格を育成する意図のもとに打ち出された。

また、スポーツ倫理学において考察された人間形成論は、いわゆる**人格陶冶**に焦点を絞った研究が多い。これはスポーツを通じて道徳的な人間を作るという主張である。例えば、私たちは「スポーツマンシップ」や「フェアプレイ」を奨励することでスポーツを通じた人間形成が実現できると考えがちである。しかしそれには条件が必要であって、必ずしもスポーツを行えば人格陶冶がなされるとはいえない。優れたスポーツ選手であっても反社会的行為を行ってしまう実例からも、人格陶冶的人間形成論は今日ではあまり説得力をもたないといえよう。

個人的人間形成に分類されると考えられる比較的近年の研究では、久保正秋による一連の研究がある。久保は『体育原理研究』（現在は『体育哲学研究』）に「『体育における人間形成』論の批判的検討」と題する一連の論文を発表している。ここで久保は第6論文において、次のような問題設定を行う。「身体教育（体育）において『人間形成』を論じるには、人間の『形成』（例えば体力や技能の向上）の次元と並んで、人間の『生成』という次元を設定する必要がある」[(2)]。彼は従来の人間形成を次のように構造化して把握し、「生成」概念をその中に位置づけている（**表2-2**）。

表2-2 人間形成の構造化

①「形成」－「教える―学ぶ」関係による形成：身体・体力・運動技能―身体の発達（Ⅰ）
②「形成」－「自己形成的実践」による形成：意志・精神力・態度―自己の社会的体験（Ⅱ）
③「生成」－「溶解体験」による生成：感情・情操・美・感性―身体の意味ある体験（Ⅲ）

久保が考える生成は「意味ある体験」であり、それは児童生徒に美的経験（体験）を呼び起こす。美的経験（体験）は数値化できる試験の成績や体力テスト、さらには義務論的な自己生成とは決定的に異なる。もし人間が矛盾に満ち荒廃した世界に

教養主義
：教養を通じて人格を完成させたり社会変革を目指そうとする考え。日本では「大正教養主義」がよく知られ、主に旧制高等学校におけるエリート文化を指す場合が多い。

皇国民錬成
：皇国民とは戦前の大日本帝国において主権者たる天皇に仕える国民の意味で、そのような国民を作ることを意味する。具体的には国民学校などがそれにあたる。

人格陶冶
：「陶冶」は立派な陶器を作るという意味で、そこから人間の持って生まれた性質を完全に円満発達させることの意味で用いられる。

(2) 久保正秋（2009）「『体育における人間形成』論の批判的検討6」『体育哲学研究』39：1-9.

あってもなお希望を携えて生きようとするならば、美的経験（体験）こそが人間に希望をもたらす。この意味で、久保の唱える人間形成は生きる希望につながる人間形成であるといえよう。

3．共同体的人間形成

　一人の人間としていかに自己が充実しようとも、人間が一人で生きられないことは自明のことである。古来から哲学者はこのことを指摘してきた。例えば、アリストテレスは「人間は社会的動物である」（政治学）といっている。共同体の中で、社会に順応して生きることは、個人の主体性や個性を消すことにつながる。哲学や社会学ではこのような人々を「**大衆**」と呼ぶ。私たちは大衆として共同体に迎合しながら生きざるを得ない。個性的な髪形やファッションに身を包んでいても、就職活動では髪を切り、リクルートスーツをまとうことで個人から大衆になる。人間は現実に生きるなかで、大衆であることを余儀なくされる。

　では、体育における人間形成は共同体とどのようにかかわるのか。社会的動物としての人間が共同体をどう作ってゆくか、あるいは共同体の中でどう生きてゆくかという射程からの人間形成について次に取り上げてみよう。

　社会的存在としての人間を念頭において体育における人間形成について言及した代表的人物に城丸章夫がいる。城丸はスポーツを「民主主義」とのかかわりでとらえることを基本的立場にしている。彼は『体育と人格形成』という著書の中で次のように述べる。

　　「スポーツの歴史をひもといてみると、スポーツはそのときどきの政治の道具とされたり、社会的・経済的差別と結合したり、これに反対する思想と結合したりというふうに、さまざまな変遷をへてきている。しかし、その長い歴史のなかで、スポーツが大衆に愛され、普及してきたということは、スポーツのなかで民主主義が発展させられ、スポーツすることのなかに民主主義への夢がかくされていたからにほかならない」[3]。

　城丸は、民主主義を「服従と抑圧」に対置される概念としてとらえ、人間同士が対等で平等な関係をもつことを念頭に置いてこの概念を使用している。彼は次のように述べる。

　　「つまり、現実の世界にはどのような不公平や差別があろうとも、プレーそのものをめぐっては、対等・平等を堅持するという民主主義の貫徹に努めるということである」[4]。

　城丸は人間を対等・平等なものとみなすことのできる人間の形成を主張する。体育で形成されるべき人間は、このような「民主主義」的な人間なのである。民主主義の実現は、政治的にも思想的にも繰り返し議論され、今なお現代社会の課題であり続けている。その意味で城丸の提起した人間形成は時代遅れではないと思われる。ただし、スポーツで培われた民主的な人間がそのまま社会でも民主的人間でありうるのか。この問題について城丸は明確な答えをしておらず、その後の体育原理領域においても引き続き課題とされている。また、**他者論**を視野に入れて体育における

大衆
：この場合の「大衆」は職業や社会階層の観点からみられた大衆ではなく、主体性を失った存在を意味する。したがって、政治指導者や教師でさえ主体性を失えば大衆でありうる。

(3) 城丸章夫（1980）『体育と人格形成』青木書店. p.148.

(4) 城丸章夫（1980）前掲書. p.151.

他者論
：現代哲学における重要なテーマの一つ。自己と他者の関係を倫理学的に問うこと。この場合の他者は「他人」に限らず、広く「自己以外の存在」という意味で環境などを含む場合もある。

人間形成を考える研究もある。他者論は伝統的な西洋哲学の反省の中から生じてきた。一般に人間は他者とのつながりを求める。しかし、他者は自己からは遠い存在であって、自己との融和的一致の関係を作り出すことは難しい。私たちは仲のよい友人であれ、恋人であれ、さらには兄弟、夫婦、親子の関係にあってさえ、相手の本当の気持ちや考えを理解することは難しい。そうはいっても、自己と他者が相互理解の関係を求め、さらには融和的関係を築くことが社会に生きる上で必要なことである。

　このような自他関係をテーマにした人間形成に関する研究が、石垣健二によって発表されている。石垣は、スポーツをベースにして人間形成を論じるのではなく、身体を起点にして人間形成を論じる[5]。哲学では自他関係を意識レベルで扱おうとするが、身体感覚を通して他者への関心を呼び起こし、人間の身体の「同型性」を道徳性の基盤としている点は、体育における人間形成が「体育ならではの人間形成」へと発展する可能性を秘めている。

4．武道と人間形成

　スポーツ文化を相対化するとは、ほとんどが近代スポーツである既存のスポーツ文化を反省的な視点でみるということである。体育の教材として使われている近代スポーツの文化性を人間形成の視点から反省的に考察してみると、スポーツ文化とは異なる文化による人間形成の可能性が浮かび上がってくる。それが武道（教育）における人間形成である。

　武道は本来、生死をかけた戦いであった。しかし、生命をかけた戦いであった武道が、相手に勝つこと以外の価値を重視するのは奇妙である。ここでは体育学でも取り上げられているヘリゲル（E. Herrigel）のテキストを参考にしながら、弓道という武道は何を目指すのかを人間形成の視点から考えてみたい。

　ヘリゲルは著書の中で、「弓射はこのようにして、どんな事情の下でも、弓と矢をもって外面的にではなくて、自己自身でもって内面的に何事かを成し遂げるという意味を持つのである」[6]と述べ、弓道を通して体験した内部への集中という精神状態について語っている。この内部への集中は、最終的に数字や順位によって決定できない行為である。また、最初から方法が指導者によって示されているのでもない。内部への集中は禁欲的修行であり、終わりのない過程である。ヘリゲルは師の下で修行を行い、ある日彼の射た矢が的の端を掠っただけにもかかわらず、「正しい矢だった」と褒められる。師はヘリゲルに対して次のようにいう。「善い射に喜ばないことを付け足しなさい。快と不快との間を右往左往することからあなたは離脱せねばなりません。あなたはむきにならない平静な気持ちで、そんなことに超然としているように心がけねばなりません」[7]。

　ヘリゲルは弓道を通じて何を得たのか。ヘリゲルが師から認められた「射」は的に命中したものではなかった。しかし、的を外したにもかかわらず、師はヘリゲルを認め、ヘリゲル自身も弓道の意味を知ることになった。ヘリゲルは命中という勝利は得られなかったが、さらに弓道を探求する動機を得ることができたのである。

　武道における人間形成は、結局のところ、ある種の美的体験を包み込む「体験的人間形成」ととらえられるのではないだろうか。それは確実に勝敗を超えた次元に

(5) 石垣健二（2003）「新しい『体育における人間形成』試論―道徳的問題の背後としての『身体性』の検討」『体育原理研究』33：41-52.

(6) オイゲン・ヘリゲル：稲富栄次郎・上田武訳（1989）『弓と禅』福村出版. p.23.

(7) オイゲン・ヘリゲル（1989）前掲書. p.108.

ある。今日トップレベルのスポーツは勝利や記録の重要性が増している。特に経済的価値が伴うとドーピングや不正が蔓延する。スポーツのプレイにかぎってみても「**戦術的ファウル**」など巧妙な反則が求められることもある。実際のスポーツは決してきれいな理想郷で行われているわけではない。しかし、勝利や成功以外にも人間はスポーツで得られるものがある。行為それ自体からも人間は果実を受け取ることができる。ヘリゲルの例はそのことを伝えているように思われる。

以上、武道（教育）における人間形成は、あいさつや礼儀といった次元を超えて（これらは社会生活を営むうえで欠かせない重要性をもつけれども）、自己を知るという次元を開く可能性がある。勝敗や記録を超えたところで自己とは何かを武道家は探求しているといえるのではないだろうか。

> **戦術的ファウル**
> ：ファウルをやむを得ず犯すのではなく、戦術の一環として意図的に行うこと。

5．現代への視角

日本国民の価値観は1945年の太平洋戦争の敗戦を境にして大きく変わった。これまで述べてきた人間形成はいずれも戦後の価値観のなかで意図されたものである。では、戦前の体育における人間形成はどのような価値観に基づいて意図されたのであろうか。友添は次のように述べている。

> 「戦前、身体の教育が意図された体育にあって、そこで形成されることがめざされた人間像は、戦時下の体育（体錬科）に集約されたように軍国主義的人間であった。特に時代が昭和に入り、国民学校令（1941年）が公布され、体操科が体錬科に名称を変更し、国家を挙げて戦時体制に組み込まれていく時、戦前の体育がめざした軍国主義的な人間形成のありようは、国民学校体錬科教授要領（1942年）に集約された。そこでは、教師中心の注入主義教育という方法で、身体運動や身体訓練を通して、服従精神や規律節制の涵養を教科目標にしながら、軍国主義に貢献できる人間の形成が行われた。この時期の体育の人間形成への要求は、国家が直接的に要請するものであった」[8]。

(8) 友添秀則（2009）前掲書．p.95.

木村真知子は「体育における人間形成」の論考で、この時代の日本における近代国民国家を「閉じられた共同体」と呼んで次のように述べる。

> 「たしかに近代国家の浮沈は学校体育の成果にかかっているといえるほど、当時の学校体育の存在意義は大きかったであろう。しかし、これはあくまでも『閉じられた共同体』である国家にとっての存在意義である」[9]。

(9) 木村真知子（2005）「体育における人間形成」『教養としての体育原理』大修館書店．pp.33-38.

それに対し木村は、「他者を否定するのではなく他者を受け入れることで自己が豊かになれる共同体」を「開かれた共同体」と呼び、新たな体育における人間形成の可能性を示唆している。それによれば、人と人との関係を自我レベルでとらえるのではなく、人と人との「接触」という出来事から生じる「共に在る」ことを道徳律ではなく身体レベルで学ばせるという点が重要とされる。最終的に木村は次のような提言を行っている。

> 「この原初的な『共に在る』様態を決して実体的な『閉じられた共同体』に回収して人材形成に変質させるのではなく、あくまでも身体という現場にあって人間形成を試みる、そういう体育へと編み直していく必要があろう」[10]。

(10) 木村真知子（2005）前掲書．pp.33-38.

木村が述べた「開かれた共同体」という考えは、哲学では「他者論」として近年では盛んに議論されている。ヤスパースもサルトルも、彼らは自己の実存を問題にしながらも他者あるいは外部の存在を問題にしている。私たちの日常生活を顧みても自己だけで世の中に存在することがいかに不可能であるかが実感できるであろう。この他者論は、必ずしも人間関係だけではない。それは動物との関係性も含むであろうし、より広い意味では自然環境とのかかわりも視野に入るであろう。体育において形成すべき、あるいは形成されうる人間は、単に対人関係を円滑に進めるという意味でのコミュニケーション問題を超えて、さらには国家を超えて、世界市民として生きる人間あるいは自然環境と共存する人間という範囲でも考えられる。

　最後にこの章のテーマにかかわる体育原理領域の課題について触れておきたい。先に紹介した友添による「体育における人間形成」の概念規定には、「一定の価値的な人間像を目標にして、体育教師が学習者を対象に人間形成的目標や人間形成に関わる教授方略を用いながら、学習者のうちに社会性および道徳性が形成されるように意図的に働きかける営み」という部分が含まれていた。体育が教育概念である以上、被教育者自身がスポーツを行うことで自動的あるいは自然に人間形成が行われることはあり得ない。教育者の意図的な介入がなくてはならない。では、現代の状況下で、教育する側がどのような価値的な人間像を描き、どのように意図的な働きかけを学習者に行うべきかについては、体育原理（体育哲学）の領域で活発な議論がなされているとは言いがたい（ただし、久保は2010年の第7論文で教師の働きかけについての考察を試みている）。この種の議論は体育原理（体育哲学）の課題といえるが、体育科教育学や社会学の知見に学びながら、研究の進展が期待される。

（関根 正美）

理解度チェック

1. 本章で取りあげた個人的人間形成と共同体的人間形成で形成されるべき人間について、具体例を挙げて説明しなさい。
2. 現代において形成されるべき人間像とはどのような人間か。時代状況などを考慮に入れて述べなさい。

さらに読んでみよう おすすめ文献

- 樋口聡（2005）『身体教育の思想』勁草書房
- 池田潔（1963）『自由と規律－イギリスの学校生活』＜岩波新書＞岩波書店

第Ⅱ部
体育原理の深層へ

第3章
体育とフェアプレイ
―フェアプレイは有効か―

学習のねらい

勝敗を争うスポーツにおいてアマチュアでもプロフェッショナルにおいてもフェアプレイの重要性が強調されている。ここでは、体育とフェアプレイとの関係を論じる。フェアプレイやスポーツマンシップの意味、フェアプレイの特質、そしてカナダのフェアプレイ教育の目標や方法を参照することによって、フェアプレイを有効なスポーツ規範にする方策を理解する。

1. スポーツ規範の教育的価値

スポーツ規範
：体育・スポーツに関連する規則、判断・評価、行為などが拠るべき基準となるもの。

　フェアプレイは、スポーツマンシップと並んで、体育やスポーツにおける重要な**スポーツ規範**である。これらの規範のもつ教育的価値は、学校教育においても一貫して認められてきたし、学習指導要領における目標や内容として位置づけられてきた。

　しかし、とくに近年、オリンピックなどの国際競技大会から地域のスポーツ大会に至るまで、スポーツ規範の価値は低下している。というより、価値そのものに懐疑的になっている。スポーツ規範に反する事例として、例えば、国際レベルでの大会では、ドーピングに手を染めたり、意図的反則で相手を阻止したり、ライバルに怪我を負わせたりする選手がいるし、審判員や選手の八百長も話題にのぼる。他方、身近な地域レベルの少年サッカー大会であっても、フェアプレイが推奨されながらも、悪質な反則に対するイエロー、レッドカードが出されることがある。

　そうした状況から、スポーツにおけるフェアプレイは幻想であり、スポーツの現実はアンフェアなのだと、フェアプレイを諦念している人々が多数いる。しかし、社会におけるスポーツが、たとえフェアプレイやスポーツマンシップに反する行為に汚染されていようとも、少なくとも教育としての体育の場面では、**真性（ほんもの）**のスポーツを教えなければならないだろう。フェアプレイをはじめとするスポーツ規範を修得する場が、まさしく体育の場であることをまずもって確認しておく必要がある。

真性（ほんもの）
：スポーツそれ自体のプレイを楽しむために、ルールの条項と精神の両方を守ること。

　とはいっても、体育の学習内容としてのフェアプレイやスポーツマンシップは、観念的で、形式的で、具体性に欠けるとの批判がある。この批判を解消するためには、フェアプレイやスポーツマンシップの具体的な内容やその評価システムを確立することが重要である。また、そこでの評価システムは、体育の中でフェアプレイやスポーツマンシップの学習が有効であるかに対する判断基準となる。具体的な学習内容や学習方法が明示されなければ、教師が生徒に対して、かけ声だけの「フェアプレイ、スポーツマンシップに則(のっと)って、正々堂々とプレイしよう」では、体育の学習内容にはならないであろう。

　そこで、本章ではフェアプレイやスポーツマンシップといったスポーツ規範を概

観し、次に具体的なフェアプレイの行為内容を示し、最後に、カナダのフェアプレイ委員会が提示するフェアプレイ教育の具体的な方法を学ぶことにしたい。

2．スポーツ規範——フェアプレイ、スポーツマンシップとは——

　フェアプレイやスポーツマンシップは、いずれもイギリスから由来した概念であり、教育と密接に関係する用語である。フェアプレイは、16世紀のイギリスの上流階級の間で行われていた「社交としてのスポーツ」におけるマナーに関する用語であり、その後、19世紀のパブリックスクールにおける性格形成においても重要視されている。また、同じくスポーツマンシップもジェントルマンを産出する手段としたスポーツにおいて、とくに強調されるようになった概念である。イギリスでは、スポーツが人格形成やジェントルマンの育成のための教育手段として位置づけられ、ゲームそのものにあまり価値を置かず、ゲーム中のフェアプレイやスポーツマンシップの精神の涵養（かんよう）を目標としてきた。こうしたイギリスのスポーツ教育には、スポーツを手段として用い、日常社会にも還元できるという、**スポーツ還元主義**の思想が根底に横たわっている。

　スポーツマンシップの考え方も多岐にわたるが、例えば広瀬一郎は、スポーツマンであること（とくにGood Loser）を取り上げて、フェアプレイとスポーツマンシップの概念上の区別をしている[1]。そこでは、スポーツマンシップに則るとは、①規則にしたがう、②相手を尊重する、③勝つために最善の努力をする、④良い試合をする、⑤負けた時に冷静な態度をとる、⑥チームのために尽くす、⑦審判を尊重する、⑧フェアプレイを行うことである。ここでのフェアプレイの内容は、ルール違反などの卑怯な方法で相手より優位に立とうとしないことと理解されている。

　また、日本体育協会は、スポーツ立国を実現するために、国民体育大会等の実施、指導者育成、スポーツのもつ価値や意味を広く国民に啓蒙している団体だが、同協会では「フェアプレイで日本を元気に」キャンペーンを実施し、スポーツの場、日常生活の場でも、フェアプレイを推奨している。フェアプレイには、「行動としてのフェアプレイ」と「フェアプレイ精神（フェアな心＜魂＞）」の2つの意味があり、「フェアプレイ7カ条」として、①約束を守ること、②感謝すること、③全力を尽くすこと、④挑戦すること、⑤仲間を信じること、⑥思いやりをもつこと、⑦楽しむことを具体的な内容として示している[2]。フェアプレイの教育的価値をスポーツの場に留めず、日常規範として醸成しようとしている。イギリスのスポーツ教育がめざしたスポーツ還元主義の日本版といえるだろう。

3．フェアプレイの特質——相対性、創造性——

　スポーツでは、相手のユニフォームを引っ張ったり、相手に足をかけたりするプレイ、反則すれすれのプレイ、審判にみつからないところでの反則を見かけることがしばしばある。俗にいう「汚いプレイ」、サッカーでいう「マルーシア」である。「汚いプレイ」といっても、人それぞれ、状況によっても、作戦・戦術、スポーツ界の常識、そうしたプレイをしなければ試合には勝てないとか、大事な試合の時の反則はやむを得ない、といった妥協的な意見もある。さらにはもっと開き直って、例えば、反則すれば罰則が代償として与えられるし、違反すれすれや審判にみつか

スポーツ還元主義
：ゲーム中のフェアプレイ行動を日常生活でも同じように実践できることを目標とする考え方。

(1) 広瀬一郎（2002）『スポーツマンシップを考える』ベースボール・マガジン社．p.174．

(2) 日本体育協会ホームページ
(http://www.japan-sports.or.jp/portals/0/data0/fair)

らないようにプレイするのは、競技スポーツの世界ならば当然で、プロフェッショナル・ファウル、フェアなファウルが妥当な世界と疑わない人々もいる。

では、フェアプレイはどのような特質があるのだろうか。とくにゲームの定義（ゲームの目的）に反しない行為であっても、アンフェアプレイと非難される事例を取り上げよう。それは、かつてアメリカ大リーグの試合で大差の得点ゲームになった時のことである。試合の終盤に大量リードしていたチームの選手が二塁に盗塁したのである。二塁に盗塁したプレイに対して、相手チームから非難されたのは当然だが、味方チームからも非難され、球団から罰金まで課せられたと報じられている。盗塁することは勝つために有効なプレイであるが、非難されたのである。同じように環太平洋野球大会においても、大差の場面で日本人選手が盗塁したことに激怒し、相手投手がデッドボールで報復したと報道されている。逆に、日本においては、大差の試合になっても手を抜くのは相手に失礼との考え方がある。古い事例だが、1998年の高校野球大会予選で、「122対0　勝敗超え激闘」と題する新聞記事が一面に取り上げられ話題を呼んだし、現在でも地方予選ではラグビーやバスケットボールの試合かと思われるほどの大差となる試合がある。

これらの例から、日本と諸外国では「フェアプレイ」の意味が違うことがわかる。同じく相手に対する礼儀であっても、外国では大差の場面での得点の山積み（piling-up the score）は控えるべきであり、他方、日本では全力を尽くして得点を重ねるべきと考えられている。ゲームの定義からすれば、（球技の場合）相手より多くの得点をとることが目標である以上、得点の山積みはゲームの定義には反してはいない。しかし、外国では激しく非難されるのである。よって、何がフェアプレイであるかは世界共通ではない、つまり、普遍的ではなく相対的であることに留意すべきである。

以下の事例も上述のアメリカの野球と同じで、ゲームの定義（多くの得点をとること）に反していても賞賛される行為である。サッカーの試合では、怪我人が出たときにピッチの外へ意図的にボールを蹴り出した場合、相手チームが意図的にボールを相手に戻すことがある。こうしたプレイは、定義的にはルールに反する行為ではあるが、やはりフェアプレイだといわれている。

ところが、ルールの変更によって、こうした場面で意図的にボールデッドにする行為は審判にゆだねることになった。そのため、これまでは選手自身の判断でゲームを中断して行ったフェアプレイは推奨されずに、審判に権限が委譲された。その理由は、チームによってフェアプレイの理解度が異なることから、審判に判定を一任してトラブルを回避しようとしているためであろう。この事例はフェアプレイに基づく行為を審判の権限内に委譲された例であることから、フェアプレイは時代によって相対的特質があることがわかる。

こうしたフェアプレイの地域的、時代的な相対性は、曖昧さの一因となっているが、別の角度からみると、フェアプレイは、固定的、画一的ではなく、柔軟で、動的で、創造的ともいえる。このようにフェアプレイの特質を理解すれば、フェアな子供を育てる体育授業や部活動自体が、創造的にフェアプレイを作り出していくことが重要であろう。

その具体的な方法として、カナダのフェアプレイ委員会が提唱するフェアプレイ

教育を紹介したい。

4．フェアな子を育てるには—カナダのフェアプレイ教育に学ぶ—

　1980年代のカナダでは、アイスホッケーを中心にゲーム中に暴力事件が多発したり、競技能力を上げるために薬物を使うドーピングも増えてきた。このようなスポーツ倫理の荒廃を危惧した人々が立ち上がり、国レベルで荒廃状況を立て直す動きが起こった。

　それがカナダ政府直轄のフェアプレイ委員会であり、1986年に設立された。その委員会の構成は、元オリンピック選手、プロ選手、コーチ、審判員、ジャーナリスト、医師、教師、スポーツ企業関係者、スポーツ担当行政官ら20名によって組織された。

　今回、参照した資料は、フェアプレイ委員会（編）『Fair Play for Kids』であり、これは、小学校高学年児童用のフェアプレイ教育の教材本である。この委員会では、小学生用だけではなく、ほかにもスポーツに関与するすべての人々（選手、教師、保護者、コーチ、観客、メディア、審判員）向けにも、同じようにフェアプレイの啓発活動を展開している。フェアプレイは、ゲームを行う選手たちだけでなく、関係する人々すべてに求められるスポーツ規範であることを忘れてはならない。

　まず、この教材『Fair Play for Kids』の目標は、「さまざまなスポーツ活動に参加した結果、小学校高学年の子供たちが、フェアプレイの原理をよりよく理解し、それらの原理を遵守して行動できるようになること」[3]と記されている。そして、子供たちのフェアプレイ能力を高めるには、次の3つが重要だと述べている。

　(1) 道徳的推論を学ぶ学習過程においては、まず**道徳的ジレンマ**を認識して問題解決にせまって、ほかの人の立場や別の観点に考え方を置き換えること。
　(2) フェアプレイの価値と態度においては、チームワークと協同、主体的なルール遵守、集団的活動による自尊心を育むこと。
　(3) フェアプレイの理念においては、①ルールを遵守すること、②審判員に敬意を払い、判定を受け入れること、③対戦相手に敬意を払うこと、④誰にも等しい参加の機会を与えること、⑤いつも自制心を保つことの5つが示されている[3]。

　とくにフェアプレイの理念からは、体育学習の具体的な目標として位置づけ可能な表現になっている。

　次に、フェアな子供たちを育てる体育授業で、フェアプレイを習得させるための方法についていくつか紹介しよう。

　第1に、関係者同士がフェアプレイへの契約を行うという提案がある。これは契約社会ならではの発想であるが、子供向けと、教師／保護者向けのフェアプレイ同意書（Fair Play Agreement）を作成し、それにサインさせるのである[4]。つまり、**表2-3**にあるような内容に、子供、教師／保護者がともに署名して契約を交わすのである。この契約内容をたどることで、フェアプレイの具体的内容が理解できるし、実践への知識にもなる。

　この同意書が示す契約内容には、体育授業や部活動実践に十分応用できる考え方が含まれているし、フェアプレイ教育は、生徒だけではなく、教師／保護者の価値

(3) Commission for Fair Play (1990) *Fair Play for Kids : A Resource Manual.* p.i, pp.1-80

道徳的ジレンマ
：道徳的に相反する2つの板ばさみになってどちらとも決めかねる状態。

(4) 日本体育協会のフェアプレイキャンペーンでも「フェアプレイ宣言」を実施している。

表2-3　フェアプレイ同意書にみるフェアプレイの具体例

> ＜フェアプレイ同意書＞
> ［生徒向け］
> ・いつもルールに従ってプレイする。
> ・審判員に意義を唱えず、判定に疑義が生じたときは、コーチや主将に任せる。
> ・スポーツを楽しむためにプレイし、勝つことだけでなくゲームには楽しいことがあることを忘れない。
> ・ベストを尽くすが、上手にできなくても落胆しない。自分よりも上手にできた子もいれば、逆に上手にできなかった子もいる。
> ・よい選手やよいプレイは相手選手であってもほめる。
> ・気持ちを抑え、人に自慢しない。
> ・いつも公平にプレイする。
> ［教師／保護者向け］
> ・子供たちは自分の楽しみのためにプレイすべきことを忘れない。
> ・真面目な努力が、勝つことと同じくらい重要と教える。
> ・励ましがもっとも学習に必要なので、できるだけ子供たちを励ます。
> ・審判員は重要な役割であり、審判員の誠実さに疑問を挟まないように教える。
> ・いつもスポーツマンらしく行動するように促す。
> ・ボランティアのコーチや審判員の価値や努力を賞賛する。
> ・保護者が教える事柄から子供たちが学ぶ。フェアプレイやスポーツマンシップは家庭から始める。

観も統一しなければ実現できないことも理解できる。

　よって、完全なフェアプレイの修得には、体育授業と部活動の行為基準も同じにすべきことが示されている。つまり、例えば、体育教師が、体育授業ではフェアプレイを教え、他方、部活動顧問として、部活動中にアンフェアなプレイを奨励しては、フェアプレイ教育にはならないのである。教師や保護者の**ダブルスタンダード**は、生徒を混乱に陥れることになる。フェアネスは、時や場所といった条件つきではなく、首尾一貫していなければならない。

　第2に、フェアプレイ教育の方法として、顕彰制度を導入している点である。例えば、①毎月、フェアプレイの事例に対して表彰する、②年度末には学校行事として、フェアプレイ賞の授与式を行う、③体育授業やスポーツ大会を含めて、学校内のフェアプレイを顕彰する、④トラブルを上手に解決した子供たちを顕彰する、⑤フェアプレイ賞の創設について、家庭通信や学校新聞を通じて多くの人々に広く知らせるのである。

　顕彰制度の導入には議論はあるにしても、価値ある行為の認定は、生徒自身の行為価値基準を確立するために欠かせない。フェアプレイ賞の創設や表彰は一考に値する。

　第3に、フェアプレイにかかわる事象（過去・現在・未来）を学習課題とする方法である。例えば、**クーベルタン研究**、ユネスコの**フェアプレー賞**、オリンピズムやオリンピック教育、スポーツと環境問題などである。とくに、スポーツと環境問題とのかかわりで例を挙げれば、使えなくなり不要となったスポーツ用品はどのように廃棄、処分されるのか、あるいは自然保護とのかかわりで、スポーツ活動と動物・植物との共生問題を題材にすることは、今の時代のもっとも要請する課題であり、総合的な学習の時間のテーマにもなる。フェアプレイにまつわる事例を生徒たち自身で調べることによって、その意味の理解を促すのである。

　以上のカナダ・フェアプレイ委員会の基本には、「フェアプレイは教えられる。

ダブルスタンダード
：例えば体育の授業はフェアプレイ、部活動ではプロフェッショナルファウルを教えること。

クーベルタン研究
：近代オリンピックの創始者ピエール・ド・クーベルタンのオリンピズム思想を調べること。

フェアプレー賞
：ユネスコがフェアプレイに貢献した人物、団体を対象に設けた賞。フェアプレイの具体例を知ることができる。

生徒たちは絶対に変わる」という信念がある。フェアプレイ教育を行えば、生徒たちにフェアな行動への基礎ができあがるし、逆にフェアプレイ教育を行わなければ、フェアな行動はますます廃れていく。生徒たちには、メディア、マスコミからのスポーツ情報、パフォーマンス情報が本物のスポーツと映るであろう。たしかに現実の競技スポーツにおいては、意図的な反則、反則すれすれのプレイがある。しかし、それは本物・真性のスポーツではないと、教師や保護者が子供たちに伝えなければならない。教育の場で行われるスポーツは、未来のスポーツ文化の方向を決定的にする。現実の社会で展開されるスポーツより、もっとよりよいフェアなスポーツを学校教育、学校体育の中で実践してこそ、初めてその未来は開かれるのである。よって、本章の副題に掲げた「フェアプレイは有効か」という問いへの回答は、フェアプレイ教育を行って初めて有効になるということができる。

(近藤 良享)

理解度チェック

1. 過去のユネスコ・日本フェアプレイ賞の事例から、フェアプレイの内容を説明しなさい。
2. 「フェアプレイは技能を高める」と指摘する人がいる。正論かどうかをいろいろなスポーツ種目の事例や場面を挙げて説明しなさい。
3. 体育の授業のゲーム中、ある生徒がサッカーボールに当たって泣き出した。この時、どのように振る舞うことがフェアプレイなのかを話し合いなさい。

さらに読んでみよう おすすめ文献

- 近藤良享(2012)『スポーツ倫理』不昧堂出版
- 近藤良享 編(2004)『スポーツ倫理の探求』大修館書店
- 川谷茂樹(2004)『スポーツ倫理学講義』ナカニシヤ出版
- サイモン, L.(近藤良享・友添秀則 訳)(1994)『スポーツ倫理学入門』不昧堂出版

第Ⅱ部
体育原理の深層へ

第4章
体育と身体形成
―身体形成とは何か―

学習のねらい

人間の身体形成は、物体であり、生命体であり、動物体でもある人間の身体が、生きる欲求を人間的な形で充足し、社会と文化を創造しつつ、同時に自然との調和を更新しながら営んでいく、未来に向かって開かれた過程である。ここでは、人間の身体形成に「自然成長」と「意図的教育」の両面からアプローチすることによって、身体形成と体育・スポーツのかかわりを理解する。

1．身体の自然成長と意図的教育

　身体の成長や発達ということは、一般に「人為的に仕組まれるもの」というよりも「自然になされるもの」と考えられている。この「自然に」とは、その時代の生活環境の下で、家庭や地域における生活・労働・遊びなどを通して身体が自然のうちに形成されていくというほどの意味である。これを身体の自然成長観という。これに対して、時代の変化の中で、自然にまかせておいたのでは「一人前」の身体が育たないと思わせる事態が生じ、そこに、身体を意図的に教育するという発想が生まれてきた。

　では、その身体の意図的教育と自然成長との関係をどう考えたらよいだろうか。近代教育思想の古典とされる『エミール』でルソーは、次のように述べている。

　　「生まれた時にわたしたちがもってなかったもので大人になって必要となるものは、すべて教育によってあたえられる。この教育は、自然か人間か事物によってあたえられる。…（中略）…自然の教育はわたしたちの力ではどうすることもできない。事物の教育はある点においてだけわたしたちの自由になる。**人間の教育**だけがほんとうにわたしたちの手ににぎられている…（中略）…完全な教育には三つの教育の一致が必要なのだから、わたしたちの力でどうすることもできないものにほかの二つを一致させなければならない。」[(1)]

人間の教育
：ルソーは、「人間の教育」とは「自然の教育」における内部的発展を「いかに利用すべきかを教える」ことだと述べている。つまり「自然の教育」のなすことを理解し、それを人間形成のために活用するすべを教える人為的な働きかけが「人間の教育」だということになる。

(1) ルソー（1962）『エミール』（上巻）〈岩波文庫〉岩波書店．pp.24-25．

　まず、「自然の教育」について考えてみよう。ルソーはこれを「わたしたちの能力と器官の内部的発展」であるとしている。植物の種子が地に落ちると、それは芽を出し、天に向かって伸び、花開き、実を結ぶ。もちろん、そのためには、土、水、空気、養分、日光その他の環境条件が必要である。しかし、それらの刺激を受け止めながら、芽を出し、伸び、花開く力ないし性向が種子そのものの中にあること、そしてそれは人間の身体にも備わっていることを、ルソーは「内部的発展」といっているのであろう。

　次に、「事物の教育」に進もう。ルソーはそれを「わたしたちを刺激する事物についてわたしたち自身の経験が獲得する」ことだと述べ、健康な乳母を雇うこと、田舎のよい空気の中で育てること、沐浴の水を温めないこと、自由に手足を動かせ

る衣服と空間を与えること、等々を語っている。「事物の教育」を私たちの自由にする営みは、そうした子供の生育環境を整備することを通してなされる。

　ところで、こうした「自然の教育」と「事物の教育」との関係について、ルソーの教育思想を受け継いだペスタロッチーは、次のように述べている。

　　「自然が子供自身の内に置いたもの、自然が子供の本能衝動を通じて欲するもの、自然が必要や欲求によって強制するもの、これらすべてのものを自然は同時に子供の環境のなかにも置いた。自然は子供の母親を通じてこれらすべてのものを欲し、家庭の生活圏における子供の諸関係によって彼をそれらのもとへと強いるのだ。」[2]

(2) ペスタロッチー（1960）『体育論』〈ペスタロッチー全集第11巻〉平凡社．p.329．

　つまり、子供の内にある諸力の「内部的発展」と環境の中で子供を刺激する事物との間には対応関係があり、それによって子供は外界の事物に対して興味や欲求を抱いて働きかけ、親やまわりの人々はいたわりの心情を喚起されるのだというのである。

　ルソーやペスタロッチーの時代には、人類は自然を造りかえて従わせる「文明」への自信をつけつつあったが、その「文明」への過信が自然からの逸脱を生みつつもあり、それに対して彼らは「自然にかえれ！」と主張したのである。ただしこの時代には、大きくみれば「自然」と「事物」との調和はまだ保たれていた。しかし今日、身体形成にとって事態ははるかに深刻である。現代社会においては、地球規模での環境汚染や自然から隔絶した生活様式の中で、子供の身体発達の不全や歪み、衝動や欲求の減退や偏りが生じるとともに、大人たちの子供を慈しむ心情や親性も衰退・変質をみせている。

　最後に、「人間の教育」である。人間の子供の誕生の特徴を、ルソーは「弱い者として生まれる」といっている。同じことを、動物学者のポルトマンも「生理的早産説」として提唱している。すなわち、他の高等哺乳類が誕生時に親とほぼ同じ身体の形態と行動様式を備えているのに対して、人間はそれよりはるかに未熟な状態で誕生し、生後約1年間（子宮外の幼少期）を親の手厚い庇護の下で過ごさなくてはならない。しかしこのことは、人間の子供が劣った存在であることを意味しているのではなく、逆に、限りない発展の可能性を秘めていることを意味しているのだという。ただし、そうした「人間の教育」の可能性は、ひとつ誤ればそれが非人間的なものに陥る危険性も同時に内包しているのである。

　では、そうした「人間の教育」でルソーはどんな身体形成を目指していたのだろうか。

　　「あらゆる姿勢でらくにしっかりと身をたもつことをかれは学ばなければならない。遠く、高く、跳びはねたり、木によじのぼったり、塀を跳び越えたりすることができなければならない。いつでも均衡をたもてなければならない。あらゆる運動、動作は、力学か釣り合いの法則をかれに説明することになるずっとまえから、その法則にしたがって為されなければならない。」[1]

(1) ルソー（1962）前掲書．pp.231-232．

しかし、当時の文明が行おうとしていたのは、次のような身体形成であった。

　　「正常には歩行できない舞踏家、泳ぐことのできない騎士、いかなる木も斧

で切り倒すことのできない剣闘士、自分の生活のためにはひとすじの草をも刈り取ることのできない登山家」。[2]

こう述べたペスタロッチーは、戦災孤児を集めて生活と労働と教育をともにしていた。その彼にとって、このような人為でこねあげた身体は無用のものであった。そこで彼は、日常生活にも労働にも遊びにも通用する身体を求め、その結果、今日の徒手体操の祖となった「基本体操」にたどり着いたのである。それは、全身の関節と身体の部位を、単独であるいは組み合わせて、あらゆる方向に、あらゆる強さと速さで、自由自在に動かせるように練習するものであった。ここには、現実生活のあらゆる必要に対応できる普遍的身体を求めて、一切の現実的課題を捨象した抽象的な身体運動を訓練するというパラドックスがあった。

2．身体形成における身体観

これまでの身体形成の営みは、身体をどのようなものとしてとらえてきたのだろうか？

第1に、身体を人間という全体のうちの一部分としてとらえ、それを他の部分と切り離して形成しようとする考え方がある。このうち、身体の形態に着目してそれを改造しようとして取り組まれるものとして、ボディビルディングやダイエットが挙げられる。中国で長く行われてきた「纏足」、その他の身体を人為的に加工する風俗もこの種の身体形成に属する。これに対して、身体の機能に着目したものとして、筋力・持久力・柔軟性などを高める「体力つくり」や身体の感覚を耕す感覚教育、医療における機能回復訓練などがある。

第2に、人間を部分に分けてとらえる点では同じだが、部分としての身体を人間の他の部分とのつながりに着目しながら形成しようとする考え方がある。その代表例が、身体を「精神のよき召使い」に形成するという考え方である。

「肉体は、魂に服従するためには頑丈でなければならない。よい召使いは丈夫でなければならない。…（中略）…肉体は弱ければ弱いほど命令する。強ければ強いほど服従する。」[1]

前述したペスタロッチーの「基本体操」や、その後の「からだづくり」や「動きづくり」をめざす体操の多くも、こうした考え方に基づいている。

これに対して、精神と身体の関係を逆転させて、身体を通してある種の精神や秩序を錬成するという考え方がある。シュピースが提唱して世界中に広まった集団秩序体操や、わが国で明治期に「**道具責メ**」の方法として導入された「兵式体操」などがその典型である。

第3に、身体を道具や手段とみるのではなく、身体の形成ということそれ自体に価値を置き、それを人間形成の土台ないし基底としてとらえる考え方がある。

「教育というのは、かけがえのない価値をもつ子供たちの生命（いのち）を育み、その測り知れない可能性にはたらきかけて、その全面的な発達と主体形成をはかっていく営みである。人間にとって、身体はその存在のもっとも基底をなすものであり、そのことからしても、教育の仕事において、体育〔からだ

---

(2) ペスタロッチー（1960）前掲書．p.315.

身体観
：身体観とは、人間存在において身体とは何かということについての見方・考え方のことをいう。そこではとくに、物体と生物・動物体と人間の身体の関係、また、体と知・情・意の関係などをどうとらえるかが問われている。

纏足
：中国で、女児が4～5歳になった頃、足指に長い布帛を巻き、第1指（親指）以外の指を足裏に折り込むように固く縛って、大きくしないようにした歴史的風俗。

(1) ルソー（1962）前掲書．pp.55-56.

道具責メ
：「道具責メ」とは、わが国の初代文相である森有礼が、学校教育に「兵式体操」を導入したときに、その「敢為ノ勇気」を内に含んだ身体の能力を育成するという「目的ヲ達セントスルニ利用スベキ一法」と特徴づけた教育方法をいう。つまり、この体操を形式として繰り返し訓練する中で、内容である精神・気質が養われることを意味している。

そだて〕は、その根底にすえられるべきもの、というのが、私のかねてからの持論である。」(3)

第4に、人間を全体として、とくに身体と精神を切り離さずにとらえようとする考え方である。これは、「精神としての身体」(4)「身体的自我」「文化としてのからだ」「考える身体」などの言い方で、哲学や心理学や教育学や芸術の分野で論じられてきたが、最近では後述するように科学の分野でも同様の考え方が示されている。

3．人間の身体の階層構造

前節でみてきた多様な身体のとらえ方をどう整理して考えたらよいだろうか。竹内常一は、人間という存在が、図2-1の①大脳新皮質と大脳辺縁部との関連と、②脳幹部と自律神経系・内分泌系・免疫系との関連からなり、さらにその両者が③でつながった階層構造をなしているととらえる提案をしている(5)。この階層構造の下層には、ゲノムや細胞、組織や器官のレベルの身体が積み重なっている。また上層には、思考や感情や意志をもつ身体が乗っている。

そしてそれは、人間の歴史性・社会性・文化性を刻み込んだ身体でもある。ヴィゴツキーによれば、人間の系統発生の過程は「ホモサピエンスの発生をもたらした生物学的進化の過程」と「原始人を文化人に変えた歴史的発達の過程」とに分けることができる(6)。そして、この両過程は系統発生においては独立し連続する過程であったが、個体発生においては合流し絡みあって展開する。つまり、人間の子供は、2本の足で立ち、歩けるようになった後で言葉を獲得し、道具を使用し始めるのではなくて、それらは同時並行的になされるのである。

そしてまた、この積み重なったどの階層にも身心両側面が貫かれ、それらが自律的に活動しつつ、同時に相互に連絡・調整し合いながら、脳が全体を統括しているのである。例えば、その下層について、皮膚は単なる身体を包む革袋や感覚器の末端ではなく、「第二の脳」であり、自他の界面＝自我の源でもあるとか、血管は単なるパイプではなく、全身の細胞と情報を交換しながら毛細血管をのばしたりバイパスをつくったり能動的にふるまう「考えるシステム」であるとか、腸は食物成分を認識し毒素の排出を指令するなど、脳と同様の絶妙な働きをしているというように、身体の活動を「考える」と例える見解が示されている。また、上層についても、人間の行動の発動や制御は脳の高位の中枢に集約されるだけでなく、そこには情動や身体全体も本質的にかかわっているとする見解も提起されている。

さてところで、人間の身体がそうした階層構造をなしているとすると、その階層のどこに焦点を絞って働きかけても、それは必ず他の階層にも波及することになる。

例えば、直立二足歩行という人間の姿勢と運動の基本について考えてみよう。最近、子供が

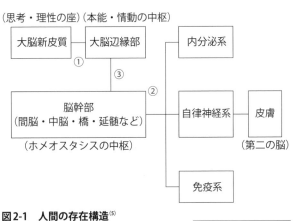

図2-1 人間の存在構造(5)

(3) 中森孜郎（1996）『教育としての体育』大修館書店．pp.11-12．

(4) 市川浩（1975）『精神としての身体』勁草書房

身体の階層構造
：図2-1のように、上位―下位の関係にある幾つかの身体の構造・機能が、相互につながり合い・関係し合いながら積み上がった構造をなしているものをいう。

(5) 竹内常一（1992）『現代の子どもの「からだとこころ」について考える』『生活指導研究』9．大空社

(6) ヴィゴツキー（1970）『精神発達の理論』明治図書．p.36．

第4章 体育と身体形成

しゃんと立っていられないとか歩き方がおかしいといわれている。これに働きかける場合、土踏まずや外反母趾や背骨の湾曲などの身体の形態、膝蓋腱反射などの反射機構、視覚をはじめ自己受容性感覚や定位能力などからなる知覚システム、筋力や柔軟性や持久力などの体力、X脚やO脚などの形態化した姿勢、立ち方（姿勢）や歩き方（運動）など、様々な階層に焦点を絞ることができる。また、それらに働きかける方法についても、それら各階層の身体そのものに直接働きかける他、履き物や住居、道路や交通システム、立ち姿勢や歩き方にかかわる文化や風俗などの「事物」を改善するやり方もある。

そしてそのいずれをとるにしても、人間の身体もそれを取り巻く環境もシステムをなしているため、そのうちあるものに手を加えると、それは必ず他に波及し、思いもかけない乱反射やしっぺ返しが生じてくる可能性がある。したがって、人間の身体を意図的に教育する際には、それら全体を見渡す広くて総合的な視野と配慮が必要になる。ただし、十分にそう自覚したとしても、「自然」が為してきたことに人為で挑もうとするのは、とてつもなく困難かつ大それた所業であることを肝に銘じておく必要があろう。

4．スポーツ・運動文化の独自の意義

最後に、人間の身体形成の独自性とかかわって、スポーツ・運動文化による身体形成の意義について取り上げておこう。

スポーツ・運動文化は、生活や労働の直接的必要から自由になった時空間で、生活や労働の中で形成されてきた身体を使って楽しむことを通して、生活を楽しく豊かなものにするとともに、身体とその能力を「一般的に」形成する機能をもつ文化として創りだされてきた。ここで「一般的に」というのは、この文化における身体運動が生活や労働上の直接的な必要に制約されず、そこでは「走る」とか「投げる」という人間の身体の運動それ自体が「一般的に」耕されるという意味においてであり、それが「速く走る」とか「遠くへ投げる」という文化的課題に制約されているという点では（課題設定は自由であるとはいえ）、やはり特殊なものである。

「今日の人間にとってどのような身体が必要か」と問われた場合、それに対する答えの基底には生物・動物として生きのびるための身体、生活や労働を営むための身体だという考え方がある。しかし、現代人にとって身体を使う必要性は縮小しつつあり、それらだけで豊かな身体像を描き出すことは困難である。そのためには、スポーツ・運動文化を通しての人間の身体における自由の実現と拡大という考え方が必要になる。

ただし、スポーツ・運動文化が独自の「文化の世界」で自己展開することから考えると、そこで追求され、培われる身体は「生活世界」から遊離していくベクトルをもつ。そこで、その「**文化的身体**」の追求が、生活や労働に役立つ「**生活的身体**」から隔絶した抽象的なあるいは特殊な身体をもたらすのではなく、「生活的身体」をも含み込む「普遍的身体」となり得るためにはどうすればいいのかが問われることになる。そのためには、スポーツ・運動文化に取り組む入り口では、「生活世界」で身につけてきた（身につけそびれてきた）「生活的身体」の耕し直しをするとともに、「文化的身体」を自由に豊かにその出口では、「生活世界」における身体の諸

生活的身体と文化的身体
：生活的身体とは、衣・食・住などの生活の中で形成され、生活するのに用いられる身体の形態や機能をいう。これに対して、文化的身体とは、生活的身体を前提としながら、スポーツや芸術などの文化的活動を通して形成され、文化的活動のために用いられるとともに、生活的身体にも反照されてそれを豊かにする身体の形態や機能をいう。

文化に着目し、「文化の世界」と「生活世界」の間を常に往還させる視点が必要になる。

5．人間の身体の未来を選びとる

　人間の身体の階層性は、進化の道程で、古い身体を土台に、あり合わせの材料で新しい事態に間に合わせる「つじつま合わせ」をしながら積み重ねられてきた。したがって、例えば生命活動の根幹をなす呼吸のために、本来それには不向きな骨格筋が使われているように、人間の身体は最初からうまく設計されていたわけではない。また、現代人の身体の形態や機能も、すべて無駄なく配置されているわけではない。進化の中で不要になったのに退化しきれずに残っているものもあれば、まだ適応しきれていない身体をやりくりして使っていたり、今後に備えて余分なものを備蓄しているものもあるかもしれない。

　人間はこうしてこれまで海から陸へと、さらに地中や深海や空へと進出してきた。そして現在、人間は地球そのものを「改造」（破壊!?）するほどの力をもち、さらに宇宙への進出をも展望している。それらの全過程を通してこの身体の「つじつま合わせ」は続行されていく。そして、それが人間に特有の身体における自由の実現と拡大のしかたであり、その行く手にさらなる発展があるのか、それとも絶滅の危機が待ち受けているのかは、ひとえに人間の叡智にかかっているのである。

　身体形成とは、物体であり、生命体であり、動物体でもある人間の身体が、過去に規定され、それを土台としつつ、目の前の可能性を選び取り、自然に包まれた中で社会と文化を創造しながら営んでいく、未来に開かれた過程なのである。

（久保　健）

理解度チェック

1. 人間の身体における自然成長と意図的教育との関係について説明しなさい。
2. 身体を階層構造としてとらえることは、身体形成を考える上でどんな意味があるのかについて述べなさい。
3. 人間の身体形成におけるスポーツ・運動文化の意義について説明しなさい。

さらに読んでみよう　おすすめ文献
- 佐藤臣彦（1993）『身体教育を哲学する』北樹出版
- 玉木正之（1999）『スポーツとは何か』〈講談社現代新書〉講談社
- 中村敏雄・髙橋健夫・寒川恒夫・友添秀則 編（2015）『21世紀スポーツ大事典』大修館書店

第Ⅱ部 体育原理の深層へ

第5章
身体からみた体育の可能性

学習のねらい

身体を論ずる視点は様々なものがあるが、その1つに体育から考える身体論がある。ここでは、身体をとらえ直すことによって教科体育の可能性について考える。はじめに、体育には身体論が必要であることを学ぶ。次に、学校が暗黙のうちに求める身体のあり方と、学校教育を左右している身体について検討する。さらに、心を重視する教育に対して、身体の教育という領域を知る。最後に、身体の可塑性に目を向け、教科体育が担うべき身体教育の可能性について学習する。

1. 体育学としての身体論

　身体とは何かについて考えるとき、哲学的な問いかけが必要である。これまで体育学においては、哲学から身体論を学び、それを紹介し応用することであった。しかし、体育という領域を重視するならば、スポーツを含めた運動実践の中で、身体を哲学的に問わねばならない。心身関係に焦点を当てた哲学的身体論と、人間の運動を視野に入れた体育学的身体論とでは、当然内容が異なるものとなる。また、この身体論は医学的関心や心理学的関心から心身相関を探る身体論とも異なっている。

　体育学的身体論とは、具体的な運動実践という豊富な源泉から、人間の身体を明らかにするという試みだといえよう。その身体論によって、自ら動くことによって生活が豊かになること、知らず識らずのうちに風土や歴史が身体に蓄積されること、社会性や個性の基盤は身体であること等に、生徒たちは気づくようになる。さらに、人間とは何かについて実践的に考えることが可能になり、それによって具体的な生活を見通すことができるようになるであろう。本節では、はじめに生活の中で生ずる**身体観**について概観し、次にその問題点について触れる。そのことによって最後に身体論の必要性を論じたい。

　私たちは生活する中で、漠然とではあるが身体についてある見方をもつようになっている。それは意識的であるとは限らないが、日常生活に影響を与えている身体観といえよう。その身体観が生ずる原因として、①日々生活する中で体験する身体についての実感、②しつけや儀礼への参加で身につく立ち居振る舞い、③学校で学習する身体にかかわる科学的知識、④テレビや雑誌から得られる身体にかかわる宣伝やトレンド情報の4つが考えられる。これらの4つは相互に関連しているが、それらは1つの統一的身体観にはならず、状況によってそのうちのどれかが選択される。例えば、医師として冷静に手術をする場合と怪我をして痛みに耐えている場合とでは、同じ人であっても身体のとらえ方が異なっているし、ブランド品を身にまとう場合はまた別の見方をしているのである。またこれら4つは、人間とは何かという人間観を成立させる要因でもあり、世界観にも影響を与えている。つまり、身

身体観
：身体についての見方やとらえ方のこと。人は誰でも、自分がどのような身体観をもっているのかについて、意識する必要があろう。身体観については次の論文を参照されたい。滝沢文雄（2004）「現象学的観点からの「心身一体観」再考：「身体観」教育の必要性」『体育学研究』49：147-158.

体観は人間観や世界観と相関的であるため、身体観が変容すればそれに伴って人間観も世界観も変容することになる。

　私たちの日常生活は、いまだに消費文化から抜け出すことができず、科学的であることが何よりも優先され、さらに資本主義の論理に強く影響されているといえよう。このような状況の中で次のような身体観が生じているようである。すなわち、身体とは管理する対象であり、問題が生じている部分は交換可能であり、さらに商品としての価値がある、という見方である。言い換えれば、医学やマスコミから身体についての単一の基準が与えられ、それによって個別性が配慮されずに正常と異常の線引きがなされてしまう。さらに、その基準によって身体は外見的な商品価値が決められ評価されてしまうことさえある。一見すると個性であるかのような自己表現としての服装等も、外見のみに関心を向けた商品価値を高める行為かもしれない。

　さらにいえば、金品に換算できない多くの事柄が、消費文化の中で金銭的に解決できると考えてしまう。時間さえも金銭で買い、即効性を優先させてしまう。単一の基準で判断された異常さや劣等感に縛られ、それを排除するために多くの物が消費される。人間にとって重要となる目に見えないやりとりやかかわりよりも、陳列してある商品を比べるように、自らの外見を他者と比較し、商品価値を上げるために金銭を費やすことが当たり前となっているようである。

　しかし、個性は商品化された外見ではないし、身体はもちろん商品ではない。いま必要なのは、他者の設定した基準に振り回されるのではなく、自らの基準を作ることであろう。それは身体に対する観点を「張りぼて」から「働き」へと向け変えることである。このことが消費文化という資本主義的な論理から私たちを自由にするのではないだろうか。身体とは心の入れ物ではない、ととらえることが重要である。身体は働きとしてあり、心と同様にその身体自体が教育によって豊かになる。自己を外見に同一化するのではなく、身体の内実を豊かにすることが、現代ではとくに必要となる課題であろう。

　身体の内実とは、実践によって蓄積された身体的な知であり、その知と相関的に向上する働きである。人が生活するということは、夢想することではなく実践すること、しかも自らの意図を具体化するということである。そうするためには、その具体化を可能にする身体が私たち自身に必要となる。身体は教育によって可能性を広げ豊かになる。身体の豊かさとは、物や人との関係を築いた結果であり、それは具体的生活が豊かになることなのである。極論すれば、私たちは身体をもつのではなく、身体なのである。このことをみつめることは、身体を道具として観ることから脱却することであり、身体を科学的に分析するという見方を変えることでもある。要するに、生活の中で私たちは、どのように身体として生きているのかを、そしてその身体はどのように働いているのかを、体育という領域で問う必要がある。したがって、この身体論は哲学において心身関係を理念として学習するのとは別次元で探らねばならない。

2．学校という制度と身体

　生活を具体化している身体とは何か。この問いに答えるために、学校教育におけ

る指導場面で何が行われているのかについてはじめに考えたい。学校での生活においては、生徒たちが同一のことを同時に行うことが効率性を向上させる。より多くの情報がより多くの生徒に、効率良く伝達されなければならない。そのためには指導・管理を容易にする体制が必要になる。よって集団的な行動が優先される。時間という基準によって生活することも、その方策の一つである。効率的であるための最良の方法は、集団という体勢を維持するための規則に、生徒たちが従順である必要があろう。そこには個性と主体性を尊重するという建前以上に、学校生活を効率的にするための画一化が必要となる。制服をはじめ外見を画一化し、心に自主性を求めつつも、実際には身体的側面から心を制約している状況があるといえよう。つまり、生徒たちに対しては、様々な拘束（校則）を受け入れる身体が要請されているのである。教師もまた同様の身体が必要となる。生徒は時間がきたら静かに着席し、正しい姿勢で授業を受け、無言で教師の話を聞かねばならない。それらの行為は「しつけ」として訓練され、生徒たちは無自覚のうちに、効率的な集団生活に必要な社会規範を身につけることになる。教師からみればしつけは意図的に行われるが、同時にそれは従順な身体へと生徒を無意図的に訓練してしまうのである。このことは、社会生活を営む上で不可欠な身体の側面でもあるので、さらに考えるべき事柄であろう。

　意図的な身体訓練は、主に**教科体育**で行われ、**業間体育**や運動部活動で補われる。教科体育の中で生徒たちは、主に運動文化（スポーツ）を教材に、競争することを通じて誰もが比較されることを学習する。その行き過ぎと弊害を緩和するために**体つくり運動**が導入された。しかし、その運動でさえ身体を教育するための教材にはなり得ていないようである。

　無意図的であろうと意図的であろうと、これまでの体育では身体を型にはめる訓練がなされていたといえよう。体力をつけスポーツ技術を学ぶことは、身体の一側面を教育の対象にしているに過ぎない。しかし、身体は教育すべき別の側面をもっている。すなわち、身体には道具を使用し物を作り出せる能力、他者とやりとりできる能力、集中できる能力、さらに耐えることのできる能力が備わっている。これらの側面が置き去りにされてきた。これらの能力が他者に共感し他者と協力できる身体と連動する。何事かを実践するためには、単なる心で思うのではなく、具体的な接触が必要であり、時には力比べも必要になる。そのことによって初めて、私たちは「他者の身になって」考えることができるようになる。

　身体の働きは、実践を左右しているにもかかわらず意識されないので、体育でも置き去りにされている。この実践に不可欠な身体を生徒に教育することが必要となる。このことは能動的に学習する個人および集団の体勢を整えることにもなるであろう。この教育は無意図的に行っている身体教育ばかりでなく、これまでの意図的身体訓練とも異質である。

　学校には学力だけでなく身体の能力もまた異なった多くの生徒たちがいる。それら異なった能力をもつ生徒たちの相互的学習の場が学校にはあり、だからこそ多様な学びが可能になる。授業を含めて学校生活で生ずる様々な問題を、学力や心の問題としてのみ扱うことには限界がある。なぜなら、置き去りにされてきた「他者と向き合い、他者を配慮できる身体」こそが、学校生活の基盤になるからである。同

教科体育
：学校教育法施行規則等の法令に基づく教科（授業）としての体育のこと。つまり、学校の正課として行われる体育の授業。なお、教科外体育とは、特別活動としての体育的活動や体育的行事の総称。

業間体育
：授業と授業の間に特定の時間を設定し、一定の目的をもって行う運動のこと。全校なわとびや自校体操などの体力づくりを狙ったプログラムが盛んに行われた。

体つくり運動
：平成10年告示の学習指導要領から導入された運動領域の1つ。それまでの「体操」領域を改め、「体ほぐしの運動」と「体力を高める運動」からなる。

一の指示であっても、生徒たちがどのような身体を保持しているのかで、その指示内容は変容してしまう。また、どのような身体で指示を出すかでも内容は変わってしまう。よって、教科体育が意図的にどのような身体を育てるのか、が重要な課題となるのである。それは相互的学習を可能にする身体の教育でもある。

　就学年齢までは、家庭を中心とした生活の中で無意図的な身体訓練がなされている。したがって、児童の身体は同一ではなく多様になっている。その身体に学校での身体訓練が加わる。訓練された身体によって、学校を含め日常の生活が営まれるのである。しかし、その身体は教育された身体とは呼べないであろう。多くの場合、児童生徒は自らの身体に拘束された日常生活を送っている。意識されず置き去りにされた身体によって、すなわち教育されることのなかった身体によって、道具や他者とのやりとりがなされ、各自の時間性や生活空間を築いている。つまり、制約された身体であることの無自覚が、生活それ自体を制約しているのである。具体的生活を豊かにするには、その豊かさを可能にする身体が必要となる。生活の豊かさは、心に目を向ける以上に身体に目を向け、教育することで達成される。学校生活に留まらず社会生活においても、自立し、仲間に共感し、援助し合い、協同するためには、さらに仲間と共に創造的作業をするためには、教育された身体が不可欠なのである。

3．学校教育と身体教育

　学校教育においては言葉を学び、数字を扱い、科学的に思考することが重視されている。「他者の身になる」ということも言葉を中心に教育がなされる。体育の授業においても、運動を習得するための具体的やりとりより、むしろ言葉による話し合いが重視される。確かに言葉や記号を扱う能力は人間にとって重要である。しかしそれだけが人間を人間らしくするわけではない。現在の教育は知育偏重であり、身体の教育という領野がもつ重要性に気づいていない状態だといえよう。

　体育の授業だけでなく、他の教科においても身体の在り方が影響すると既に述べた。だからこそ置き去りにされてきた身体の側面に注目する必要がある。生徒たちには「集中できない身体」「他者と向き合うことができない身体」「言葉なしの対話ができない身体」があり、この側面を意図的に教育しなければならない。現状は、生徒たちの「閉塞する身体」が孤立化を生み出し、身勝手な行動を誘発させているようである。この状況を打開するために、身体の教育が必要である。身体は教育されて初めて実践的な能力を備えることができる。このことは算数で九九を覚え四則計算を学ぶのと変わりはない。

　どの教科でも仲間と共に学ぶためには、次のような身体が必要になる。すなわち、共感・配慮・いたわりを実践できる身体である。そのためには、他者を避けるのではなく向かい合うことのできる身体、さらに、他者を支配しようとするのではなく対話できる身体が必要になる。対話するためには、他者（物）の論理を受け入れ、自らの身体と折り合いを付けなければならない。さらに、自分の感情を優先するのではなく、他者のために自らの感情を抑え、我慢することも必要になる。それによって校則を守り授業に集中し、様々な実践を具体化できる身体になることができる。

　さらに教科を越えた身体教育に目を向けるならば、生徒たちが社会生活を営むこ

とのできる身体へと教育する必要がある。それは生徒たちが社会的存在として生きるために必要な教育だといえよう。譲る・耐える・助ける・励ます・習う・教える・楽しむということは、他者を身体として了解しつつ、他者と具体的にやりとりする実践能力を身につけることなのである。

したがって、意図的・計画的に身体を教育することが必要になる。それは、これまで行われてきたスポーツ（運動）教育、健康教育、性教育に留まらない、身体文化についての実践的教育である。**身体の教育**とは、身体を豊かな生活の基盤にする教育であり、さらに「意図を具体化できる身体」の教育である。そのためには以下の事柄を生徒が実感し了解するように教育しなければならないであろう。すなわち、①身体が保持している独自の論理、②個々の身体に立ち現れる物の論理、③社会生活の実践において、自らがかかわる中で生ずる他者の論理である。これらを心の働きとは別に、生徒各自の身体とのかかわりとして具体的に、すなわち実践として実感・了解できるようにしなければならない。さらにいえば、意図を具体化できる身体とは、身体的な対話によって学習ができ、身体的な思考ができる身体である。身体の教育によってこそ、生徒たちは他者と共に生きる具体的な社会生活を、より豊かな実践として送ることができるようになるであろう。

4．身体の可能性と学校体育

身体を考慮することなしに、体育以外の教科では学習が成立する、と多くの人が考えている。しかし、身体を無視した学習は生徒たちの意欲や自主性を観念的なものにしてしまう。しかも、そのような学習では学校生活全体を考慮すると不十分なのである。それは体力低下や健康の話ではない。生物的な成長とは別次元で、身体は様々な事柄を習得し変わり続ける、ということである。これは言葉による学習とは別の学習能力を身体が保持しているということであり、**身体が可塑性**をもっているということである。この可塑性があるからこそ、身体を教育しなければならない。よって、これまでの身体訓練と身体教育とは区別しなければならない。つまり身体には、様々な実践的な学習によって身体的な賢さを獲得し、その賢さをもとにさらなる学習が可能になるような、そんな能力が保持されているのである。その能力を必修としての教科体育で育てなければならない。

授業としての体育だけでなく、部活動や社会体育についても触れておきたい。生徒たちは好きなスポーツを行う中で、仲間との関係を築くことのできる身体になっていく。また、クラブ運営の役割を引き受けることによって、その役割を具体化できる身体になってゆく。部活動においては近い年齢の、社会体育では幅広い異年齢の仲間づくりが必要になるが、社会生活のルールを具体化できる身体という面では、両者の違いは無いといえよう。しかし基本的に、部活動は学校教育の一環として運営されるので、指導目的が社会体育とは異なる。部活動は身体の洗練化（融通の利く身体）を、社会体育では身体の先鋭化（種目に特化した身体）に向けて身体を育てることになるであろう。

これまで論じてきた身体を意図的に教育することが、学校体育の可能性として考えるべきであろう。だがそれは容易なことではない。その教育には身体的な思考の教育も含まれる。その思考とは、言葉で考えるのではなく、自らの体験から生じた

身体の教育
：身体には科学的見方ではとらえ切れない重要な能力が隠れている。その能力を意図的に教育する必要がある。このことについては次の論文を参照されたい。滝沢文雄（2008）「［からだ］の教育」『体育・スポーツ哲学研究』30-1：1-10.

身体の可塑性
：形が変わりうるという性質を可塑性という。身体は固定した素質に縛られることなく、進展し続ける能力をもっている。

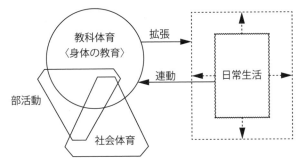

図2-2　教科体育で教育する身体

感じの塊で考えることである。この思考の教育可能性にもこれまで目が向けられないできた。生徒たちは、身体的な思考によって身体知を蓄積し、実践ばかりでなく言葉による思考さえも豊かにする。要するに、教育によって進展した身体によって、日常生活は拡充し豊かになるのである（図2-2）。したがって、学校体育においては、実践する中で、身体とは何か、他者とは何かを生徒たちに実感させ、身体観について教育することが要請される。さらに、生徒の好き嫌いに関係なく、身体の教育は必修の教科体育として行うべきであろう。それは生活を豊かにする基盤としての身体、「賢いからだ」を育てることだからである。

（滝沢 文雄）

感じの塊
：［からだ］で考えるときに必要となるもので、言葉と同じ働きをする。例えば、［つまむ］や［握る］という感じの塊である。専門用語は〔動作〕と表記する。詳しくは次の論文を参照されたい。滝沢文雄（2011）「身体的思考における下位〔動作〕の役割」『体育学研究』56：391-402.

賢いからだ
：一般的に賢さは［あたま］の問題としてとらえられている。しかし、賢さは［あたま］だけでなく［からだ］にも備わっている。詳しくは次の論文を参照されたい。滝沢文雄（1998）「実践的能力としての［からだ］の賢さ」『体育学研究』43：79-90.

理解度チェック

1. 身体について新たに学んだ事柄を整理して説明しなさい。
2. これまで気づかなかった身体の働きについて、具体例を挙げて説明しなさい。
3. 学校教育における身体教育の重要性について話し合いなさい。

さらに読んでみよう　おすすめ文献
- 遠藤卓郎 他（2009）『体育の見方、かえてみませんか』学習研究社
- 国分一太郎（1973）『しなやかさというたからもの』晶文社
- 竹内敏晴（1975）『ことばが劈かれるとき』思想の科学社

第Ⅱ部
体育原理の深層へ

第6章
体育で競争をどのように位置づけるか

学習のねらい

体育がスポーツを中心教材とする限り、競争は避けて通ることができない問題であり、体育の中で競争をどのように扱い位置づけるかは体育固有の重要課題になる。ここでは、この課題に迫るために、まず近代スポーツの生成史の中で形づけられてきた競争の文化的特質を考える。さらに、競争を教科内容として教えることの意味や競争をめぐるルール（づくり）学習について学びながら、ユニバーサルなスポーツ文化の創造を目指す体育の授業づくりについて考える。

1．競争とは

　生存競争、市場競争、競争原理、競争力、競争社会、受験競争など「競争」というコトバを日常の至る所で耳にする。それほど「競争」は日常世界の中に溶け込んでいるように思える。現代社会において競争という現象は様々な領域に浸透し、良くも悪くも私たちの社会や生活に大きな影響を与えている。

　競争とはいったい何なのか。それはきわめて難しい哲学的問題を含み、これまで多くの哲学者や社会学者が競争について考察してきたが、競争という概念はいまだ論争中の概念である。多くの社会学者は競争と闘争を区別して競争の本質的特徴や定義づけを試みている。例えば、近代社会学の泰斗であるマックス・ヴェーバーは、競争を「他の人々も同様に得ようとする利益に対して自己の支配権を確立する平和的形式の努力」[1]とし、勝敗が平和的形式で競われるというルールによって競い合いの手段や方法が規定されることにより、暴力や戦争などの闘争と区別されるとする。またロイによれば、「競争は2者あるいはそれ以上の敵対者間で卓越性を求めて闘うこと」[2]とする。つまり競争は、敵対者間で相互に卓越性を競い合って追求するものであり、非平和的手段（暴力や戦争など）ではなく、ルールによって平和的手段で競い合うことを本質的特徴とするものと考えられる。スポーツにおける競争も同様の特徴を有するものであろう。

　また、ソビエト哲学においては二つの性質をもつ競争があるといわれる。一つは資本主義的な「特殊形態」としての競争（コンクレンツィア）であり、もう一つは「人間的形態」としての競争（ソレヴノヴァニェ）である[3]。前者は排他的で弱肉強食や優勝劣敗の思想を内に含み、排他的競争と呼ばれ、後者は競い合いつつ協同し、個人の能力と集団の発展が弁証法的に高まり合う競争であるとし、民主的競争（協同的競争）と呼ばれる。本来人間が人間らしく生きるための、あるいは発達や教育に必要な競争は排他的競争ではなく、民主的競争であるとされる[4][5]。この二つの競争を混同して、「誤った競争」認識が社会や教育の中で展開されると、競争が肥大化したり、暴走して人間疎外などの深刻な問題を引き起こすことになる。

(1) マックス・ヴェーバー：清水幾太郎 訳（1972）『社会学の根本問題』岩波書店．p.62．

(2) J.W.ロイ, Jr.（1988）「スポーツの本性―概念規定への試み」J.W.ロイ, Jr・J.S.ケニヨン・B.D.マックファーソン編『スポーツと文化・社会』ベースボール・マガジン社．p.43．

(3) 唐木國彦（1996）「協同『を』考える」『楽しい体育・スポーツ』1月号：8-12．

(4) 川口智久（1987）「競争とは何か」中村敏雄・高橋建夫 編『体育原理講義』大修館書店．pp.86-97．

2. 教育における競争——競争のペダゴジカル・レトリック

　学校教育には現実に様々な競争の形態や契機が存在し、同時に競争をめぐるペダゴジカル・レトリックも多様に存在する[6]。教育現場では個別具体的な競争事態をめぐって、教師や子供、さらに保護者の間でも競争についての異なった見解や賛否が錯綜している。そのような現実の中で教師は、「競争の取り扱い」や「教育的意味づけ」について戸惑いながら頭を悩ませ指導に当たっている。小学校教師の安武一雄の「我々現場教師は、一方で競争を利用しながら子どもたちの意欲を高め学ばせたい中身に果敢に向かわせようとするが、他方ではエスカレートする競争の中で序列意識が昂揚することに戸惑いを感じてしまう、という矛盾の穴に落ち込んでしまう」[7]という発言は、多くの現場教師が抱えている実態だと思われる。

　「教育の競争」という現実の中で競争のペダゴジカル・レトリックを生み出す以下のような競争観が存在し、教育現場を翻弄している[8]。一つ目は、競争の教育を全面的あるいは部分的に肯定する立場であり、その競争観は現代社会の競争秩序を支え、競争刺激が向上心を鼓舞し、互いに切磋琢磨して互いの能力を向上させるというものである。二つ目は、競争の教育を否定する立場であり、その競争観は競争の教育が人間を序列化し、優勝劣敗の弱肉強食の思想を子供に植え付け、人間疎外を引き起こすというものである。三つ目は、競争の教育から逃避する立場である。その競争観は人間の能力や才能は生まれもってのものであり、能力差は変わらないという言わば諦めの競争観である。

　このような教育状況の中にあって、競争を無自覚に賛美するか、あるいは全面否定するかのような二者択一論では問題は解決しない。まずそれぞれの教師が具体的な競争場面を前に、なぜ子供たちに競争をさせるのか、子供たちに競争をどう教えるのかという問いに向き合い、実践を試みながら競争の意味を問い直すことからはじめる必要があろう。とりわけ、体育という教科はスポーツを中心教材とする。競争は近代スポーツがもつ特質のひとつと考えられ、スポーツの世界は競争と切っても切り離せない。体育がスポーツを教材とする限り、体育の中で競争をどのように考え、どのように位置づけるのかは体育固有の重要な課題になる。この課題に迫るためにはスポーツにおける競争について考えておく必要がある。

3. スポーツにおける競争をどうとらえるか——競争の文化的特質

　樋口聡によれば、スポーツは遊戯性、組織性、競争性、身体性という4つの本質的特性からなる文化であるという[9]。競争はスポーツという文化を規定する文化的特質の一つだと考えられる。ここでは、スポーツにおける競争という文化的特質がどのように形づくられてきたのか、その文化的特質がどのようなものなのかについて述べてみたい。

1) 近代スポーツと競争の誕生

　近代社会の成立と近代スポーツの誕生は切っても切り離せない関係にある。近代社会は、産業革命を通して、それまでの身分や出自、社会的地位によって固定されていた封建社会から、また宗教の束縛と経済的貧困から解放されたブルジョワジー

---

[5] 出原泰明（1986）「学習の組織化とクラブの民主化」伊藤高弘・出原泰明・上野卓郎 編『スポーツの自由と現代　下巻』青木書店. pp.332-335.

ペダゴジカル・レトリック：教育事象については様々な意見や異なった見解が存在する。それぞれの立場でその意見や見解を教育的に意味づけようとする主張や表現の意.

[6] 福田潤 他（2006）「学校体育における"勝ち負け"のペダゴジカルレトリック」『横浜国立大学教育人間科学部紀要. I、教育科学（8）』: 33-49.

[7] 安武一雄（1995）「『競争』を教えることへの問い」『楽しい体育・スポーツ』10月号: 21.

[8] 福田潤 他（2006）前掲書.

[9] 樋口聡（1993）「スポーツ美と勝敗あるいは美しいゲームについて」中村敏雄 編『スポーツのルール・技術・記録』創文企画

によって創られた資本主義社会である。その時代は、自由と平等や自由競争という思想がブルジョワジーを中心とする市民階級の生活と密着した形で確立しはじめた時代である。当然この時代に生まれた運動文化もこの市民階級の思想や生活感情を内包するものとなる。近代スポーツの誕生である。西山哲郎によれば、近代スポーツは封建時代の運動文化とは異なり、近代資本主義に伴う遊戯性、世俗化や競争秩序の発展と根深い関係にあるとし、規範的で勤勉なプロテスタントの行動規範（世俗内禁欲主義）に支えられた競争秩序によって近代資本主義の競争社会が形成され、その中で近代スポーツの競争形式が整っていたものと考えられる[10]。森敏生は「資本主義のシステムと同様に、スポーツがここまで広がったのは、誰もが公平で平等な条件のもとで、一定の合理的方法と明確な価値尺度に基づいて自由に競争するという仕組みを作り出し、その仕組みによってスポーツを享受する空間を世界に拡大することができた」[11]からだと指摘する。同時に、近代市民社会の中で発展した政治制度や議会制の確立にも注目したい。つまり、一定のルール（法や規則）の下で非暴力的・平和的な方法で決着をつける制度の確立がスポーツの「競争秩序」に深くかかわるとエリアスは述べる[12]。このように近代社会の成立過程の中で、身分制や宗教からの自由、平等思想、明示的なルールの下で非暴力的な方法によって優劣を決定する方式、競争の機会と条件の平等化など優れた遺産が近代スポーツには刻み込まれてきたと考えられる。スポーツの競争には近代社会が生み出した進歩的側面と克服すべき問題が併存し、これらがスポーツにおける競争のあり方に様々な影響を与えている。

2）スポーツにおける競争の性質

次に、スポーツにおける競争の性質把握について3点ほど述べてみたい。

第一に、スポーツにおける競争のもつ特徴という点である。村上修は、競争性や競技性がスポーツの文化的特性を鮮明にする重要なカテゴリーであるとし、スポーツにおける競争の特徴や条件を以下のようにまとめている[13]。①スポーツにおける競争の特徴の第一は、空間、用具、運動方法などがルールによって規定され、その下で一定の課題達成を目指して競技が展開ことである。②競争とは、複数以上の個人、集団が、同一の目標達成を目指して（卓越性の相互追求）、他者との比較（記録、得点など）の中でのみ生じる関係のカテゴリーである。③スポーツにおける競争は、元来競い合う相手の存続、成長、復活を必要とし、したがって他者が存在して成立する。対戦相手やルールへの尊重がその前提にある。④競争は、勝敗という結果に帰結し評価される。⑤競争は、競い合いを生起させる目標そのものに価値を認める価値観の一致を必要とする。

第二に、競争（コンペティション）の本質にかかわる点である。競争の本質は自分が勝利すれば相手が敗北するという「ゼロ・サム・ゲーム」であり、本質的には自己中心的、利己的であるとする競争の否定的見解がある。この見解は、競争の結果やそれに付随する現象に対する一面的な評価であるように思われる。この典型的な立場がスポーツの競争性を全面否定し、勝敗のないゲームを提唱する「トロプス」論[14]である。本来近代スポーツにおけるゲームの本質は、敵対する相手と相互に同意したルールや条件の下で平等に競い合いながら、互いの卓説性を相互に追求す

---

[10] 西山哲郎（2006）『近代スポーツ文化とはなにか』世界思想社

[11] 森敏生（2014）「スポーツにおける競争の文化的特質」『楽しい体育・スポーツ』12月号：8.

[12] エリアス, N. & ダニング, E.（1995）『スポーツと文明』法政大学出版局

[13] 村上修（1991）「スポーツにおける競争とは何か」『日本体育学会大会号』：85.

[14] 影山健・岡崎勝 編（1984）『みんなでトロプス！―敗者のないゲーム入門』風媒社

るものであるとされる[15]。ここでの競争（コンペティション）は、「共同の努力」を意味する競争の語源＝コン－ペティティオの意を内摂しており、ベルクマンによれば、「競争とは卓越性の追求において共同に努力すること」[16]なのである。異質な他者を対等な存在として尊重し、互いに合意した目標やルールに従って、「卓越性の相互追求」を「共同の努力」の下で競い合うことが競争の本質である。したがって、競争は構造的に他者との共同・協同を含みもち、それが競争の文化的特質の一つになっていることを考慮に入れておく必要がある。

　第三に、スポーツの競争には内的な競争性と外的な競争性があり、両者を区別する必要があるという点である。樋口聡によれば、スポーツにはそのスポーツ独自の客観的な構造があり、その中でそのスポーツ固有の勝敗決定システムを前提にして競争は展開される[17]。例えば、テニスの場合、一定のルールの下で、サーブをして、様々な打ち合う技術を駆使してポイントを重ねる競い合いが展開され、勝敗が決定し、テニスというゲームが成立する。こうしたゲームや試合内で展開される競争のもつ性質が内的な競争性である。それゆえに、どのスポーツも必然的に内的な競争性を備えている。一方、ゲーム内で展開された競争の結果生み出された勝敗や記録に対して、ゲームの外部で勝者にメダルや金銭、上位進出権などの利益が与えられる競争が生じる。そこでは自由競争の名の下に欲望がかき立てられ、競争結果の商業主義的利用や政治的利用にまで拡大しながら競争は肥大化していく。これが外的な競争性である。樋口聡は、この内的な競争性と外的な競争性の次元を混同すべきではなく、現実に外的な競争性の異常事態があるからといって、スポーツの内的な競争性やスポーツ自体を否定したり、攻撃するのは誤りであると指摘する[18]。この二つの競争性はスポーツの競争をめぐる問題把握に大きな影響を与える。

　したがって、現実にスポーツの競争が引き起こす問題を考えるとき、この二つの競争性の区別を考慮する必要があり、体育において競争を教えようとするとき、内的な競争性と外的な競争性の区別は指導上重要な事柄となろう。

4．体育で競争を教える

　以上のように、スポーツにおける競争をとらえた上で、スポーツを中心教材とする体育だからこそ競争について正面から子供たちに教えていく必要があろう。

　競争というものがスポーツの本質的特性、文化的特質の一つであると考えるならば、競争を文化的・科学的な内容として教え、競争に関する基礎認識や感性を育てることこそが体育の重要な課題になるのではないだろうか。出原泰明は、スポーツ文化の主人公にふさわしい国民的教養を育てる体育の創造を目指す中で、3つの教科内容の柱を設定した[19]。それは、①「スポーツ文化の発展」論、②競争・勝敗（コンペティション）、③技能、技術、戦略、戦術である。スポーツ文化を教え学ぶ体育にとって競争・勝敗はきわめて重要な教科内容になると指摘する。

1) 体育の教科内容としての競争

　それでは、競争を教科内容として教えるとは競争の何を教えることになるのだろうか。この問いに対して、安武一雄らが実践研究プロジェクト（学校体育研究同志会大阪支部）をつくり、5年間かけて小学校で競争を教える体育の実践を創出し

---

[15] サイモン、R.L（1994）『スポーツ倫理学入門』不昧堂出版

[16] シェリル・ベルクマン・ドゥルー：川谷茂樹訳（2012）『スポーツ哲学の入門－スポーツの本質と倫理的諸問題－』ナカニシヤ出版. p.47.

[17] 樋口聡（1993）前掲書.

[18] 樋口聡（1993）前掲書.

[19] 出原泰明（1993）「『教科内容』研究と授業改革」学校体育研究同志会 編『体育実践に新しい風を』大修館書店. pp.2-27.

ている。これらの実践研究から、安武らは内的な競争性に着目し、以下のような体育における競争の教科内容を引き出している。ⅰ）何を競い合っているかがゲームの課題性（技術的特性）とのかかわりでわかる、ⅱ）競い合う中身によって技術や決着のつけ方、ルールなどが違ってくることがわかる、ⅲ）ルール（得点の付け方）によって勝敗や順位は変わることがわかる、ⅳ）ルールは合意または契約に基づくものであり、そのルールの下で「平等」が保たれていることがわかる、ⅴ）勝敗決定の方法は歴史的に変遷していることがわかる、ⅵ）近代スポーツは結果における「競争」を先鋭化する方向で「発展」してきたことがわかるというものである[20]。これらの具体的な教科内容群は競争を教える体育の実践イメージをつくる上で貴重なヒントを提供してくれる。とりわけ、①「競い合う対象と決着（勝敗）の付け方を問題とする授業」、②「競争にかかわるルール学習を展開する授業」、③「競争をめぐるスポーツの発展史（問題史も含む）を学ぶ授業」づくりが中心的なテーマになるのではないだろうか。例えば、競い合う対象と決着（勝敗）の付け方を問題とする授業では、マットで何を競い合うのかを考え、勝敗決定の基準（採点基準）を共同で作りだしていく学びが展開される「採点基準づくり」実践（小学校4年）[20]や、陸上混成競技の面白さを「採点表」作りの過程ととらえ、子供が共同で作り上げた「採点表」から競技会に向けての練習計画を立て習熟を図る牧野実践（小学校6年）[21]などが挙げられる。また、競争をめぐるスポーツの発展史（問題史も含む）は、主として中高校における体育理論の授業の重要なテーマとなろう。

2) 競争をめぐるルール（づくり）学習

競争を教えるといった場合、競争の構造や意味は主としてルールを学ぶことによって認識できるものと考えられる。競争のあり方は常にルールによって規定され、ルールという共同の産物が競争を成り立たせるといってよい。したがって、競争にかかわるルール（づくり）学習は、競争が卓越性の追求における共同の努力であるということの意味や競争と協同の関係を学ぶことにもつながる。

競争をめぐるルール（づくり）学習のテーマとしては、スポーツにおける平等性やフェアネス、合意形成にかかわるテーマが掲げられよう。例えば「スポーツの競争をめぐってルールは本当に平等か？」と、具体的な事例を拾って問いかける授業も展開できる。近代スポーツは平等性の確保を原則として発展してきたはずである。確かに試合（競い合い）の世界では平等な条件が与えられているが、試合の外（外的競争）の世界に目を向けると現実には実に多くの「不平等」が存在する。例えば、勝敗・記録の方法（決着のつけ方）では"引き分け"、同じ内容の競争形式で行われる"延長戦"、さらにサッカーのPK戦のように"異なる内容の競争形式で行われる決着"のつけ方がある。これらの決着のつけ方を教材にしてスポーツあるいは競争における「平等－不平等（形式平等主義）」を問い直すことができる。また、試合の外（外的競争）の活動の予算、施設、用具、指導体制などの格差・不平等を問い直すことも可能である。さらに、このような不平等や形式的平等主義に対する「異議申し立て」やそれに基づくルール変更を含む合意形成の問題もこのルール学習のテーマになるだろう。例えば、試合場面ではプレイヤーのジャッジに対する異議申し立てもあるし、試合場面以外では組織や機構に対する異議申し立てもある。そこ

---

[20] 安武一雄（2014）「1990年代・大阪支部の競争研究は、何を目指していたのか」『楽しい体育・スポーツ』12月号：28.

[21] 牧野満（1999）「『順位・記録』について考える混成競技の授業」『体育科教育』47 (13)：31-33.

ではスポーツ仲裁裁判所（The Court of Arbitration for Sport：CAS）の位置づけや役割についても学ぶことができよう。そして異議申し立てに基づくルールづくりへと展開する。このようなルールづくりは、プレイヤーのルールに対する「異議申し立て」権の保障と「合意形成」を基礎として成立するわけで、こうしたルールづくり学習は、スポーツにおける不平等や形式的平等から実質的平等を保障し実現する思考を育てる学びにつながると思われる。

3）競争を通してスポーツの文化発展の視座を教える

最後に、近代に誕生したスポーツは、その近代化のプロセスで、勝利至上主義、優勝劣敗、弱肉強食、商業主義、人種差別、人間疎外などの負の遺産も生み出してきたが、一方でスポーツの文化的特性の中に基本的人権、民主主義、自由、平等、平和、非暴力などのユニバーサルな価値を刻み込んできたことも事実である。本来スポーツの競争は、このような前提や背景の中で成立するわけで、この視点に立って体育で競争を教える必要がある。

森敏生は、スポーツを人類にとってユニバーサルな文化として発展させていくための視座を図2-3のように示している[22]。第一に、生命、生存、健康、自由、平等、参加、幸福追求などの内容をもつ基本的人権の保障、第二に、暴力性をコントロールするもしくは排除するような非暴力化を図ること、第三に、あらゆる違いを超えたすべての人に開かれた対等・平等のコミュニケーション（対話）機能を高めること、第四に、ルールを遵守し、公正を図り、相手を尊厳し、常に最善を尽くすフェアネスを鍛えていくことである。

体育で競争を教えるということは、このユニバーサルなスポーツの文化的特性を教えることであり、ユニバーサルなスポーツ文化を創造していく力をつけることである。それが体育にとって競争を教えることの意味であろう。

（丸山 真司）

[22] 森敏生（2007）「スポーツ文化の発展を支える視座」学校体育研究同志会『運動文化研究』24：1-5.

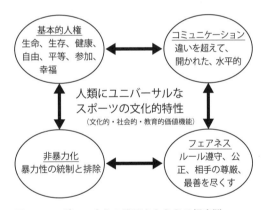

図2-3　スポーツ文化の発展をとらえる視座[23]

理解度チェック

1. スポーツにける競争の文化的特質とは何かについて述べなさい。
2. 教科内容として競争を教える体育の必要性とその特徴について説明しなさい。

さらに読んでみよう　おすすめ文献

- 多木浩二（1995）『スポーツを考える―身体・資本・ナショナリズム』筑摩書房
- 中村敏雄（1994）『メンバーチェンジの思想―ルールはなぜ変わるか』平凡社
- 佐藤裕（1982）『スポーツにおける競争―協同―集団場面の類型化と場面構成―』新体育社

第Ⅱ部
体育原理の深層へ

第7章
プレイが生み出す体育の可能性
──プレイは何をもたらすか──

学習のねらい　体育の内容であるスポーツは、プレイの性格に特徴づけられた文化である。しかし、そもそもプレイとは何か。ここでは、代表的な研究者たちの考え方から、プレイとは何かについて検討するとともに、プレイの考え方を理念型として、現代の教育課題との関係から体育をどのようにとらえ直すことができるか、その視点について考える。

1．スポーツとプレイ（遊び）

　オックスフォード英英辞典には、"play"という動詞に対して、次の6つの意味が記されている。(1)"to enjoy yourself, to have fun"（自発的に楽しむ）、(2)"to take part in a game and sport"（ゲームやスポーツに参加する）、(3)"to make music with a musical instrument"（楽器を演奏する）、(4)"to turn on a video, tape, etc."（ビデオやテープを操作する）、(5)"to act in a play, film, TV program, etc."（映画やテレビで演じる）、(6)"to move quickly and lightly"（光や風などが揺らぐ、動く）。

　このうち、(2)から(5)までは、「プレイする」という言葉が使われる対象を指しているだけだから、"play"という動詞の意味としては、「自発的に楽しむ」ことと「揺らぐ、動く」ということの2つが挙げられていることになる。また、スポーツを行うときには(2)においても取り上げられている"I play tennis."などのように、"play"を動詞として使うわけであるから、プレイとスポーツの関係は本質的なものであるともいえる。だとすれば、プレイとはそもそも何であり、スポーツとプレイ、さらにはプレイと体育の関係はどのようなものなのであろうか。ここでは、プレイのもつ先の2つの意味の側面から少し考えてみたい。

　まず、「自発的に楽しむ」というプレイのもつ特徴からである。そもそも、近年のプレイの概念を、人間観と連動させて明確に打ち出したのは、歴史学者のヨハン・ホイジンガであったといわれる。ホイジンガがプレイについての研究を著わし始めたのは1903年のことであった。その後、30年以上の月日をかけてまとめたものが、世にも名高い『ホモ・ルーデンス』という本であった。「種」としての人間の特徴を表す言葉には、「ホモ・ファベル」や「ホモ・サピエンス」というものがある。それぞれ、「ものを作る人」「考える人」という意味である。しかし、それら以上にホイジンガは、「人間とは本質的に遊ぶ種（Man, the Player）である」と考えた。「ホモ・ルーデンス（遊ぶ人間）」という言葉の誕生である。

　さらにホイジンガは、「人間の文化はプレイの中でプレイとして生まれ発展してきた」ということを論証しようとする。この本が書かれた当時、ホイジンガが学長に就いたライデン大学のあるオランダは、ナチス・ドイツの支配下にあった。こう

したファシズムを結果的に生み出した「近代」に対抗して書かれたのが、この『ホモ・ルーデンス』であったことはよく知られている。ホイジンガは、近代社会を「合理性」に覆われた社会だとみた。しかし、むしろプレイにみられる精神を大切にする志向が人間の内部に宿っていたからこそ、人間はこれまでに豊かな文化や歴史を生み出してきたのだとホイジンガは確信していた。「人間の文化はプレイの中でプレイとして生まれ発展してきた」ことを論証しようとしたのは、このためである。

著書『ホモ・ルーデンス』が、このような「近代批判」の書として著わされたことを、私たちは心に留めておく必要があろう。日本語のもつ「遊び」という言葉のイメージにとらわれないように、ここではあえて「プレイ」というカタカナ表記を使いながら考えることを始めてみよう。

2．プレイとは何か

ホイジンガは『ホモ・ルーデンス』の中で次のように述べる。

「論理的な精神が遊びを解釈して言おうとするところは、自然は自然の子らに対して、あり剰ったエネルギーの放出、努力した後の緊張の弛み、生活の要求への準備、果たされなかった欲望の補償のような、あらゆる役に立つ機能を与えた、しかも、純粋にメカニックな行動や反応の形式で、その機能をもたせてやることができた、ということであるらしい。だが、そうではない。自然はわれわれに遊びを、それもほかならぬ緊張、歓び、面白さというものをもった遊びを与えてくれたのである。

この最後の要素、遊びの『面白さ』は、どんな分析も、どんな論理的解釈も受けつけない。…（中略）…とにかく、この面白さの要素こそが、何としても遊びの本質なのである」[1]。

プレイは何かに役立つから意味があるのだなどと考えなくても、それは端的に「面白い」から意味があるのだ、またそのことが人間にとって無条件に大切な目的のひとつなのである、とホイジンガは主張する。このように、プレイを人生や生活の手段としてではなく目的として位置づける考え方を、ホイジンガは、さらに彼よりも100年ほど前に生きた、美学者のフリートリヒ・シラーから受け継いでいる。

また、ホイジンガはプレイの本質的条件としていくつかの特徴を挙げ、社会に存在しているプレイを形式的特徴から定義した。

「その外形から観察したとき、われわれは遊びを総括して、それは『本気でそうしている』のではないもの、日常生活の外にあると感じられているものだが、それにもかかわらず遊んでいる人を心の底まですっかり捉えてしまうことも可能な一つの自由な活動である、と呼ぶことができる。この行為はどんな物質的利害関係とも結びつかず、それからは何の利得も齎されることはない。それは規定された時間と空間のなかで決められた規則に従い、秩序正しく進行する。またそれは、秘密に取り囲まれていることを好み、ややもすると日常世界とは異なるものである点を、変装の手段でことさら強調したりする社会集団を生み出すのである」[2]。

(1) ホイジンガ, J.：高橋英夫訳（1973）『ホモ・ルーデンス』〈中公文庫〉中央公論社．pp.19-20.

(2) ホイジンガ, J.（1973）前掲書．p.42.

ホイジンガがここで述べたプレイの要素をまとめると、(1) 自由な活動、(2) 没利害性・非日常性、(3) 完結性・限定性、(4) 規則のある活動、の4点となる。このようなプレイの要素を「ものさし」として、現代社会におけるスポーツを「遊び領域から遠去かってゆ」くと批判するホイジンガの視線は厳しい。「それはもはや遊びではないし、それでいて真面目でもないのだ。現代社会生活のなかではスポーツは本来の文化過程のかたわらに、それから逸れたところに位置を占めてしまった。」[3]とホイジンガは述べる。ホイジンガによれば、スポーツにおける素材が複雑になり、また組織化が進展するにつれ、スポーツは次第に「真面目」になりすぎてしまい、プレイの要素に二次的な役割しか与えなくなる。それは、スポーツがもっていた、文化としてのもっとも豊穣な部分を自ら捨て去ることでもある。スポーツには、フェアプレイの精神や、ルールや他者を尊重する態度、自らを律する意思などが含まれている。それらは、非日常性の中で「自発的に楽しむ」からこそ育つ態度が、日常生活に拡大していくからであろう。近年のスポーツをめぐる倫理の問題なども、スポーツにおけるプレイの要素を本質的なものと考え、そこから文化としてのスポーツを意味づけるとともに、その危機をとらえようとするホイジンガの視野の中に含まれるものである。

　さて、ホイジンガがこのように提起した問題は、様々なプレイの研究者たちによっても、さらに掘り下げられていくことになった。フランスの社会学者、カイヨワもそうしたうちの1人である。カイヨワは、『遊びと人間』(Les Jeux et les Hommes. 英訳本 Man, Play, and Games) という、よく知られた著書の中で、ホイジンガが私たちの生活を「日常」と「遊び」の2つから成るものとみた点について、とくに「遊戯的なもの」と「聖なるもの」の混同がみられると批判する[4]。そして、日常生活とは異なっているという意味では同じだけれども、日常よりさらに厳粛な「聖」の領域と、日常より気楽で自由な「遊」の領域を区別し、私たちの生活の構造を「聖-俗-遊」という3つの側面から成ると主張した。

　さらに、ホイジンガのプレイの定義にも、賭けなどの「非文化的遊び」や、ルールをもたない「ごっこ遊び」などの「仮想的遊び」が位置づけられていないとし、(1) 自由、(2) 時間的空間的な隔離性、(3) 結果の未確定性、(4) 非生産性、(5) 規則の支配、(6) 虚構性の6つの要素からプレイを新たに定義し直す。プレイの分類についても、ホイジンガの「闘争」と「表現」では漠然としすぎていると述べ、「パイディア (遊戯)」と「ルドゥス (競技)」を両極とする、プレイの整序の度合いを区分するとともに、遊ぶ精神の原理に基づいて、(1) サッカーやチェスなどの「アゴーン (競争の遊び)」、(2) ルーレットやくじなどの「アレア (運の遊び)」、(3) ダンスやごっこ遊びなどの「ミミクリー (変身・模倣の遊び)」、(4) 子どものぐるぐるまわりなどの「イリンクス (めまいの遊び)」の4つに区分した。

　もちろん、具体的な遊びがこうした4つの原理のどれか1つだけで成り立っているわけではなく、現実には、例えば「アゴーン」と「アレア」の2つの原理の組み合わさったプレイも存在している。カイヨワは、このようなプレイのあり方は、一方でそのときの社会の鏡にもなるという観点を強調する。つまり、例えば文明の発展する近代社会は、「アゴーン／ミミクリー」複合型のプレイに特徴づけられるが、未開社会は「イリンクス／ミミクリー」複合型のプレイに特徴づけられる、といっ

---

[3] ホイジンガ, J. (1973) 前掲書. p.399.

[4] カイヨワ, R：多田道太郎・篠塚幹夫 訳 (1990) 『遊びと人間』講談社

たようにである。

このように、「自発的に楽しむ」というプレイのもつ特徴は、主にプレイの人間学的な意味にかかわるとともに、スポーツとプレイの関係を考えるためのもっとも重要なキーワードとして理解することができる。

3．他者関係としてのプレイ

プレイについての研究は、その後、オイゲン・フィンクやジャック・アンリオといった現象学者により引き継がれていった。そうした中で、プレイのもつもう一つの側面である「揺らぐ、動く」という特徴が取り上げられることになっていく。例えば、美学者の西村清和は、ホイジンガやカイヨワの功績をよく認めた上で、しかしながら両者のプレイの定義が「非日常」「没利害」「非生産性」など、「日常生活ではない」という否定的、消極的定義になっていることの問題点を現象学的観点から次のように指摘する。

「だが、これによってわれわれは、なるほど、『遊びはなにではないか』については知りえても、『遊びとは、それ自体として、なにであるか』について、すなわち、遊びの独自の存在性と本質については、依然としてほとんどまったく知らないのである」[5]。

(5) 西村清和（1989）『遊びの現象学』勁草書房．p.13．

そこで西村清和は、プレイが「他者や世界に対する基本関係のひとつ」であるという見方を提示する。日本語において「遊びがある」という言葉が使われるときには、例えば「歯車の遊び／ブレーキの遊び」といった使い方に現れるように、そこには「遊びが生じる余地」と「この余地の内部であてどなくゆれ動く、往還の反復の振り」がある。これを西村は「遊隙」と「遊動」と呼んだ。例えば、シーソーの遊びを考えたとき、地面から足が離れたもっとも高いところと地面に足がついたもっとも低いところの間に「遊隙」があり、上になったり下になったりという「遊動」がある。また、バスケットボールのゲームには「勝ち」と「負け」の間に心理的な意味での「遊隙」があり、リードしたりされたりという「遊動」がある、といった具合にである。そこで、プレイとは、このような「遊隙」を「遊動」することに身を委ねることで、いわば「没我」「夢中」といった日常生活にはない存在様態に至ることであると西村は考えている。このとき、そもそも「遊隙」や「遊動」を形作ることになった、プレイする他者（人に限らない）たちとは、どちらが主体とも客体ともわかちがたい、ある特殊な関係が生まれでる。つまり、日常生活においては自立した「個」と「個」が向き合う「対向関係」が基本であるが、プレイにおいては「個」が消失し他者とともに溶け込む「遊戯関係」が現れる。これこそがプレイの独自の存在性であり、本質であるというのである。

こうした人間存在の特殊なあり方については、チクセントミハイが「フロー体験」という用語でその心理状態を検討したり[6]、作田啓一が「溶解体験」という用語でその社会関係を検討したり[7]、ジャン・デュビニョーが「意図性零（ゼロ）」という用語から、独特の人間存在のあり方について検討している[8]。いずれも、「我」を忘れ、独特の状態にある様子を、人間の可能性として強調するところに共通点がある。

また西村清和のここでの考え方は、「自発的に楽しむ」ということからもたれや

(6) チクセントミハイ, M：今村浩明 訳（2001）『楽しみの社会学』新思索社

(7) 作田啓一（1993）『生成の社会学を目指して』有斐閣

(8) デュビニョー, J.：渡辺淳 訳（1986）『遊びの遊び』法政大学出版局

すい、「一人で好き勝手に行うもの」というプレイのイメージを、大きく修正してくれることになろう。プレイは、そもそも他者関係なくしては成り立たない。いや、正確には、独特の他者関係こそがプレイそのものなのである。さらには、ホイジンガが「プレイが社会集団を生み出す」ことを強調したり、そもそも近代批判の文脈の中で、遊びの喪失＝まじめへの傾斜が文化の最善の部分を失わせてしまうと強調したりしたのも、他者とともに「揺らぎ、動く」ことで「個」が消失し「遊戯関係」に溶け込むという、「個」を越えて人間がその存在を跳躍させる契機をみたからではなかったのか。西村の考え方は、あらためて「プレイとは何か」について深く考えさせられるものである。

4．「プレイとしてのスポーツ」と体育

　プレイとは何かに対する考え方の深まりは、体育の研究にも大きな影響を与えてきた。その影響の与え方は、大きく3つのタイプに分けてとらえることができる。
　第1のタイプは、体育の教育目標や教育内容を、ホイジンガやカイヨワの影響を受けて「自発的に楽しむ」というプレイの考え方からとらえ直そう、とするものである。このような取り組みは、主に生涯教育／学習や生涯スポーツといった理念が盛んになった1970年代から1990年あたりまでによくみられることになった。例えば、シーデントップの体育論や、竹之下休蔵らの「楽しい体育」論はその典型である。シーデントップは「プレイとしての運動」を、社会性の育成や体力の向上といった教育的価値を達成するための手段としてではなく、それ自体を目的として教えることを主張した[9]。また竹之下らは、教育内容としての運動をプレイの視点からとらえ直すことで、「機能的特性」と呼ばれる学習内容論や「めあて1／めあて2」として示される学習過程論などの構成主義的な新しい学習理論を展開させた[10]。いわば「体育はプレイである」という見方である。
　一方で、第1のタイプに対抗する形の、いわば「プレイ分離論」とでもいうべき立場がある。1970年代にアメリカで展開された「ヒューマンムーブメント論」などはこれにあたろう[11]。体育はそもそもある意図的、計画的な営みであるのだから、「自発的に楽しむ」プレイとしてのスポーツは馴染まない。それは、教科外の特別活動や教育課程外の部活動、さらには学校外の場でこそ楽しまれるべきものであり、体育では「遊び」ではなく「勉強」として、科学に基づき体系化された教育内容が学ばれるべきだ、という考え方である。さらには、「自発的に楽しむ」活動は個別化せざるをえないから、共同同時学習として様々な効果をもつ教科学習には不向きであるといった見方もとくに日本では出てくる。ここでは、「体育は教育である」という側面が強調されたということであろう。
　最後に、第3のタイプとして、体育の中で「プレイ」の要素を、意図的・計画的な営みに即してどこまで取り込むことができるかを探る立場がある。これは第1のタイプと第2のタイプの融合型であり、教科内容を「運動技術」「社会的行動」「認識」「情意」に区別し、「自発的に楽しむ」というプレイの性格を主に「情意」として位置づける、オランダのクルムの考え方などがこれにあたろう。第1のタイプの典型として紹介したシーデントップも、とくに1990年代以降は従来の体育論の行き詰まりを示し、このような融合型の考え方に変わっていった。

[9] シーデントップ, D.：高橋健夫 訳（1981）『楽しい体育の創造―プレイ教育としての体育―』大修館書店

[10] 竹之下休蔵（1972）『プレイ・スポーツ・体育論』大修館書店

[11] ケーン, J.E.：梅本二郎・川口貢 訳（1987）『ヒューマンムーブメントと体育』不昧堂出版

こうした体育における「自由・自発性」にかかわる問題に加えて、近年ではさらに多くの観点がプレイと体育をめぐっては生まれている。例えばプレイとしてのスポーツが独特の他者関係であることから、情報化やグローバル化が進み一方では「社会的な絆」が瓦解する現代社会において、「つながり」を生み出す数少ない営みとなっている。オリンピックやワールドカップなど、世界の人々が「スポーツ」という「言葉」によって結びつくことはめずらしくない。こうしたことは、「我」を忘れることから生まれるプレイの特徴のひとつであり、人々はそこで面白さや興奮を共有する。

　他方で、プレイであるがゆえに「失敗することがOK！」であったはずのスポーツが、体育の中では「失敗することがないように学習する」対象に転化したりもする。先のホイジンガは、「労働と生産が時代の理想となり、やがてその偶像となった。ヨーロッパは労働服を着込んだのだ。社会意識、教育熱、科学的判断が文化過程の支配者となった」[12]と厳しく近代の学校制度にも批判を加えた。「失敗することがOK！」だからこそ、「できるかな…、できないかな」とドキドキワクワクして創意工夫する中で、スポーツは子供たちの主体性を育む。しかし、教育に求められる圧力には、こうしたプレイのもつ力を打ち消す働きがある。「真面目」の一人歩きは、今もなお、スポーツや体育にとっては課題である。

　折しも現代社会は、多くの新しい教育課題を抱えつつある。体育のあり方をまさにプレイを理念型として、他のあり方がないかと考える「遊び心」をもったときにこそ、体育に新しい可能性をもたらすことにもなろう。体育とプレイの新しい関係が止まることなく模索され続けられることが望まれるところである。

（松田 恵示）

[12] ホイジンガ, J. (1973) 前掲書. p.390.

理解度チェック

1. ホイジンガとカイヨワのプレイの定義について述べなさい。
2. 「他者関係としてのプレイ」の意味を述べなさい。
3. プレイの考え方の深まりが体育の考え方に与えた影響について具体例を挙げて説明しなさい。

さらに読んでみよう　おすすめ文献

- 井上俊（1977）『遊びの社会学』世界思想社
- 松田恵示（2001）『交叉する身体と遊び―あいまいさの文化社会学』世界思想社
- オイゲン・フィンク（千田義光訳）（1976）『遊び―世界の象徴として』せりか書房
- ジャック・アンリオ（佐藤信夫訳）（2001）『遊び―遊ぶ主体の現象学へ』白水社

第Ⅱ部
体育原理の深層へ

第8章
技術指導からみた体育

学習のねらい

スポーツの運動課題を解決していくためには、そこに含まれた運動技術や戦術の学習が求められる。その学習は、スポーツの達成力を高めるものであると同時に、スポーツに参加する者の身体を機能させる喜びと他者とのコミュニケーションを増幅させるものとなる。ここでは、この運動技術や戦術の教育学的な意味と、その指導における教授学的な課題について理解する。

1．体育の目標と運動技術・戦術

1) 運動課題の「達成行動」としてのスポーツ

　体育という教科、またその授業は、楽しみや健康を求めて行われる広義の意味での「スポーツ」(**運動文化**) を基盤として成立しているといってよい。このスポーツが時代や社会が変化しつつも、人間が取り組み、親しむ諸活動における1つの領域として継承されてきているのは、それが人間の「身体性」と「社会性」を軸にした文化であるところにその源泉と特徴が求められる。それは、人間がまさに「身体」を有した生物学的存在としての「ヒト(人)」であると同時に、人と人とを結びつけ、関係し合う「間」を共有した社会的存在であることと表裏一体である。

　さて、一般的にスポーツは、楽しさを求めて人間自らが「課題を設定してプレイする」ものとして存在している。解決すべき課題を多様に設定することによって、その達成に向けて努力したり、面白さを追求したりすることのできる身体運動の「構造」を生み出しているのである。したがって、スポーツは、総じて人間自らが設定した運動課題の「達成行動」をその中心としてとらえることができる。この運動課題の解決のプロセスがそれぞれのスポーツの楽しさや面白さの探究に人間を誘い込み、人と人とのコミュニケーションを増幅させ、相互の結びつきを強め、深めていく可能性が開かれるのである。

2) 体育の目標と学習内容としての運動技術・戦術

　高橋健夫[1]は、体育の目標・学習内容の構造を「技能目標」(上手になる)、「認識目標」(わかる)、「社会的行動目標」(守る・かかわる)、そして「情意目標」(好きになる)から描き出している(**図2-4**)。ここで前記した「達成行動」としてのスポーツという視点から考えてみた場合、運動の楽しさの源泉には、「上手になる」(できること＝達成)の喜びが存在しているととらえられる。この技能目標がスポーツにおける運動課題の解決のプロセスの中心になる。つまり、そのスポーツの「達成力」を高めていくことである。その達成力によって生み出される運動のできばえを「パフォーマンス」という。

　運動のパフォーマンスを生み出す「達成力」の構成要素の中心は「**運動技能**」「戦

運動技術
：特定の運動の課題解決に対して、これまでのところもっとも合理的(合目的的)、経済的であると判断されている具体的な運動の仕方のこと。

戦術
：とくに球技などの集団的スポーツの中で、攻撃や守備においてもっとも合理的にその目的を達成する方法のこと。

運動文化
：人間が歴史的・社会的に創造、継承、発展させてきた身体運動の文化の総称。狭義にはスポーツとほぼ同義語として用いられるが、広くは、舞踏や演劇、演奏なども含められる。

[1] 高橋健夫 (1989)『新しい体育の授業研究』大修館書店．p.13．

運動技能
：運動技術を身につけた能力の様態のこと。

戦術能
：戦術を身につけた能力の様態のこと。

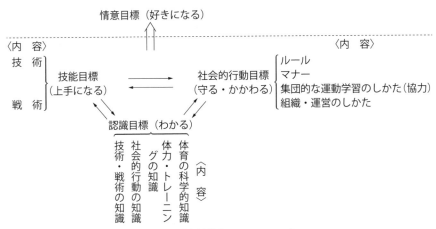

図2-4 体育の目標・学習内容の構造（高橋健夫、1989．p.13）

術能」である。これらの能力は、一定の「身体能力」（筋力・瞬発力・調整力・持久力・柔軟性といった体力的要因）を前提に習得され、習熟していく。また、実際の運動場面（スポーツの試合やゲーム）では、プレイヤーの「心的能力」（意志、集中力や判断力などの精神的要因）に支えられてパフォーマンスの成否に結びつくものとなる。ただし、教育的な働きかけの論理から考えると、「運動技能」「戦術能」はプレイヤー（学習者）の「能力」であり、育てるべき「目標」に位置づくものであるが、能力そのものは直接的に教え学ぶことはできないものである。教え学ぶことができるのは、「運動技術」「戦術」であり、これらが目標としての能力を獲得するために習得すべき「学習内容」として位置づくのである。

「運動技術」は、特定の運動の課題解決に対して、これまでのところもっとも合理的（合目的）、経済的であると判断されている具体的な運動の仕方である。また、「戦術」は、特に球技（ボール運動）などの集団的スポーツの中で、攻撃や守備においてもっとも合理的にその目的を達成する方法を意味する。運動技術は動作を生み出す身体の動かし方のレベルを、そして戦術は試合やゲームの中での意図的・選択的な行動のレベルを問題にする。これらの運動技術、戦術を身につけた能力の様態が運動技能であり、戦術能であると理解できる。換言すれば、目標である「能力」の育成に向けたプロセスにおいて、「学習内容」に相当するのは「運動技術」「戦術」である。つまり、運動のパフォーマンスを高めていくためには、運動技術・戦術の学習を介した運動技能・戦術能の向上が求められる。

2．運動の課題性と運動技能・戦術行動の構造

1）運動課題の多様性と運動技能

さて、先にスポーツの達成行動的な性格について触れ、それは人間が意図的に「運動の課題性」を構成することに基づいて追求されることを述べた。それでは、私たちが取り組み、経験するそれぞれのスポーツには、いかなる運動の課題性が認められるであろうか。

この点に関し、松田岩男[2]は、体育あるいはスポーツにおける運動の課題は、以下の5つに分類できるとした。

[2] 松田岩男（1968）「運動技術の構造」．岸野雄三編．『序説運動学』大修館書店．pp.117-144．

①一定のフォームの形成を課題とするもの［体操競技、ダイビングなど］
②個人の最高能力の発揮を課題とするもの［陸上競技、競泳など］
③変化する対人的条件下で、各人がそれぞれの能力を発揮することを課題とするもの［柔道、剣道、すもう、レスリングなど］
④変化する集団的・対人的条件下で、各個人および集団が、それぞれの能力を発揮することを課題とするもの［各種の球技など］
⑤思想、感情を律動的な身体運動によって美的に表現することを課題とするもの［ダンスなど］

　また、構成される人的視点から、例えば、上記の①・②は個人的スポーツ、③は対人的スポーツ、そして④は集団的スポーツとして語られることも多い。なお、そこで用いられる運動技能についてもそれぞれ、「個人的技能」「対人的技能」「集団的技能」として記述されている。

2）「クローズド・スキル」と「オープン・スキル」

　運動技能の学習指導を考える前提として、対象となる運動技能がいかなる状況や環境において発揮されるのかについて理解しておくことが必要不可欠である。それはまさに、「運動の課題性」のあり方に密接不可分に結びついているからである。
　運動を生起させる状況がかなり安定している場面において遂行される運動技能を「**クローズド・スキル**」（閉鎖技能）といい、状況の変化が著しく、その状況を予測・判断しながら発揮する必要のある運動技能を「**オープン・スキル**」（開放技能）と呼んでいる。
　例えば、鉄棒運動、平均台運動といった体操競技（器械運動）や短距離走、走り幅跳び、砲丸投げなどの陸上競技、クロール、平泳ぎなどの競泳、さらに球技の中でのバスケットボールのフリースロー、テニスのサービスの場面は、外的な条件にあまり左右されずに、目標となる技や動作を確実に遂行することが求められる。このような運動技能の習得の際には、目指すべき運動のパターンの形成に向けて、練習プロセスにおける自己の内部的な身体感覚を媒介にした運動学習の中で、より正確で安定した技能の発揮が追究される。
　これに対し、多くの球技や柔道、剣道などの武道において、流動的に変化する相手や味方、また操作の対象となるボールの動きに対応することが求められる運動では、状況の変化を示す外部情報の認知・判断と、それに即応する技能発揮が主要な練習課題になる。
　例えば、テニスのグランド・ストロークの運動技能について取り上げてみよう。初心者にとってグランド・ストロークをネット越しの相手と続けることは、まさに最初の大きな課題であるといってよい。そこでは、ボールを打つ基本動作として、腰の高さで、ボールを一定の方向に狙って打ち出せるようにラケット面を作り、テイクバックから肘を引き出す動きを生み出すとともに、そのスイングを下半身の体重移動と同じタイミグに合わせなければならない。ただし、このストロークはクローズド・スキルではない。相手サイドからネット越しにくるボールがどのコースに打ち出され、どのようなスピードで向かってくるのかは常に変化し、相違する。こ

クローズド・スキル
：運動を生起させる状況がかなり安定している場面において遂行される運動技能のこと。

オープン・スキル
：運動を生起させる状況の変化が著しく、その状況を予測・判断しながら発揮する必要のある運動技能のこと。

の際に、ボールがどのような軌道を描いて、自コートのどこで、そしていかなる高さでバウンドするかを予測できなければ、ストロークを打つための好ましいポジションへ素早く移動することはできないといってよい。結局、不適切な体勢でボールに応じざるを得なくなる。このような運動課題のレベルでさえ、経験の浅い学習者にとっては少なくとも次のような難しさがつきまとっている。

①ストローク動作に類似した打撃動作や投球動作に習熟していない場合には、その動きそのものを形成することが難しいこと。
②動いてくるボールの方向やスピードを時間的・空間的に感じ取り、ストロークのタイミングを予測することが難しいこと。
③ラケットといった道具を用いる場合、自己の身体ではなく、その延長線上にある対象でボールをコントロールする空間感覚的な認知が難しいこと。

グランド・ストロークを続けることは、学習者にとってこのような複合的な課題解決を要求するオープン・スキルなのである。

さらに、これがゲーム状況に発展していけば、とくに相手のポジションに応じた戦術的な判断を同時に行わなければならないことになる。クロスを狙うのか、ライン際のストレート（ダウン・ザ・ライン）を打つのか。パッシング・ショット（ボレイ）、それともロブを選択するのか。常に変化するゲーム状況の中で、「何をしたらよいのか？」について「意思決定」しながらの技能の発揮が求められるのである。

3）戦術行動の違いを生み出す運動課題の構造

今述べた、「意思決定」（戦術的な判断）は武道や球技などの対人的・集団的スポーツにおいて要求されるものであるが、とくに球技での意思決定の中身は、それぞれの種目のもつ戦術的課題と密接不可分に結びついている。そのため、その戦術的課題の類似性・共通性において多様な球技を分類することができる。

例えば、イギリスのアーモンド[3]やアメリカのグリフィンら[4]は以下の**表2-4**のような「侵入型（invasion game）」、「ネット・壁型（net/wall game）」、「守備・走塁型（fielding・run-scoring game）」、および「ターゲット型（target game）」の4類型を提示している。

「侵入型」では、味方と相手が同じコートを共有する中で、有効な空間を生み出しながらボールをキープし、ゴールやラインに持ち込むことが戦術的な課題となる。「ネット・壁型」では、分離されたコートにいる相手に対し、ボールをコントロールさせないように攻撃したり、自陣の空間を守ったりすることが課題となる。また、「守備・走塁型」においては、打撃を介して走者を進塁させることが攻撃側の、そしてそれを阻止するフィールディングが守備側の戦術的課題である。さらに、「ターゲット型」は、多様な標的によって構成される課題解決を生み出すゲーム群であるといってよい。

このような分類の発想は、わが国においても高橋[5]によって示されている。「攻守入り乱れ系」「攻守分離系」「攻守交代系」という表記によって説明されるものである。これらの名称そのものは、攻撃と守備が生起する場やその様態から選び取られているが、分類の基本的視点はそれぞれの種目において課題となる戦術行動の特

(**3**) Almond, L (1986) Reflecting on themes : A Games Classification. In Thorpe, R., Bunker, D. & Almond, L. *Rethinking Games Teaching*. Loughborough, University of Technology. pp.71-72.

(**4**) グリフィンら：高橋健夫・岡出美則 監訳（1999）『ボール運動の指導プログラム―楽しい戦術学習の進め方』大修館書店. p.8-12.

(**5**) 高橋健夫（1993）「これからの体育授業と教材研究のあり方」『体育科教育』41（4）：19-21.

表2-4 球技（ボール運動）の分類

侵入型	ネット・壁型	守備・走塁型	ターゲット型
バスケットボール（FT）	〈ネット〉	野球	ゴルフ
ネットボール（FT）	バドミントン（I）	ソフトボール	クロケー
ハンドボール（FT）	テニス（I）	ラウンダース	ボウリング
水球（FT）	卓球（I）	クリケット	ローンボウル
サッカー（FT）	ピクルボール（I）	キックボール	プール
ホッケー（FT）	バレーボール（H）		ビリヤード
ラクロス（FT）			スヌーカー
スピードボール（FT/OET）	〈壁〉		
ラグビー（OET）	ラケットボール（I）		
アメリカンフットボール（OET）	スカッシュ（I）		
アルティメットフリスビー（OET）			

FT：ゴール／OET：ゴールが開かれた空間になっている／I：道具／H：手
注）この表はアーモンド（1986）の示した分類をグリフィンら（1997）が修正を加えたものである。

徴に求められている。

3．運動の課題性の違いに応じた技術・戦術指導の視点

とくに学校における体育授業構成の実際にかかわって技術・戦術指導の視点について記述してみたい。ここではこの問題を「学習内容の抽出」「教材・教具の構成」「**教授行為の工夫**」といった視点を掲げて説明してみよう。

まずは動きを形成したり、高めたりする練習における学習内容としての運動技術の抽出の際に重要になる視点を例示してみよう。学習内容の抽出は、習得対象となる運動の本質的な課題性の解釈と子供のつまずきやすいポイントの理解の双方から接近する必要があるが、それらは表裏一体であることが少なくない。このことを前提として、以下のような教師による**教授学的思考**を取り上げたい。

①一般に語られてきた技術の構造を問い直してみること。
　…例えば、水泳の平泳ぎにおいて、「かえる足」の構造を解釈し直してみること（「足の裏で水をとらえる」「足の裏で蹴る」といった一般通念的な運動解釈を再度吟味し直してみること）。
②見逃されてきた技術的ポイントを掘り起こしてみること。
　…例えば、ハードル走において水平スピードを維持するための「着地」動作の大切さに焦点を当ててみること。
③外部観察から選び取られた技能のポイントから、動作における感覚的な学習内容に転換してみること。
　…例えば、ベースボール型でのバッティング動作の形成において、「インパクトの力感」や「バットヘッドの振り抜きの感覚」をクローズアップしてみること。

さて、このような技能形成のためのポイントは学習者に言語的に説明することはできても、その能力を直接的に習得させることはできない。ここで重要になるのが、これらの学習内容を含み持ち、学習者がその習得に向けて直接取り組む（チャレンジする）運動課題の構成、すなわち「教材づくり」である。ここではとりわけ、習得対象となる動きに類似したやさしい運動例（**アナロゴン**）の開発・選択の必要性

教授行為
：授業の中で教師が学習者に働きかける際に行う説明や指示、発問、賞賛、助言、励まし、演示などの総称。

教授学的思考
：教師が授業を創る過程において、とくに「何をどのように教えるのか」にかかわった専門的力量を発揮するための思考のこと。

アナロゴン
：習得対象となる動きに類似したやさしい運動例のこと。運動学習において、とくにこれまでやったことのない新しい動きを習得させる場合、動きの構造やその感じが類似した予備的な運動課題に取り組ませることが有効である。これは目標となる運動習得に向けての段階的なステップを設定することにも貢献する。

が強調されるであろう。また、この教材の工夫に付随して「教具」の検討が大切になる場合も多い。

　さらに、教材に取り組む学習者に向けての「教授行為」、とくに動きの形成や促進を意図した指導言葉の工夫は非常に重要な教授学的課題である。例えば、習得対象となる動きのイメージを喚起させたり、動きを促発させるための比喩的・感覚的言語を利用したりすることが大いに検討されるべきである。また、運動経過の流れを模倣しやすくするために運動リズムに着眼していくこともきわめて重要になる。とくに、動きのアクセントを大切にしてリズム化することは、緊張と弛緩（解緊）をクローズアップすることにつながり、動きの習得の手掛かりを提供することに大きく貢献しうる。

　次に、変化する状況下で技能を発揮し、行動をとらなければならない課題性を有する場合はどうであろうか。例えば、球技における運動のパフォーマンスの構成要素は一定のゲーム状況の中で「何をすべきなのか」についての戦術的気づきに基づいた意思決定と、それを実現する運動技能の発揮の2つからとらえられる。この技能は「ボール操作の技能」（on-the-ball skill）と「ボールを持たないときの動き」（off-the-ball movement）の2つの側面から理解することができるが、ここで大切なのは、これらの技能の習得のための学習と、「意思決定」に伴った技能発揮の学習との区別と関連である。

　ここではゲームの中で要求される意思決定が複雑な既存の種目を子供や初心者に指導する際の工夫が問われる。つまり、複雑な意思決定の対象を限定したり（減少させたり）、焦点化させたゲーム課題の創出がポイントになる。先に掲げた2つの運動技能は、この意思決定の様相に結びつけて習得されることが望ましい。

　なお、対人的技能が強調される武道においても球技と共通する視点が有効性をもつであろう。

（岩田　靖）

理解度チェック

1. 運動技能と運動技術、戦術能と戦術の区別と関係について説明しなさい。
2. 運動の課題性の違いに基づいた運動技能・戦術能の構造について具体例を挙げて説明しなさい。
3. 運動技術・戦術の指導について、体育授業構成の視点からそのポイントを説明しなさい。

さらに読んでみよう おすすめ文献
- 吉田茂・三木四郎 編（1996）『教師のための運動学―運動指導の実践理論』大修館書店
- グリフィン ほか 著：高橋健夫・岡出美則 監訳（1999）『ボール運動の指導プログラム―楽しい戦術学習の進め方』大修館書店
- 岩田靖（2012）『体育の教材を創る』大修館書店

第Ⅱ部
体育原理の深層へ

第9章
体育と指導者
―体育教師とコーチ、何が違うのか―

学習のねらい

「コーチは教師である」といわれるが、本当にそうであろうか。ここでは「コーチは教師である」と主張される理由、そして「教師」が「コーチ」を兼ねること（教師／コーチ）の問題を検討する。さらに「教師／コーチ」が教育から離れ、「コーチ」へと変貌していく様相を「コーチング回路」という概念を用いて説明し、「運動部活動」の指導とは何であるのかを考える。

1．「コーチは教師である」論

「コーチはどのような意味においても良い教師でなければならない。数学、芸術、国語、技術、家庭、そして音楽の教師であるのと同じようにスポーツ競技の教師なのである。…（中略）…優れたコーチは優れた教師であるということは事実である」[1]。このように、アメリカにおいても「コーチは教師である」、あるいは「コーチングはティーチングである」と多くの論者が主張している。このような主張を「コーチは教師である」論と名づける。これら「コーチは教師である」論は、次の3点をその論拠としている。

①教育制度上の「教師」としての地位
②競技スポーツの教育的有効性
③「コーチ」と選手との人間関係における教育的機能

つまり、「教師という地位にあるものがコーチをしている」「教育的に有効な競技スポーツを媒体としている」「コーチと選手との間には親密な人間関係がある」ことが「コーチは教師である」といわれる理由なのである。しかし、このような条件が揃ったとしても、それが教育になるとは限らない。逆に、「ティーチング」と「コーチング」を同一視することによって、教育的な問題が生起している可能性もある。以下、この「コーチは教師である」論の論拠を批判的に検討する。

この、「教師」であり、かつ「コーチ」でもあることを、アメリカでは「**教師／コーチ**（teacher/coach）」と表記し、その問題が論じられている。例えば、あるスポーツ社会学者は、「多くの教師にとってコーチングは好まれやすいものである。なぜならコーチングは『教師／コーチ』になるための最初の動機だからである」と述べている。あるいは、「多くの体育への参入者は、コーチングを望んで加入してくるのであり、教師としての準備は二の次である」といわれる。このように「コーチ」をするために「教師」という職業に就くという問題がある。そこでは「コーチング」がもっとも重要な仕事であり、「教師」としての仕事（授業など）は付け足された仕事となる。わが国にも、授業を軽視し、放課後の運動部活動にのみ力を注ぐ「部活命先生」が存在するという現状がある。このように、①教育制度上の「教

[1] Sabock, R.J.（1985）*The Coach*. Human Kinetics. p.162.

教師／コーチ
：中学や高校のスポーツの指導は、アメリカでも日本と同じようにプロのコーチではなく、学校の教師（とくに体育の教師）がコーチとして行うことが多い。アメリカでは、この教師とコーチが兼ねられている地位を「教師／コーチ（teacher/coach）」と表記し、その問題が論じられている。

師」としての地位にあった、としても「コーチは教師である」とはいえない。

　また、競技スポーツに内在する競争や勝利の追求が引き起こす問題がある。この競争、勝利の追求はその過程において教育的有効性が認められるものであるが、「コーチ」はその結果としての勝利に縛られることになる。「コーチは勝たなければクビにされる」のであり、「教師としての遂行よりもチームの成功に依存」することになる。そして「win at all cost（何が何でも勝つ）」という考えは、選手たちへの「意図的なルール違反」の示唆などの反倫理的な行為を生み出していく。つまり、②競技スポーツが教育的に有効である、としても、それを媒体とすれば「教師」となるわけではなく、逆に反教育的な行為に結びついていくこともある。

　さらに、「コーチと選手との親密な人間関係」は「パターナリズム（父親的な温情主義）の矛盾」を生み出す。「コーチ」は選手のためを思い、様々な指示を出し、指導を行う。しかし、選手のために指導すればするほど、その選手の自主性や自立を阻害することになるという矛盾である。そして、温情主義的な「コーチ」の庇護のもとから離れた時に自分自身では何もできない「競技バカたち（athletic brats）」が残されるということになる。また、この人間関係は「権力的な支配」として現れることもある。「コーチ」は、その権力に基づいて選手たちに命令し、支配する。「先生（教師／コーチ）には『ハイ』と『イイエ』しかいってはいけない」というような「きまり」が暗黙のうちにできあがり、選手たちはチームという機械の歯車となっていく。このように、③「コーチ」と選手との親密な人間関係も、教育的な機能を果たすとは限らないのである。

　これらの「コーチは教師である」論への批判が示すように、教師としての「地位」、媒体である「競技スポーツの教育的有効性」、選手との親密な「人間関係」という状況のみを論拠として「教師である」と主張する正当性は認められない。「コーチは教師である」と主張するためには、その行為の目的が検討されなければならない。

　また「教師／コーチ」には、その「コーチ」と「教師」の役割の両立において多くの矛盾が存在する。具体的には「**役割葛藤**」「**役割過負荷**」の問題がある。

2．「教師／コーチ」の役割葛藤

　まず、次のような状況を考えてみよう。主人公は高校教師で、ある球技の部活動の監督（教師／コーチ）である。インターハイ県予選決勝戦、全国大会出場は1チーム。この試合に勝てば全国大会出場、負ければそのシーズンは終了。試合の最終局面でトラブルが発生し、選手をメンバーチェンジしなければならない。2人の選手がいる。「A君：3年間、真面目に努力してきたが、競技能力はあまり高くない」と「B君：努力もせず、練習もよくサボるが、競技能力は最高」である。B君を出場させれば多分勝てるだろう。一方、A君を出場させれば勝つか負けるかわからない。しかし、常日頃「努力することがいちばん大切なのだ」「努力しないものは試合に出場する資格はない」と選手たちに教えている。あなたならどちらの選手を出場させるだろうか。

　「教師」としては努力を認めたいが、「コーチ」としては勝利を得たい。このように「教師／コーチ」は、教育者としての役割と「コーチ」としての役割の葛藤という現実に立ち向かわなければならない。またこの二重性は「役割過負荷」を生み出

役割葛藤
：教師としての役割とコーチとしての役割が異なることがある。この役割が相互に矛盾する状況下では、心の中に違った、相反する方向が現れ、葛藤を生じる。「教師／コーチ」ではとくに、試合の勝敗に関する考え方において選択に迷う状態となる。

役割過負荷
：教師とコーチのふたつの役割をこなしていくために、教師としての仕事と同時にコーチとしての仕事を実践しなければならない。そうなると、ふたつの仕事が重なり、負わされた任務（負荷）がある数量、程度の水準を超えることとなる。これらの仕事をうまくこなしたといえども、仕事の総量は増加し、負担となる。

す。「教師／コーチ」は「教師」としての仕事（授業やその準備など）と「コーチ」としての仕事の両方をこなさなければならない。放課後や週末を「コーチ」としての仕事に充てる「教師／コーチ」は、残された時間の中で「教師」としての仕事を果たすことになる。あるスポーツ心理学者は、次のように指摘している。「体育の教師が、ティーチングとコーチング両方の役割を十分に果たすこと、あるいはひとつの役割から次の役割へと適応していくことは可能なのか」。これら「教師／コーチ」の役割葛藤に関する研究（アメリカにおける研究）結果は、次のようにまとめられている[2]。

①ティーチングとコーチングの基礎をなす目的と職業的な目標は明らかに異なる。
②その相違は、教師とコーチの役割の分化に至る。
③この異なった要求と責任は役割過負荷や役割葛藤を導く。
④役割過負荷や役割葛藤は、「教師／コーチ」のストレスやバーンアウトに帰着する。
⑤二重の役割において結果を求められ、どちらかの仕事をなおざりにするようになる。
⑥一般的に、ティーチングよりもコーチングの役割に焦点を当てることを選ぶ。

このように、「教師／コーチ」であるがゆえに、本来的な「教師」の役割を果たすことが困難となり、そして「教師」であるべき「教師／コーチ」は、「コーチ」としての役割の中に自分自身を見出そうとしていくのである。

3．「教師／コーチ」から「コーチ」へ

1）「ティーチング」と「コーチング」の相違

では、この「教師」と「コーチ」にはどのような相違があり、そしてどのようにして「教師／コーチ」は「コーチ」へと変貌していくのだろうか。まずここでは、それぞれの「働きかけ」である「ティーチング」と「コーチング」の相違を検討する。

「ティーチング」と「コーチング」の相違に関しては、その「集団特性（集団の大きさ、成員の均質性、能力レベル、動機づけなど）」と「課題特性（課題の同一性、明確性、構造など）」の相違が指摘されている。しかしながらこれらは、その「働きかけ」の対象（授業集団／競技集団）の相違であり、「ティーチング」と「コーチング」という行為そのものの相違ではない。「ティーチング」と「コーチング」には本質的な相違が存在する可能性がある。例えば、「バスケットボール」を「教える」と「コーチする」にはどのような違いがあるのだろうか。

教育哲学者のシェフラーによれば、「教える（ティーチング）」という言葉は3つの異なる教育実践を意味しているとされる[3]。すなわち「①…という事実を教える」、「②…の仕方を教える」、「③…するように（規範を）教える」である。ゆえに「バスケットボール」を「教える」とは、例えば「①ネイ・スミスによって考案された（事実）」、「②シュートは手首のスナップを利用してボールを回転させる（仕方）」、「③試合ではルールを守る（規範）」などを「教える」ということである。それに対し

[2] Chelladurai, P. and Kuga, D.J. (1996) *Teaching and Coaching; Group and task difference*, Quest-48. p.471.

[3] シェフラー（1981）『教育の言葉 －その哲学的分析－』東洋館出版社. pp.153-206.

て「コーチング」という言葉は、この「②仕方を教える」ということを意味するが、「①事実」や「③規範」を教えるということを意味することはない。つまり、事実や規範を「コーチング」するとはいわないのである（日本語の「指導」という言葉は、「③規範」を教えるということも意味する）。

このように、「ティーチング」と「コーチング」には行為としての相違があり、「教師／コーチ」の実践が、競技スポーツを「教える（ティーチング）」という行為を含む限り、そのスポーツの「①事実」や「③規範」を教えることが必要である。

しかし「コーチング」には「教える」を超えた意味がある。それが、「④技能の卓越を目指して訓練する」「⑤目標へ向かうようにリードする」という意味である。日々の練習における「コーチング」、そして試合の勝利を目指した「コーチング」とは、「訓練」し、「目標へとリード」するという実践である。つまり「コーチング」とは、「仕方を教え」、それを「訓練し」、「目標へとリードする」という一連の行為なのである。

2）「コーチング回路」と「コーチング実践」

では、この「コーチング」という一連の行為をひとつのプロセスとして考えてみよう。そのプロセスは「哲学」－「計画」－「組織化」－「経営」－「評価」の各段階から成り、最後の段階「評価」は「哲学」へとフィードバックするものとする。これら一連のプロセスをひとつの「回路」としてとらえ直し**「コーチング回路」**と名づける（図2-5）。この「コーチング回路」を作動させ、さらに再構成していくことを「コーチング実践」と呼ぶ。この「コーチング実践」は基本的に「勝利追求」へと方向づけられている。なぜならば、互いに勝とうと試みないことには競技スポーツは成立しないからである。

「コーチング回路」の「哲学」の段階には、ある意図（価値）が存在する。そして、その意図（価値）に基づいて「計画」の段階で、例えば「インターハイ出場」などの具体的な目標の決定がなされる。さらに、「組織化」－「経営」において目標達成の方向へと進む。この段階ではチームを構成し、目標に向けた実際の練習がなされる。そして最後の段階である「評価」は、「哲学」へとフィードバックする。この段階においては、「哲学」の段階の意図（価値）が再度確認されるのであり、何のためにその目標（勝利追求）が「計画」されたのか、を問い直すことが可能である。

しかしながら、「哲学」の段階における意図（価値）を喪失するという事態が生じることがある。つまり、「コーチング回路」における「評価」が「計画」へと「ショート」してしまうのである（図2-6）。そこでは「計画」－「組織化」－「経営」－「評価」－「計画」－…というルーチンが繰り返されるのみであり、何のために「計画」がなされたかを問いかけることはない。「哲学」の段階での意図（価値）は忘れ去られ、「計画」された「目標達成（勝利）」それ自体が目的となってしまう。そして、その勝利への効率と効果を高め、勝利追求の「コーチング回路」を合理的に管理し操作する方法のみが「コーチング実践」の中心となり、勝利追求をめぐって「回路」は暴走し続ける。

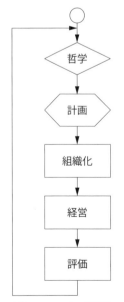

コーチング回路
：「コーチング」という一連の行為（コーチング実践）は、「哲学」から始まるプロセスが連続する回路として考えることができる。「哲学」の段階は、その実践の意図（価値）を考え、コーチング実践がフィードバックするところである。しかしながら、コーチング回路が、「計画」へショートすることによって勝利追求へと暴走し、過熱が生じる。

図2-5　コーチング回路

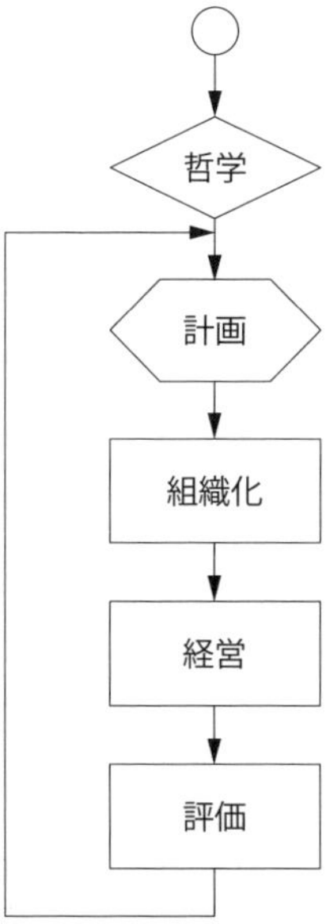

図2-6　回路のショート
（久保、1998. p.123.）

教育的／競技的二重空間
：学校における運動部活動の指導（コーチング実践）は、「子供たちの成長は善い」とする教育的空間と「勝利は善い」とする競技的空間によって構成される二重空間において行われる。競技的空間から発せられる勝利へのノイズによってコーチング回路が影響されることがある。

3）「教師／コーチ」の変貌

　運動部活動とは、「競技スポーツ」を子供たちの成長に有効な手段として、学校教育に取り入れたものである。これを「教育プログラム」に「コーチング回路」を組み込んだものと考えてみる。運動部活動の指導（コーチング実践）の「哲学」の段階には、教育の論理に基づいて、例えば「子供たちの成長は善いものである」という意図（価値）が存在する。「計画」の段階では、（その成長に良い手段として）勝利の追求、例えば「インターハイ出場」が目標として設定される。そしてその目標に向けて「組織化」―「経営」がなされる。さらに「評価」の段階は「哲学」へとフィードバックし、「子供たちの成長は善い」という意図（価値）が再確認されるのである。よって、運動部活動における指導（コーチング実践）は、善きものである「子供たちの成長」がなされたかという基準で「評価」されるべきものである。しかし、いつの間にか「コーチング回路」がショートし、「評価」の段階は直接「計画」へとフィードバックするようになる。価値判断の段階である「哲学」は忘れられ、「教師／コーチ」は「計画」された目標、つまり「試合の勝利が達成されたか」という基準でその指導（コーチング実践）を「評価」するようになる。ここでは、目標であった「試合の勝利」そのものが目的となり、本来、目的であるはずの「子供たち」はその「計画」のための「手段」となる。この時点で「教師／コーチ」は「教師」であることをやめる。「試合の勝利」に向けた効率と効果が支配する世界へと入り込み、「子供たち」を「使える、使えない」という道具として扱うようになる。効率の悪い「子供たち」は「使えない」モノとして排除されていく。

　そしてショートした「コーチング回路」は暴走し、過熱する。「運動部活動の過熱」や「行きすぎた指導」なども、その指導者の勝利追求の「度合い」の強さなのではなく、何のために勝利追求が「計画」されるのか、の判断の欠如（つまり、「哲学」の喪失）の問題なのである。「ショート」すれば熱くもなる。

4．「運動部活動」の指導とは何か

　運動部活動は、現状では教育課程の外に位置づけられているが、「学校教育の一環」とされている。しかしながら、この学校における運動部活動をベースとして「競技力向上」が企てられていることも事実である。このように運動部活動は、教育の論理が支配する「教育的空間」に存在するのみならず、同時に競技の論理が支配する「競技的空間」にも存在している。つまり、運動部活動は**「教育的／競技的二重空間」**にあるといえる。それゆえに、「教育的空間」とは異なる空間、すなわち「競技的空間」におけるサブカルチャーの影響を受けることになる。その二重空間において「教師／コーチ」は、「教育的空間」の価値「子供たちの成長は善い」ではなく、「競技的空間」の価値「勝利は善い」に支配される蓋然性（真実として認められる確実性の度合い）がある。そこでは「教育プログラム」の中に組み込まれたはずの「コーチング回路」が、「競技的空間」からの勝利への強い「ノイズ」によって、あたかも「競技力向上プログラム」の中に組み込まれたかのように変質してしまうのである。

　最初は誰しもが「子供たち」にスポーツを教えることに喜びを感じ、そこから始まる。「子供たち」の成長が一番であり、彼らのために「教師／コーチ」は身を削

る思いで教える。そして「子供たち」が上達し、試合に勝って喜ぶのを優しく見守る。あるいは負けて悔しがる「子供たち」を励まし、アドバイスをする。しかし、ある時から何かが変わる。「子供たち」のためだった試合の勝利が、いつの間にか自分自身のための勝利へと変化していく。つまり、「教師／コーチ」自身が勝ちたくなり、「子供たち」はその勝利のための手段となる。勝利に貢献し得ない子供は「使えない」道具であり、不要なものとなる。「教師／コーチ」は「コーチ（権力者）」へと変身し、そして教育から離れていく。

　最近、わが国においても注目されるようになったビジネスコーチングにおける「コーチング」には、「目標達成に向けてともに歩む」という意味がある。運動部活動の指導（コーチング実践）も、「子供たち」とともに歩むものである。「子供たち」は指導者の「道具」でもないし、勝利という目標達成のための「手段」でもない。運動部活動の指導（コーチング実践）は社会的な地位や権力、財力を得るためのものではなく、「子供たち」の成長を目指した教育実践である。「コーチング回路」がショートし、暴走、過熱することを防ぐためにも、そして競技的空間からの「ノイズ」に屈しないためにも、指導者は「何のために指導をするのか」という「哲学」をもたねばならない。運動部活動の環境がどのように変化しようとも、その「哲学」によって「教師／コーチ」は「教師」であることができる。

（久保 正秋）

理解度チェック

1. 「コーチは教師である」という主張の論拠とその問題点を説明しなさい。
2. 「教師／コーチ」の役割葛藤について述べなさい。
3. 「運動部活動の指導」においてもっとも重要なことを説明しなさい。

さらに読んでみよう おすすめ文献

- 本間正人（2001）『ビジネス・コーチング』PHP．
- 久保正秋（1998）『コーチング論序説』不昧堂．
- 久保正秋（2010）『体育・スポーツの哲学的見方』東海大学出版．

第Ⅱ部
体育原理の深層へ

第10章
運動部活動の意義と課題

学習のねらい

運動部活動には、どのような意義や課題があるのか。運動部活動は教育的効果や競技力向上などが期待される一方で、死亡事故、体罰・暴力、教師の負担、制度的なあいまいさなどの問題も多い。ここでは、身近にある運動部活動をあらためて見直すために、戦後から今に続く歴史的背景を振り返りながら、実態調査を踏まえて現状を把握し、国や自治体の政策動向にも目を向け、早急に解決すべき重要課題を指摘する。

1．運動部活動への期待と批判

運動部活動
：学校教育の一環として児童・生徒・学生が放課後や休日に行う組織的・継続的な教育課程外のスポーツ活動のこと。

(1) 文部科学省（1998）『中学校学習指導要領』p.5.

ここでは学校の**運動部活動**を取り上げて、その意義と課題を考える。運動部活動に対しては、一方で、教育界やスポーツ界から大きな期待が寄せられてきた。現行の学習指導要領では部活動について、「生徒の自主的、自発的な参加により行われる部活動については、スポーツや文化及び科学等に親しませ、学習意欲の向上や責任感、連帯感の涵養等に資するもの」と、その教育的効果が期待されている[1]。また、日本体育協会や各種競技団体は青少年期の競技力を向上させる役割を運動部活動に期待してきた。その期待は、スポーツ庁が設置され2020年の東京オリンピック・パラリンピック大会を控えて、今後さらに大きくなるだろう。

体罰
：肉体的な苦痛を伴う処罰のこと。学校教育法で禁止されているが、実態として学校現場では行使され続けてきた。

他方で、運動部活動は多くの問題を抱えていると批判されてきた。**体罰**・暴力、死亡事故・安全管理、学業・生活との両立、過熱化や勝利至上主義、教師の負担・保障、指導者・指導力の不足、制度的なあいまいさ。運動部活動には問題が山積している。読者の中にも、自身の「部活」経験を振り返ったとき、様々な問題を感じてきた人もいるだろう。運動部活動には、期待と批判の両方が寄せられてきた。

こうした運動部活動をあらためて見つめ直し、いったい運動部活動とは何なのか、これからどうすべきなのかを考える必要がある。以下では、中学校・高校の運動部活動に焦点を絞り、歴史的背景を振り返りながら、現状と政策動向を概観し、早急に解決すべき重要課題を指摘する。

2．運動部活動の歴史的背景

(2) 中澤篤史（2014）『運動部活動の戦後と現在』青弓社．p.96.

運動部活動は戦前から存在していたが、それが現在のように大規模に拡大したのは戦後になってからである。では、どれくらいの生徒が運動部活動に加入してきたのか、その加入率はどのような変遷をたどってきたのか。図2-7は、文部（科学）省が実施してきた全国規模の調査結果をもとにして、中学・高校の運動部活動への生徒加入率の推移をまとめたものである[2]。この推移を、各時代の歴史的背景とともに確認していこう。

まず、終戦後の1955（昭和30）年の生徒加入率は、中学で46.0％、高校で

33.8％であり、すでに一定の規模で運動部活動が成立していたことがわかる。当時、戦後教育改革を背景に、自主的・自発的に楽しむスポーツは民主主義的な意義があると意味づけられ、運動部活動が強く推奨された。その際、教育課程外であることが重要であった。なぜなら教科のように**教育課程**として設置されれば、画一的で強制的なものとなり、自主性や自発性が発揮されず、民主主義につながらないと考えられたからであった。運動部活動は、教育課程外であるからこそ、民主主義的な意義が与えられた。

ただし、その後の運動部活動は、期待された民主主義的な意義がそのまま実現されたわけではなく、時々の社会背景に翻弄されながら変遷した。生徒加入率は、東京オリンピックが開催された1964（昭和39）年に中学で45.1％、高校で31.3％であり、1960年代に加入率がやや低下した。国家的イベントの東京オリンピックに巻き込まれながら、青少年のスポーツ活動も競技力向上が求められ、運動部活動のあり方も一部のエリート選手を中心とするように変化した。その反動と反省から1970年代にはスポーツの大衆化が目指され、多くの生徒に平等にスポーツ機会を与えるように、運動部活動は平等主義的に拡張していった。運動部活動の生徒加入率は、1977（昭和52）年に中学で60.9％、高校で38.8％と一転して増加傾向をみせ、さらに、1987（昭和62）年に中学で66.8％、高校で40.8％と増加し続けた。その背景には、1980年代の学校の荒れや非行生徒の校内暴力といった問題があった。そこで運動部活動は非行防止や生徒指導の手段として利用され、管理主義的な側面からさらに拡張していった。

その後の生徒加入率は、1996（平成8）年に中学で73.9％と最高値を示し、高校も49.0％とさらなる増加を示した。そして2001（平成13）年に、中学で73.0％とやや低下したが依然として高止まりしており、高校では52.1％と最高値を示した。このように運動部活動への生徒加入率は戦後を通して著しく増加してきた。その背景には、民主主義・平等主義・管理主義といった各時代の運動部活動への意味づけ方があった。その結果、過剰なほど大規模に拡大した運動部活動は、現在、生徒を抑圧したり、教師に負担を強いたりするような負の側面があらわになり、排除されるべき教育問題として扱われるようにもなった。

教育課程
：学校教育で児童生徒が学習すべき内容の体系、カリキュラムのこと。学校教育法施行規則や学習指導要領が定める教育課程は、中学校の場合、各教科（国語、社会、数学、理科、音楽、美術、保健体育、技術・家庭、外国語）、道徳、総合的な学習の時間、特別活動である。運動部活動は、教育課程に含まれていない。

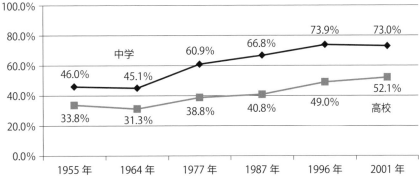

図2-7 運動部活動の生徒加入率の推移
（出典：中澤篤史. 2014『運動部活動の戦後と現在』青弓社. p.96）

3. 運動部活動の現状

では、運動部活動の現状はどうなっているのか。文部科学省が2001（平成13）年に実施した全国調査結果をもとに、詳細にみてみよう[3]。それによると、運動部活動はほぼすべての学校に設置されており、一学校あたりの平均部数は中学校で19.2部、高校で29.0部である。週当たりの平均活動日数は、中学校で5.5日、高校で5.6日である。全教師のうちで運動部活動の顧問を務める教師は、中学校で66.8％、高校で62.6％である。顧問教師の週当たりの平均指導日数は、中学校で4.7日、高校で3.9日である。実態として運動部活動は大規模に成立している。

では、生徒や教師は運動部活動に対してどのような意識をもっているのだろうか。運動部活動に加入する生徒の入部理由と悩みを表2-5に示した。生徒の入部動機は、「そのスポーツを楽しみたかったから」（中学校で46.6％、高校で46.9％）や「そのスポーツを上手くなりたかったから」（中学校で39.2％、高校で33.4％）が多い。ただし、なかには、入りたい部がなかったり、全員加入という学校方針に従ったりして「仕方なく」（中学校で9.0％、高校で3.3％）入部する生徒もいる。悩みについては、「特別の悩みはない」（中学校で23.7％、高校で19.6％）という生徒がいる一方で、「休日が少なすぎる」（中学校で20.9％、高校で22.6％）、「遊んだり勉強する時間がない」（中学校で18.2％、高校で21.5％）という悩みを抱える生徒もいる。

表2-5　運動部活動に加入する生徒の入部理由と悩み

入部理由	中学校	高校
そのスポーツを楽しみたかったから	46.6%	46.9%
そのスポーツを上手くなりたかったから	39.2%	33.4%
体を鍛えたかったから	17.9%	13.0%
選手として活躍したかったから	15.1%	21.2%
仕方なく	9.0%	3.3%

悩み	中学校	高校
休日が少なすぎる	20.9%	22.6%
疲れがたまる	19.0%	22.5%
遊んだり勉強したりする時間がない	18.2%	21.5%
思うほどうまくならない	18.0%	20.9%
特別の悩みはない	23.7%	19.6%

（注）運動部活動の実態に関する調査研究協力者会議（2002）をもとに筆者作成。入部理由は用意された選択肢から最大2つ、悩みは用意された選択肢から最大3つを選ぶ方式で調査された。表中の％は、その項目を選んだ生徒の割合。入部理由の「仕方なく」は、「入りたい部が自分の学校になかったから仕方なく」と「全員加入で仕方なく」を足し合わせた。

次に教師について、運動部活動の**顧問教師**が目指そうとする指導目標と指導上の悩みを表2-6に示した。顧問教師は、「協調性や社会性を身につけさせる」（中学校で51.1％、高校で46.0％）や「精神力や責任感を育てる」（中学校で36.3％、高校で35.3％）といった教育面や、「競技力を向上し大会で少しでも良い成績をおさめる」（中学校で26.5％、高校で40.5％）といった競技面で、運動部活動の指導目標を考えている。また、指導上の悩みが「特にない」という顧問教師はきわめて少

数であり（中学校で2.5％、高校で3.6％）、多くの顧問教師は「校務が忙しくて思うように指導できない」と悩んだり（中学は51.2％、高校は48.9％）、「自分の専門的指導力の不足」（中学は42.9％、高校は39.7％）に悩んだりしている。生徒と教師の運動部活動に対する意識は、肯定と否定が混じり合っている。

表2-6　運動部活動の顧問教師の指導目標と悩み

指導目標	中学校	高校
協調性や社会性を身につけさせる	51.1％	46.0％
精神力や責任感を育てる	36.3％	35.3％
将来にわたってスポーツに親しむ態度を育てる	31.0％	23.9％
競技力を向上し大会で少しでも良い成績をおさめる	26.5％	40.5％
体を鍛え将来活力ある生活ができるようにする	20.1％	14.2％

悩み	中学校	高校
校務が忙しくて思うように指導できない	51.2％	48.9％
自分の専門的指導力の不足	42.9％	39.7％
自分の研究や自由な時間等の妨げになっている	22.3％	17.4％
施設・設備等の不足	19.7％	22.6％
特にない	2.5％	3.6％

（注）運動部活動の実態に関する調査研究協力者会議（2002）をもとに筆者作成。指導目標は用意された選択肢から最大2つ、悩みは用意された選択肢から最大3つを選ぶ方式で調査された。表中の％は、その項目を選んだ顧問教師の割合。

4．運動部活動の政策動向

　運動部活動は、教育課程外の活動であり、それゆえ制度的なあいまいさが問題視されることがある。歴史を振り返れば、教育課程外であることは運動部活動に自由と自治の価値を認めるための条件であると考えられた。それゆえに運動部活動は、制度的な画一性に縛られずに、生徒が自らの意欲・関心に合わせて多様な活動を展開したり、学校と教師が自由に工夫したりすることが可能になってきた。しかし他方で、教育課程外にあることから運動部活動に対する制度的なサポートは脆弱であり、現場では運動部活動のあり方をめぐって混乱や問題が生じてきた。生徒にとっては、施設や用具が足りず、思うように活動できないことがある。教師にとっても、教科書やマニュアルもなく、手探りの指導を余儀なくされることがある。そして学校は、顧問をどう配置するか、その顧問教師の勤務時間をどう管理するかなど、部活動全体の運営面で頭を悩ませることになる。また、しばしば抑制がきかないほどに過熱化したり、勝利至上主義に陥ったりする運動部活動が出てきてしまうのも、制度的な規制や介入が十分に及ばないことが関係している。

　こうした現状を受けて、現行の学習指導要領では、「学校教育の一環として、教育課程との関連が図られるよう留意すること」が記された[4]。また2008（平成20）年には教育振興基本計画で「運動部活動の推進」が謳われ[5]、**部活動手当**を含む教員特殊業務手当の増額も実施された。国レベルの政策で運動部活動の制度的基盤を整えようとする動きがみられる。自治体レベルの政策でも、例えば、2006（平成18）年に東京都教育委員会は、全国に先駆けて都立学校の部活動を教育課程内に含めるように制度変更した。2014（平成26）年に長野県教育委員会は、始業前に活動を行ういわゆる「朝練」を原則禁止とした。同じく2014年に大阪市教育委

[4] 文部科学省（1998）『中学校学習指導要領』p.5.

[5] 文部科学省（2008）『教育振興基本計画』pp.22-23.

部活動手当
：週休日などに行われる部活動指導への特殊業務業手当のこと。4時間以上の部活動指導に対して3,000円、対外運動競技等の引率指導業務に対して4,250円が支払われる。

員会は、部活動指導を民間事業者等に外部委託するプランを作成した。これらの取り組みは、過熱化する運動部活動を抑制し、教師の負担を軽減させうる点で意味がある。ただし一方で、制度的な規制や介入を強くし過ぎると、生徒や教師が自由に試行錯誤するという、そもそもの運動部活動の意義を損なうことになるかもしれない。政策の効果や影響を注意深く検討する必要がある。

5．運動部活動の重要課題

現在の運動部活動は多くの課題を抱えている。その中で、早急な解決が求められる重要課題を2つ指摘しておく。

一つ目の重要課題は、生徒の生命を守ることである。図2-8に示したように、2001年度から2010年度の十年間で、学校管理下のスポーツ活動中の死亡事故364件のうち、運動部活動中の死亡事故は198件であり全体の54.4％を占めた。種目別でみると、柔道での死亡事故が多く、29年間（1983年度－2011年度）で118名の生徒が亡くなった。死亡事故は、中学1年生や高校1年生など初心者に多く、投げ技による頭部外傷が死因となる傾向がある[6]。指導にあたっては最大限の注意が求められる。また2012（平成24）年12月には、大阪市立桜宮高校バスケットボール部の生徒が、顧問教師からの体罰・暴力に苦しみ自殺し、社会問題になった。それを受けて、首相官邸が主導した教育再生実行会議で「体罰禁止の徹底」が提言され[7]、文部科学省は「運動部活動の指導のガイドライン」を示し、禁止されるべき体罰の具体例として「殴る・蹴る」「無意味な正座」「水を飲ませずに長時間ランニング」「パワーハラスメント」「セクシャルハラスメント」「人格否定的な発言」などを挙げて、注意喚起に努めた[8]。運動部活動での死亡事故・暴力・体罰が繰り返されることがないように、まずもって生徒の生命を守らねばならない。

[6] 内田良（2013）『柔道事故』河出書房新社

[7] 教育再生実行会議（2013）『いじめ問題等への対応について（第一次提言）』p.6.

[8] 運動部活動の在り方に関する調査研究協力者会議（2014）『運動部活動の在り方に関する調査研究報告書』pp.12-15.

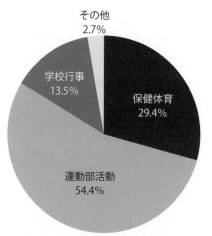

図2-8　学校管理下におけるスポーツ活動中における死亡事故364件の内訳（2001－2010年度）
（出典：内田、2013. p.25.）

もう一つの重要課題は、教師の生活を守ることである。2013（平成25）年に実施されたOECD（経済協力開発機構）国際教員指導環境調査によると、中学校教師が課外活動（スポーツ／文化）に費やす週当たりの時間は、平均の2.1時間に対し

て日本は7.7時間であり、教師を多忙化させる原因となっている[9]。また、2014（平成26）年に実施された日本体育協会の調査によると、運動部活動顧問教師のうち、「担当教科が保健体育ではない」かつ「現在担当している部活動の競技経験なし」の教師の割合は、中学校で45.9％、高校で40.9％であった[10]。運動部活動の顧問教師は、スポーツの知識や経験が無い場合も含めて、肉体的にも精神的にも苛酷な勤務を余儀なくされている。なかには、運動部活動への長時間に及ぶ従事が一因となって過労死に至るケースもみられ、顧問教師の労働環境を一刻も早く改善することが求められる。運動部活動を支える教師の生活を守らなければ、運動部活動は成り立たない。運動部活動の重要課題は、生徒の生命と教師の生活という２つのライフ（Life）を守ることである。

（中澤 篤史）

[9] 国立教育政策研究所編（2013）『教員環境の国際比較（OECD国際教員指導環境調査（TALIS）2013年調査結果報告書）』明石書店．pp.173-175．

[10] 日本体育協会指導者育成専門委員会（2014）『学校運動部活動指導者の実態に関する調査報告書』

理解度チェック

1. 自身の学校生活を振り返りながら、運動部活動の良い点と悪い点を、具体的に挙げて話し合いなさい。
2. 運動部活動の良い点を守りながら、悪い点を改善するためには、どうすればよいか述べなさい。

さらに読んでみよう おすすめ文献

- 内田良（2013）『柔道事故』河出書房新社
- 中澤篤史（2014）『運動部活動の戦後と現在―なぜスポーツは学校教育に結び付けられるのか』青弓社
- 西島央（2006）『部活動―その現状とこれからのあり方』学事出版

第Ⅱ部
体育原理の深層へ

第11章
子供からみた体育の存在意義
── なぜ、子供に体育は必要か ──

学習のねらい

教育の在り方は、その時代の社会状況の変化と相即的に語られてきた。体育に関しても、子供の健康被害の拡大が問題になれば「体力の向上」が強調され、生涯学習社会が到来すると「生涯スポーツ」が教科の目的として位置づけられてきた。21世紀に入り、社会状況の変化がさらに加速化する中で、これからの体育の在り方が問われている。ここでは、この問いに対する答えを探るために、学習の主体である子供からみた体育の存在意義について考える。

1．子供の体力低下問題にみる体育の重要性

　子供の体力は、1980年代半ばより低下傾向が続き、現在では学校教育を取り巻く諸問題のひとつとなっている。2001（平成13）年4月11日には、当時の文部科学大臣より、中央教育審議会（以下、「中教審」とする。）に対して「子どもの体力向上のための総合的な方策について」（文部科学省）が諮問された[1]。かつて、日本が飛躍的な経済成長を遂げた1960年代にも、生活環境の悪化と受験競争の激化によって青少年の体力問題への関心が高まった時期があった[2]。しかし、現在は飽食の時代となり、少子化に伴い大学も「全入時代」へと突入したことによって、かつてのような過度の受験競争は緩和されつつある。それにもかかわらず、なぜ子供の体力低下問題が再燃することになったのであろうか。

　この問題の解決に向けて、文部科学省による体力・運動能力調査を中心に子供の体力に関する様々なデータが収集され、その分析結果に基づいて種々の改善策が提案されてきた。子供の体力の現状やいろいろな外遊びなどを紹介する「子どもの体力向上ホームページ」（公益財団法人日本レクリエーション協会）の開設[3]や、基本的な生活習慣の獲得を図るための「『早寝早起き朝ごはん』国民運動」（文部科学省）の推進[4]などはその一例として挙げられる。これらの改善策が講じられる中で、あらためて子供の体力低下の原因について推察すると、「子供の遊びの変容」が浮かび上がる。かつては、学校が終われば近所の友達と公園や空き地に集まり、野球やドッジボールをしたり、鬼ごっこやゴム跳びをしたりと、様々なスポーツや運動遊びに興じたものだった。しかし今日では、テレビゲームやスマートフォンなどを使ったバーチャルな世界に没入する遊びが子供の遊びの中心となっている。すなわち、「集団での外遊び」から「室内での1人遊び」に変容してしまったのである。身体活動を伴う運動遊びやスポーツはその時間量の減少だけに留まらず、質的な変化もみられるようになっている。例えば、用具にボールが当たったときの衝撃が伝わるようなテレビゲームの開発までもが進み、テニスや卓球などのスポーツの経験も一次的なものではなく、二次的なものになりつつある。

　このように子供の体力低下問題は、子供を取り巻く環境の変化に起因するもので

[1] 文部科学省．「子どもの体力向上のための総合的な方策について」
http://www.mext.go.jp/b_menu/shingi/chukyo/chukyo0/toushin/010401.htm（参照2016年1月1日）

[2] 友添秀則（2010）「体育の目標と内容」髙橋健夫ほか 編『新版体育科教育学入門』大修館書店．pp.30-38．

[3] 公益財団法人日本レクリエーション協会．「子どもの体力向上ホームページ」
http://www.recreation.or.jp/kodomo/index.html
（参照2016年1月1日）

[4] 文部科学省．「『早寝早起き朝ごはん』国民運動の推進について」
http://www.mext.go.jp/a_menu/shougai/asagohan/（参照2016年1月1日）

あることは間違いない。そのため、すべての子供たちにその権利が保障されている学校教育において、子供の体力低下に歯止めをかけ、健康の保持増進のために運動やスポーツの機会が提供されなければならない。そして、その中心的な担い手となるのが、まさに体育の授業（以下、「体育」とする。）であるといえる。しかし、子供による運動やスポーツなどの身体活動の減少には、それらに参加することに対する心理的要因も影響している。「運動嫌い」や「体育嫌い」といった言葉に象徴されるように、体育には運動が嫌いで仕方なく参加している学習者が多いことが指摘されている[5]。したがって、子供を取り巻く環境の変化によって生じた体力低下問題を解決していくためには、子供の運動やスポーツに対する愛好的態度を高め、運動やスポーツの日常生活化を図ることを目標とする体育が重要な鍵を握っているといえる。しかしながら、その体育が「嫌い」と感じる子供が存在しているという現状を考慮すれば、体育嫌いの要因が解明されなければ、いかに体育で運動やスポーツの機会を提供したとしても問題解決の糸口は一向にみえないだろう。

そもそも子供にとってなぜ体育は必要なのか。戦後、体育は、学習指導要領に記載された目標ならびに内容に基づいて実践されてきた。しかし、学習指導要領自体は、学習の主体である子供ではなく、学習機会を提供する側の大人によって、これからの教育の在り方を社会状況の変化と相即的にとらえながらその目標や内容が規定されるものである。したがって、学習指導要領の目標や内容を吟味するのみでは、子供にとっての体育の存在意義はみえてこない。それには、体育に取り組む子供の具体的な学びの姿から体育の存在意義をとらえる必要がある。

以下では、体育における子供の学びの実態を踏まえながら、子供からみた体育の存在意義について述べていく。

2. 「できる」経験による運動有能感の高まり

体育では一般的に、技能の向上が主目標として位置づけられ[6]、運動学習を中心に学習が展開されていく。そのため、鉄棒で逆上がりができるようになることやクロールで25メートル泳げるようになること、バスケットボールのゲームでシュートが入ることなど、運動が「できる」ようになること（換言すれば、技能が高まること）は子供の最大の関心事といえる。子供にとって、以前までできなかったことができるようになったときはまさに至福の瞬間であり、その顔には満面の笑みがみられる（図2-9）。また、そのような成功体験に対する他者（教師や友達）によって与えられる称賛は、子供の**自己肯定感**を高めることにも結びつく。自己肯定感の高さは適応力があることを意味するものであり、自信をもって社会に向かっていけることにつながっていく[7]。加えて杉原隆は、運動の上達や成功の経験が多い子供は運動有能感が形成され、運動が好きで活動的になり、日常生活においても積極的な行動がみられるようになると指摘している[8]。つまり、子供にとって運動が「できる」ようになる経験は、予測不能な状況や環境の中で自信をもって積極的に対処していく能力[9]の向上を保障するものである。

他方で、運動が嫌いになってしまう原因について杉原は、①恐怖に関するもの、②能力に関するもの、③汎化に関するもの、の3点を挙げている[8]。確かに苦痛を伴う経験は、誰もが繰り返し経験したくはないし、どれほど努力しても課題を達成

(5) 岡澤祥訓（2015）「学習論：学習参加を促す心理的要因」岡出美則 ほか 編『新版体育科教育学の現在』創文企画. pp.152-162.

(6) 高橋健夫（1989）『新しい体育の授業研究』大修館書店. p13.

自己肯定感
：自分の存在を自らが意味あるもの、価値あるものとして認めるという自分についての価値感情を意味する。「セルフ・エスティーム」や「自尊感情」ともいわれる。
（文献 遠藤由美（2010）「自己肯定感の構造：社会的ネットワークへの位置づけの適切感」『児童心理』64（4）：11-18.）

(7) 榎本博明（2010）「子どもの『自己肯定感』のもつ意味：自己肯定感の基盤の揺らぎを乗り越えるために」『児童心理』64（4）：1-10.

(8) 杉原隆（2003）『運動指導の心理学：運動学習とモチベーションからの接近』大修館書店

(9) 岡澤祥訓（2003）「子どもの有能感の変化をみる」高橋健夫 編『体育授業を観察評価する：授業改善のためのオーセンティック・アセスメント』明和出版. pp.27-30.

図2-9 「鉄棒を使った運動遊び」で初めて跳び上がっての支持ができた瞬間の喜び

することができなければ、その課題に挑戦する気持ちも次第に薄れていく。また、汎化の具体例として、体育の先生が嫌いで体育も嫌いになるケースがあることも示されている[8]。さらに岡澤祥訓らは、運動有能感を構成する因子として、「身体的有能さの認知」「統制感」「受容感」の3つを示している[10]。このことは、自らの技能に対する肯定的な認知、つまり「自分は運動が上手にできる」という自信が得られただけでは運動有能感が高まらないことを示唆している。努力や練習すれば「できる」ようになるという自信（統制感）や、教師や仲間から受け入れられているという自信（受容感）も高まらなければ、運動有能感は高まらないのである。とくに、子供が「できる」ようになったことを認めてくれる他者の存在は必要となる。跳び箱運動で初めて開脚跳びができたときに教師から称賛の声をかけてもらったり、サッカーのゲームでシュートが決まったときに同じチームのメンバーからハイタッチで称賛してもらったりすることなどは、まさにその典型として挙げられる。

子供にとって体育は、「できる」ことの喜びを経験させてくれるとともに、予測不能な状況に対して積極的に対処していく自信を育んでくれるものである。そして、そのことを実現していくためには、単に子供の成功体験を保障するだけでなく、そのことに対して肯定的な評価を与えてくれる他者の存在も必要となる。

3. 他者との協同的な学びによるコミュニケーションスキルの向上

子供はかつて、運動遊びの中で規則に関する合意形成を図るために友達同士で話し合ったり、そこで合意された規則を遵守しながら運動遊びに取り組んだりすることで社会的な態度を身につけてきた。しかし最近では、その運動遊びも「室内での1人遊び」に取って代わられ、子供同士の人間関係は希薄なものとなっている。また、そのことが教育の病理現象であるいじめや不登校などを生じさせる原因にもなっている。杉山佳生は、人間が適応的に生活していくために必要なライフスキルとして、自分の心を安定させるためのストレス対処スキル、他者との相互作用をより上手に行うための社会的スキル、コミュニケーションを円滑に行うために必要なコミュニケーションスキルを取り上げている[11]。そして、これらのスキルを身につけることで良好な人間関係が維持され、満足感の高い日常生活を営むことができることを指摘している。先行き不透明な、混沌としたこれからの社会を生き抜いていくためには、他者と協同しながら物事に取り組んでいく態度が求められる。そのことは、経済産業者が提唱している「社会人基礎力」[12]の中でも、「チームで働く力」、すなわち多様な人々とともに目標に向けて協力する力を育成していくことが重要視されていることからも明らかである。

以上のことから、何らかの目標の達成に向けて他者と協同する経験とそれによってコミュニケーションスキルを向上させることは、子供が安定した日常生活を営んでいくためには必要不可欠であるといえる。学校教育の中でそのような機会が提供可能な場面は幾つか想定されるが、なかでも集団での学習活動が中心となる体育が果たす役割は大きいといえる。かつて前川峯雄は、互いに協力し合い、良き社会を創り上げていくような態度の育成を体育の重要なねらいとすることの必要性を指摘していた[13]。また、戦後一貫して、社会的目標が学習指導要領に位置づけられてきたことも、体育がそのことに寄与する教科であることの証左であろう。

(10) 岡澤祥訓ほか（1996）「運動有能感の構造とその発達傾向及び性差に関する研究」『スポーツ教育学研究』16（2）：145-155.

(11) 杉山佳生（2008）「スポーツ体験を通して学ぶもの」『児童心理』62（14）：17-22.

(12) 経済産業省．「社会人基礎力」
http://www.meti.go.jp/policy/kisoryoku/（参照2016年1月1日）

(13) 前川峯雄（1971）『新・教職教養シリーズ：体育科教育法』誠文堂新光社

それでは、実際の体育において、他者と協同する経験はどのような形で保障されているのか。ボール運動の授業において、同じチームの仲間同士で作戦について話し合い、それをゲームで成功させるためにチームで練習に取り組み、ゲームに臨むといったような学習過程が一例として挙げられる。作戦に関する話し合いでは、ゲーム分析などに基づいて有効な戦術を選択し、それを遂行するために個々の役割を決定する。そのような合意形成の過程では、チームの目標達成に向けて、メンバー同士が互いに尊重し合いながら積極的なコミュニケーションが図られ、集団内の凝集性が高められていく。また、チーム練習では、立案した作戦の成功に向けて個々の技能の向上が図られていく。その際、運動が苦手な子供に対しては、他のメンバーが技術や戦術のポイントについて分かり易く説明するなど、子供同士の学び合いがそこに生まれる。そして、ゲーム開始前に円陣を組んだり（図2-10）、ゲーム中に味方の良いプレイに対して称賛（例えば、「ナイス」などの声かけ）を送ったり、得点が決まったときにはその喜びを仲間同士で共有したりする（例えば、ハイタッチなど）。

図2-10　ゲーム前に円陣を組んでチームワークを高める

　このような他者との協同的な学びにおいては、子供同士の積極的なかかわり合いが生じることになる。そこでは仲間の考えに耳を傾けたり、自分の考えを分かり易く伝えたりすることを子供たちは経験し、コミュニケーションスキルの向上が導かれていく。また、子供同士のかかわり合いが常に肯定的なものであるとも限らない。チームのメンバーの誰かがミスをしたり、ゲームで負けたりしたときには、否定的なかかわり合い（例えば、「お前のせいで負けた」といった相手を非難する言葉かけなど）が生じてしまうこともある。しかし、そのような場合であっても、子供同士で課題の解決に向けて話し合い、その解決策を見出していくという経験を積み重ねることによって、集団内の凝集性もさらに高まっていき、大きな集団的達成の喜びが得られることになる。

　体育科教育学の研究領域では、このような他者との協同的な学びを意図的に保障する学習モデルも複数提案されている。1970年代半ばにスレイヴィンによって開発された、グループに与えられた課題の達成に向けて子供同士が協力し合いながら学習を進めていく「協同学習」や、教師が計画したモデルに従って子供が他の子供に教える「仲間学習」[14]は、その典型として取り上げることができる。しかし、意図的であれ無意図的であれ、他者と積極的にかかわりながら運動やスポーツの学習に取り組む体育は、子供にとって、多様な人々とともに目標に向けて協力する力を身につける機会を提供してくれるものであるといえる。

(14) Metzler, M.W. (2000) *Instructional models for physical education*. Allyn and Bacon.

4．これからの社会で求められる「思考力」を育む体育

　2008（平成20）年に改訂された学習指導要領が完全実施（小学校は2011年、中学校は2012年、高等学校は2013年）となってから数年が経過した。これまで学習指導要領は約10年ごとに改訂されてきたが、すでに次期の学習指導要領の改訂に向けて議論が始まっている。2015（平成27）年の8月には、中教審の教育課

(15) 文部科学省．「教育課程企画特別部会における論点整理について（報告）」http://www.mext.go.jp/b_menu/shingi/chukyo/chukyo3/053/sonota/1361117.htm（参照2016年1月1日）

(16) 友添秀則（2015）「体育のこれまでとこれから：学習指導要領の改訂を前にして」『小学校体育ジャーナル』78：1-2．

(17) 神家一成 ほか（1992）「跳び箱運動の授業づくり」高橋健夫 ほか 編『器械運動の授業づくり』大修館書店．pp.79-117.

程企画特別部会において「論点整理」(15)がまとめられ、育成すべき資質・能力が「何を知っているか、何ができるか（個別の知識・技能）」「知っていること・できることをどう使うか（思考力・判断力・表現力）」「どのように社会・世界と関わり、よりよい人生を送るか（学びに向かう力、人間性など）」という3つの柱でとらえられた（文部科学省）。今後、グローバル化や情報化がさらに進展し、ますます先行き不透明な社会になることが予想されている。そのため、これからの時代は知識を単に身につけているだけでなく、知識を活用しながら、正解のない問題や課題に対しても解決策を見つけ出すことが大切になるといわれている(16)。そのような意味では、体育においても、学習によって身につけた個々の知識や技能を、種々の問題の解決のためにどのように活用するかという「思考力」（すなわち、自ら考える力）を育むことは重要な目標になるといえるだろう。

それでは、子供の視点から「思考力」をとらえた場合、体育にはどのような価値が見出せるだろうか。体育では、何かが「できる」ようになることに挑戦する過程で、「どのようにしたらそれが『できる』ようになるか？」を子供自身に考えさせることがある。例えば、跳び箱で台上前転を行うためには、スピードのある助走から両足で強く踏み切り、腰を高く引き上げることがポイントとなる(17)。実際の授業では、「どのようにしたら台上前転ができるだろうか？」という発問を投げかけることによって、子供たちは助走のスピードや踏み切りの強さ、着手の位置など、その答えをあれこれ思案する（図2-11）。そして、台上前転の演示を行うと、「あっ、わかった！」という声が子供たちから発せられ、技のポイントがクラス全体に共有されていく。さらに、実際に子供同士で教え合う中で、友達の課題に気づいたり、どのように練習を工夫したらそれができるようになるかを考えたりすることで、思考力の向上につながっていく。また、ゴール型球技のフラッグフットボールでは、相手チームの裏をかくための作戦の立案が求められる。そのため、自チームの能力を把握した上で、相手チームの弱点を攻めるための有効な戦術を選択しなければならない。このような作戦立案の過程では高度な思考や判断が求められることから、このような学習を積み重ねることによって子供の思考力も高まっていく。

このように自ら課題を見つけ、その解決に向けた手立てを検討するに取り組ませることは、子供の知的好奇心を触発するものである。鉄棒に腰を着けるようにして回ると逆上がりがうまくできることに気づいた瞬間や、ゲーム分析によって相手チームの傾向を掴み、相手の裏をかくような作戦を思い付いた瞬間などは、子供に大きな感動を与える。また、そのような経験は、何かが「できる」ようになることにもさらに挑戦していく動機づけにもなっていくだろう。

5．子供にとって価値ある体育の充実のために

「子供は体育が好きである。」これは、小学校で体育を教える教師たちの多くが語る言葉である。子供たちの多くが、幼少の頃から体を動かすことに対して強い欲求をもち、小学校へ入学すると、体育で運動やスポーツに嬉々として取り組むようになる。他方で、学年段階が上がるごとに、体育が嫌いな子供たちが漸増す

図2-11　台上前転ができるようになるためのポイントは？

る傾向がみられることも事実である。このことは、体育には上述したような多様な価値が備わっているにもかかわらず、それらを享受することができていない子供たちが数多く存在するということを意味する。なぜそのような状況に陥ってしまうのか。それには、解決すべきいくつかの問題が想定されるが、特に留意すべき点として、運動やスポーツに取り組むための環境的な要因が挙げられる。「体育でバレーの面白さを知りました。でもバレー部に入部するほどの自信はありません。でも友達とバレーをやりたいので、昼休みに体育館を開放してくれませんか？」これは、以前まで体育が嫌いだった子供が、バレーボールの授業で仲間とパスをつないだり、スパイクを決めたりすることの面白さを味わい、運動有能感が高まった生徒からの教師に対する要望である。たとえ子供が満足するような体育が実践されたとしても、そこでの経験（運動やスポーツ）を継続できるような環境が保障されなければ運動の日常生活化を図ることはできない。その結果、体力低下は改善されず、コミュニケーションスキルや思考力を高める機会も逸してしまうことになる。

　次期の学習指導要領の改訂過程では、体育の存在意義が改めて問われることが予想される。「なぜ子供に体育は必要なのか？」 この問いに答えることができなければ、体育の授業時数の削減、さらに教科再編の波に飲まれてしまうかもしれない。子供にとって体育がどれほど意義深いものであるか。そのことを声高に主張し、先行き不透明なこれからの社会を子供が生き抜いていくための力を育む体育を実践していくことが重要といえるだろう。

（吉永 武史）

理解度チェック

1 子供にとって体育が必要な理由を挙げなさい。
2 子供が体育嫌いになる原因とその改善策について述べなさい。
3 子供の思考力を高めるための体育の在り方について話し合いなさい。

さらに読んでみよう　おすすめ文献

● 高橋健夫 編（1994）『体育の授業を創る：創造的な体育教材研究のために』大修館書店
● 髙橋健夫・岡出美則・友添秀則・岩田靖 編（2010）『新版体育科教育学入門』大修館書店

第Ⅱ部
体育原理の深層へ

第12章
社会変化と今後の体育

学習のねらい

学校体育の変化は教育制度の改革からだけでなく、社会の中のスポーツ需要との関係から考えてみる必要がある。社会におけるニュースポーツや障がい者スポーツの隆盛は、スポーツ需要の質的変化を意味しているが、そのあり方には解決すべき課題も多い。ここでは、今後の体育におけるこのような質的変化に対応しつつ、その課題の解決を促す新たな体育需要を考えなければならないことを理解する。

1．ゆれる社会、ゆれる教育と学校体育
―教育基本法改正が意味するもの―

教育基本法改正
：教育基本法とは、日本の教育に関する目的や実施に関する基本的な考え方、教育行政等についての根本的・基礎的な法律である。この改正によって学校教育法、教員免許法、地方教育行政組織法の、いわゆる教育3法が改正された。

　2006（平成18）年12月に、戦後の制定（1947年）から59年を経て**教育基本法が改正**された。それは、その後に続く2008〜09年に改訂された現行学習指導要領の内容に大きな影響を与えることとなった。例えば、「我が国の伝統文化の尊重」という方針は、中学校体育における1〜2年次での「武道」領域の必修化につながり、同じく必修化された「ダンス」領域では「フォークダンス」で「日本の民踊」がさらに詳しく例示されることとなった。このような事態は、政府（政治）がその権限（政治的パワー）をもって直接、教育をコントロールしようとする、いわば「教育の政治化」による学校体育への影響と受けとめることもできよう。

　確かに、いじめや不登校、あるいは校内暴力等、学校では様々な問題が引き起こされ、そのたびに教育の危機が叫ばれてきた。それは、学校現場を制度的に支える教育的対応の問題ばかりでなく、それらの問題を生起させる社会全体の問題でもある。教育基本法改正は、ゆれる教育の現状がそのまま政治課題として「深刻」に受け止められたことを意味している。その結果、教育問題は、制度的には従来の文部行政の範囲内における［文部科学省―教育委員会］のラインに止まらず、［首相官邸―**教育再生会議**］という政治に直結した教育の意思決定機関を設けるに至ったのである。しかし、この間、マスコミによる「学校悪玉論」ともいうべき無責任とも思えるような教育機関に対する一方的な非難にみられるように、教育問題に対する大衆を巻き込んだ政治的関心は、往々にして第三者的で無責任な教育評論の大量消費を生み出し、教育に求められる冷静な思想や哲学に基づくビジョンを喪失させてしまう危険性を内包しているとも考えられる。

教育再生会議
：2006年10月に、当時の第1次安倍内閣の閣議決定によって設置された教育改革（再生）への取り組みを強化する機関。その後、2012年12月に発足した第2次安倍内閣では、教育再生実行会議という名で復活している。

(1) 菊幸一（2014）「現代社会の特徴から"みた"子どもの身体」澤江幸則 ほか編『身体性コンピテンスと未来の子どもの育ち』明石書店. pp.118-140.

　学校体育についていえば、現行（2008〜09年改訂）学習指導要領では、これまで年間90時間であった授業時数が小学校から高等学校まで年間105時間に増えた（前々回の学習指導要領の時数にほぼ戻った。ただし、小学校第1学年は103時間、第5、6学年は90時間）。この時数増加の背景には、現代社会を生きる子供たちの体力や運動技能が昔に比べて"不足"あるいは"欠落"していると"みる"、大人（現代社会）の側からの危機意識が反映されている[(1)]。それは、学習指導要領

が最大の目標として掲げる複雑な現代社会やこれからの社会を"生きる力"を養う基盤となる子供の身体に対する危機意識である。だから、具体的な運動量確保のため、体つくり運動領域（旧体操領域）が小学校から高等学校の12年間を通じて必修として位置づけられ、これを単元として取り上げることやその内容に対する解説が詳細に述べられている[(2)]。

このように制度としての学校体育は、一方でそれゆえに必修教科として安定した供給体制を築いてきたが、他方では同時に、だからこそ学習者の側からの需要に対してもっとも閉鎖的で、かつ鈍感な教科として成立してきたこともまた事実である。だから、体育授業の目標や内容、あるいは授業時数の確保の根拠は、政治課題としてわかりやすい体力や技能の低下を防いだり、回復させたりすることに求められがちになる。そこでは、社会変化の中で人々が体育に何を期待し、求めているのかを考えなくとも、その存在自体が外から脅かされることはあまりなかったのである。また、他の知的教科は、良くも悪くも受験教科として注目されるがゆえに、その成果が過剰なレベルで、しかも偏った批判にさらされやすい性格をもつが、体育はその比較でいえば（受験に直接かかわらない教科として）無風に近い状態であったことは否めない事実であろう。

さらに、このような教科としての性格は、制度としての体育の歴史社会的な成立によるところも大きい。わが国の近代教育において、体育が知育・徳育・体育という上位レベルの概念でとらえられたことは、体育が他の知的教科レベル以上に尊重されてきたのだという言い方がある。しかし、同時にそれは、体育に対する国家的な（上からの）レベルでの、半ば強制的な供給の必要性が、歴史的にいかに大きかったのかを示すものとも考えられる。

これに対して今後の体育は、この強制的な国家的供給の論理から脱して、どうしたら人々の運動に対する欲求や必要から出発する自由な需要（＝好きになること）が育てられ、どのような積み重ねを経てそれが確固たる自らの人生の価値（＝大切なもの）となるのかを問い続けなければならない。そうでなければ、例えば学校体育の最終段階となる高等学校「保健体育科」の目標において「生涯にわたって豊かなスポーツライフを継続する資質や能力を育てる」[(3)]こと、すなわち今後の社会が求める生涯スポーツにつながる体育は、到底実現できないと思われるからである。

2．スポーツ需要の変化と学校体育

それでは、社会一般のスポーツに対する要求や期待の総体（＝スポーツ需要）の現状はどうであろうか。端的にいえば、これまでスポーツにあまり縁がないと思われていた各層にスポーツが広がり、逆にこれまでスポーツの中心的な担い手であった層にスポーツが敬遠されがちになるという現象が生まれている。

例えば、女性のスポーツ参加者は年々増加傾向にあるが、定期的に週1回以上運動やスポーツを行う割合では、1997（平成9）年に男性参加者を逆転している（図2-12）。また、これまで女性のスポーツとしては激しすぎて体力的に無理だと思われていたサッカーやラグビー、柔道、ボクシングといったコンタクト系スポーツや格闘技にも**女性の参加者が増えて**おり、オリンピック種目にはこれまでのサッカーや柔道に加え、ラグビー（7人制）やボクシングなども取り入れられることになっ

(2) 文部科学省（2011）『体つくり運動』『新学習指導要領に基づく中学校・高等学校における保健体育科リーフレット』

(3) 文部科学省（2009）『高等学校学習指導要領解説保健体育編・体育編』東山書房．p.195.

女性の参加者の増加
：ちなみに、2004年のアテネ大会では、日本選手団の男女比で史上初めて女性参加者が男性参加者を上回った（女子167名＞男子135名）。また、メダル獲得数においては、2012年ロンドン大会で38個のメダル中17個（約45％）を占めるまでになっている。

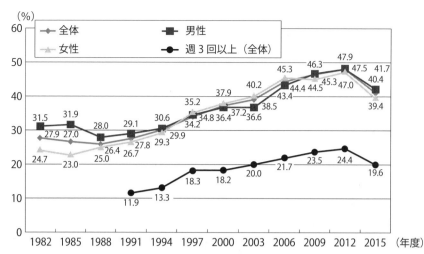

図2-12　成人の週1回以上運動・スポーツを行う者の割合の推移
(出典：「体力・スポーツに関する世論調査（平成24年度まで）」および「東京オリンピック・パラリンピックに関する世論調査（平成27年度）」に基づく文部科学省推計)

ている（2016年リオデジャネイロ大会から）。

　また、高齢者のスポーツ参加も高齢社会の到来を受けて量的に増加しているが、とくに1980年代にはニュースポーツとしてゲートボールが爆発的な人気を呼び、一時は推定人口250万人（1985年）にも達した。その後、集団種目としてのゲートボール人気は低下したが、それに代わってグランドゴルフ、パークゴルフといったゴルフ系の個人種目が人気を呼んでいる。また、現在の高齢者予備軍である中年層には、サッカーやラグビーなど比較的激しい従来のスポーツ種目を継続して楽しんでいる人々も多いことから、高齢者スポーツの種目多様化といった質的需要の変化が一層促進されることが予測される[4]。

　これに対して、学齢期の子供たちのスポーツ参加の機会は、少子化や外遊び環境の激減、室内遊びの対象としてのテレビゲームやパソコン等の浸透などによって、通常の生活環境の中でますます減少する傾向にある。その一方で、このような環境を形成してきた大人の側は、その解決策としてスポーツ少年団や運動部活動といった組織的なスポーツ活動を奨励するが、そのことがかえってスポーツを定期的に「する」子と「しない」子の格差を大きくし、いわゆる二極化現象を引き起こす事態になっている。また他方で、指導者の固定化や高齢化が後者の組織的なスポーツに影響を与えており、過度な勝利至上主義の追求による燃え尽き症候群（バーンアウト現象）や、少子化を背景とする部活動の統廃合といった現象をも引き起こされている[5]。

　一方でこれまでスポーツに縁がなかった人々におけるスポーツ需要の高まりと深まりを生涯スポーツが進行しているととらえ、他方で本来学校体育が担うべき学齢期の子供たちのスポーツ離れが進行しているととらえるとすれば、この格差をどのように埋めるのかが今後の重要な課題ということになろう。すなわち、学校体育は、生涯スポーツの一環としてそのあり方がさらに検討され、社会におけるスポーツ需要の質的変化を先取りして、その目標、内容、方法等をイノベーション（改革）する必要に迫られているのである。

---

[4] 菊幸一（1998）「あなたはゲートボールをやりますか？」奈良女子大学文学部スポーツ科学教室編『やわらかいスポーツへの招待』道和書院. pp.68-89.

[5] 菊幸一（2006）「クラブチームにおける子どものこころへの対応」『保健の科学』48(1)：34-38.

3. 新たなスポーツ現象が問いかけるもの

　しかし、このような新たなスポーツ現象は、既存のいわば「近代スポーツ」をそのまま現代に継承する形で、これまでの担い手であった男性の若者から女性や高齢者にもその需要が広がっているというわけではない。むしろそれ以上に、スポーツをする側の需要に応じて近代スポーツのあり方それ自体が変化するという、いわば「ニュースポーツ」の台頭が顕著な社会現象としてみられる。ニュースポーツは、これまでの近代スポーツのあり方に対する批判を踏まえて、おおよそ次のような特徴をもっている。

　すなわち、①誰にでもできる、②継続性がある、③ルールが簡単である、④力量に応じて運動量が調節できる、⑤プラス・アルファの楽しみがある　⑥若者向けだが、中高年にも魅力がある、⑦技術で体力をカバーできる、⑧運動負荷量が少ない、⑨男女一緒に楽しめる、などである[6]。

　このようなニュースポーツの台頭は、既存のスポーツ種目自体の変化を指し示しているだけではない。それは、これまでの近代スポーツを支えてきたルールや活動のあり方、あるいはスポーツ集団やスポーツ組織のあり方に対する見直しを要求する運動にもつながっている（例えば、**総合型地域スポーツクラブ**の推進など）。これからの社会におけるスポーツ需要は「青少年期における完成追求」から「生涯にわたる自己開発享受」へとスポーツ享受（参加）のあり方を変化させていくのである[7]。

　また今日、健常者である女性や高齢者以上にもっともスポーツに縁がないと思われていた障がい者によるスポーツの隆盛は、健常者によるこれまでのスポーツに対する考え方に対して根本的な反省を促すきっかけとなっている。例えば、スポーツを行うにあたって健常者の間にある「ハンデをつける」ことや「できない」ことに対する偏見、劣等意識の類などは、障がい者の「今できる力」でスポーツに挑戦しようとする様々な努力やルールの工夫といった姿によって大いに反省させられ、新たなスポーツのかかわり方に気づかせてくれるものといえよう。また、スポーツのイメージは、力強さ、スピード、明るさ、さわやかさなど「過剰な」肯定的性格をもっていることから、それとは逆のイメージでみられがちであった障がい者自身のイメージアップにもつながるだろう。その結果、一般的な障がい者に対する負のイメージが変化し、健常者とのノーマライゼーション（＝統合化）を促進していく効果が期待されている。このことは、逆に健常者の側からみれば高齢化、いわば高齢社会というものが、すべての健常者が時間をかけて何らかの障害をもつ（老化する）に至る社会であることを考えれば、むしろ障がい者スポーツの在り様が、各ライフステージにおけるスポーツ・ライフスタイルの生涯型モデルとなることをも意味している。

　このように、これまで述べてきたニュースポーツの台頭や障がい者スポーツの隆盛などは、確かに既存のスポーツ（＝近代スポーツ）や健常者のスポーツのあり方に変化をもたらす新たなスポーツ現象として受けとめることができるだろう。しかし、そこでの人々のスポーツ需要は、本当に新たなスポーツ現象が求める質的な変化を伴い、それを発展させていく社会的特徴をもっているのであろうか。例えば、

(6) 菊幸一（1997）「スポーツ需要と学校体育」島崎仁ほか編『体育科教育の理論と実践』現代教育社. pp.187-192.

総合型地域スポーツクラブ：2000年9月に策定されたスポーツ振興基本計画で取り上げられた、生涯スポーツを推進する地域スポーツクラブの形態。多種目、多世代、多レベルのスポーツクラブのあり方を目指した。

(7) 佐伯年詩雄（2005）「社会の中のスポーツ」公益財団法人日本体育協会編・発行『公認スポーツ指導者養成テキスト共通科目Ⅱ』p.15.

ニュースポーツに参加する中高年者は、むしろ既存のスポーツ種目に参加する者より練習への優先意識や継続意識が強く、勝利至上主義にとらわれている傾向がみられるともいわれている[8]。再度、図2-12のデータをみると、これまで順調に伸びてきた成人の週1回以上運動・スポーツを行う者の割合は、2015（平成27）年で40.4％となり、これまで順次その割合を伸ばしてきた3年前までの調査（47.9％）に比べ、7.5ポイントも低下する結果となっている。また、高度化、競技化を急速に進めている障がい者スポーツが、健常者のスポーツが抱え込んでいる勝利至上主義や排他主義の矛盾を同様に抱え込み、結果的に障がい者は健常者にかなわないという従来の見方をかえって強化したり、逆に勝利さえすればテクノロジーの発達による人間のサイボーグ化がどこまでも許容されたりする事態も懸念されるという[9]。このような課題に対して、学校体育はどのように対応し、これからの社会に求められるスポーツ需要の質的発展に貢献していくべきなのであろうか。

4．これからの学校体育のあり方

これまでの学校体育は、戦前・戦後を通じて一貫した国家的な上からの体育的供給＝必修制の論理に支えられ、教育制度の保守性と政治的中立性によって維持され、実質的に社会におけるスポーツ需要の変化に対して「まともに」対応することを避けてこられた歴史社会的な、制度的性格をもっていた。少なくとも、昭和50年代から「運動に親しむ」という体育目標をかかげながら、必修化された小―中―高校の12年間の体育授業の成果が、学卒後の子供たちや社会におけるスポーツ需要の諸課題や質的変容にどのような影響を及ぼしているのかについて、今日まで「まともに」問われたことはなかった。しかし、学校体育を取りまく事態は急速に変化しており、人々の体育に対する期待は生涯スポーツにおけるスポーツ参加の量的増大への対応から、社会におけるスポーツ需要の質的な課題に対してどのような教育的示唆や解決策を与え、導いてくれるのかといったスポーツ・イノベーションへの期待にシフトしており、そのような期待に応えることが求められている具体的なスポーツ現象のいくつかをみてきた。

しかし、このような学校体育への期待と需要に対応するには、あまりにもこれまでの学校体育の制度的性格は堅固であり、その保守性は根が深い。だからこそ、学校体育関係者の意識改革はもちろんのこと、体育科の教員養成のあり方や学校における体育に対する誤った期待（例えば、生徒指導や生徒の規律訓練に対する体育への過剰な期待）の改善、あるいは体育における子供からみた運動やスポーツに対するとらえ方の開発や小学校から高校まで一貫したカリキュラム開発に基づく授業研究の深化など、制度的なしくみそれ自体の改革が必要なのである。

とはいえ、社会における新たなスポーツ需要に対して、短期的、現実対応的に半ば振り回されることのみが、学校体育の本来あり得るべき姿でないだろう。義務教育の成果に対しては、それを通して得られる利益が学習者本人だけでなく広く社会全体に及ぶこと（＝外部経済性）や、当事者がそのときに必要性を理解できなくとも専門家の目には将来の必要性が明らかにあるような価値を見通せること（＝メリット・ウォンツ性）という2つの観点が重要であるという[10]。だとすれば、学校体育においても、社会におけるスポーツ需要の今日的課題に対応しつつ、それを通じ

---

[8] 菊幸一（1998）「スポーツ活動に対する『のめり込み』意識」財団法人日本体育協会編・発行『中高年のスポーツ参加をめぐる多様化と組織化に関する社会学的研究−第2報−』（平成9年度日本体育協会スポーツ医・科学研究報告）pp.42-49.

[9] 渡正（2012）『障害者スポーツの臨界点』新評論

[10] 岩木秀夫（2004）『ゆとり教育から個性浪費社会へ』〈ちくま新書〉筑摩書房

てスポーツ需要の質的改善につながるような長期的なビジョンのもとでの体育学習が必要になってくるということであろう。

　1961年に制定された**スポーツ振興法**制定から50年後、これを大幅に改正する形で2011（平成13）年にスポーツ基本法が制定され、2015（平成27）年10月にはスポーツ庁が発足した。学校体育の企画立案は、この時点でスポーツ庁政策課の「学校体育室」に移行している。今後、［スポーツ基本法―スポーツ庁］体制のもとで、学校体育や社会における体育的機能がどのように変化していくのかは、現時点において予断を許さない。

　しかし、いずれにしても2020年に開催される東京オリンピック・パラリンピック大会後の体育の長期的なビジョンを描き、共有するためには、これまで述べてきた社会の変化とスポーツ需要との関係を十分に検討することが大切である。そのうえで、来るべき社会におけるスポーツ・イノベーションを学校体育が促し、子供たちに求められる体育需要を創り出すことによって、結果的には積極的な社会的課題の解決に志向するスポーツが学校体育の成果として展開されていくということが目指されなければならない。そのためには、従来のようなスポーツ技能を中心とした学習だけでなく、文化としてのスポーツのトータルな学習（例えば、実技学習とスポーツ観やスポーツ・ルールとの関連を意識させた学習など）の中から、望ましいスポーツに対する態度や価値観を自ら育成していく、文化としての学校体育の成果がより一層求められるのである。

　このように生涯スポーツに向けた学校体育の役割と機能は、これまで以上にこれからも社会の側から期待されることになるであろう。その目標は、たんに運動やスポーツが好きになることに止まらず、人間の生涯（各ライフステージ）にとっていかなる身体的・精神的・社会的状況にあろうとも「大切なもの」「価値あるもの」として受けとめられるようなスポーツ需要を育成していくことにおかれなければならないのである。

（菊　幸一）

スポーツ振興法
：日本で初めて「スポーツ」という名を冠した国レベルの法律。1964年の東京オリンピック大会開催に向けた法整備の一環として策定された。

理解度チェック

1. 学校体育の危機は、変化する社会において体育のもつどのような制度的性格からもたらされるのかについて述べなさい。
2. これからの学校体育は、スポーツ需要をめぐるどのような社会的課題と関連して必要とされるのかについて、具体例を挙げて説明しなさい。

さらに読んでみよう　おすすめ文献
- 佐伯年詩雄（2006）『これからの体育を学ぶ人のために』世界思想社
- 大谷善博 監修（2008）『変わりゆく日本のスポーツ』世界思想社
- 全国体育学習研究会 編（2008）『「楽しい体育」の豊かな可能性を拓く』明和出版

第Ⅲ部 体育原理を考えるために

現代スポーツの周辺

第1章 スポーツと宗教	第10章 スポーツと勝利至上主義
第2章 スポーツと政治	第11章 スポーツとオリンピズム
第3章 スポーツと法・行政	第12章 スポーツとルール
第4章 スポーツと環境	第13章 スポーツとメディア
第5章 スポーツとグローバリゼーション	第14章 スポーツと美しさ
第6章 スポーツとビジネス	第15章 スポーツとコミュニティ
第7章 みんなのスポーツ	第16章 スポーツの制度化と暴力
第8章 スポーツとドーピング	第17章 スポーツとジェンダー
第9章 スポーツとナショナリズム	第18章 スポーツと障害者

第Ⅲ部
体育原理を
考えるために

第1章
スポーツと宗教

学習のねらい

　古（いにしえ）よりスポーツと宗教は、深い結びつきがあった。宗教は、近代スポーツの発展に強い影響を及ぼし、未来のスポーツの方向性について重要な示唆を示してくれる。ここでは、スポーツと宗教の親和性や近代スポーツの発展に及ぼした福音主義の影響、さらには現代・未来のスポーツのあるべき姿と宗教との関係について学ぶ。

1. スポーツのはじまりと宗教

　スポーツと宗教の間には非常に強い親和性が存在している。一つは、スポーツの宗教儀式性である。古代ギリシャでは、徒競走、レスリング、ボクシングなどが、オリンピアなどの競技祭で神々を崇める儀礼として行われていた。また相撲は、世界各地で行われており、カナダの北部に住むイヌイットはそれを狩りの成功を祝う儀礼として、台湾先住民のサイシャット族（賽夏族）はそれを紛争解決のための神明裁判として行ってきた。わが国でも、相撲は、農作物の作柄を占う行事、いわゆる相撲節会（すまいのせちえ）として行われていた。現在の大相撲でも、本場所の初日前日および千秋楽には神事が執り行われる。四方に房を垂らした神聖な土俵の上で御幣の下がる太い綱を腰に巻いた力士が四股を踏むことで大地が鎮められると考えられている。

　もう一つは、スポーツにおける卓越性の追求である。現在、人類は、地球を基準に設定された「**10秒の壁**」[(1)]という大きな目標に挑戦し、ついに100メートルを9秒台で走る技術や肉体を手に入れた。スポーツの本質は、自らの身体的な限界を自覚し、それを克服するための工夫や努力によって卓越性を追求することである。それは、自らの限界の自覚から超越した存在を意識し、それに少しでも近づこうとした宗教の起源と非常に近い。競技として競い合うようになると、多くのスポーツ選手は、心身の限界を超えた領域に入っていく。旧約聖書の創世記に登場するヤコブの物語は、霊的な存在と力比べを行い、自らの弱さを自覚し、神に帰依するという話である。今日でも、多くのメジャーリーガーがバッターボックスに入るとまず神に祈っている。人間は、自らの限界を超えると、超越した存在に対する絶対的な帰依の境地へと誘（いざな）われるようである。

2. 近代スポーツのはじまり

　さて、現在、私たちが親しんでいるテニス、サッカー、ラグビーなどは、19世紀中頃以降、特にイギリスで組織化されたものである。このような近代スポーツが成立する以前にもたくさんの伝統的スポーツが行われていた。広大な所有地からの地代で生活する上流階級は、時間をつぶす営み（レジャー）として、友人を招いて舞踏会を催したり、狩猟、釣り、競馬などを楽しんだりした。農民や奉公人たちは、厳しく単調な労働からの解放を求めて、教会暦の祝日や農事暦の祭りの際に、闘鶏、

「10秒の壁」
：人類が超えることを夢みていた記録の壁のこと。とくに陸上競技男子100メートルにおいて10秒00を切って走ることを意味している[(1)]。現在は、オリンピックをみてもわかるように「10秒の壁」を突破する選手が続出している。

(1) 小川勝（2008）『10秒の壁―「人類最速」をめぐる百年の物語』〈集英社新書〉集英社

拳闘、フットボールなどを楽しんだ。

　16、17世紀頃からイギリスで勢力を拡大したピューリタンは、こうした伝統的スポーツを禁圧した。その理由は、第1に、伝統的スポーツが暴力、賭博、あるいは、飲酒などのいかがわしいものを伴っていたこと、第2に、伝統的スポーツがカトリック教会の慣習と強く結びついていたことであった。しかし、それらの禁圧は不成功に終わったものの、19世紀中頃以降、伝統的スポーツは近代スポーツの発展とともに緩やかに衰退していく。

　この近代スポーツの発展の背後にも宗教の影響があった。18世紀末から19世紀中頃のイギリスには、大きく分けて2つの宗教思想が存在した。第1は、伝統的スポーツに比較的寛容な態度をとったイギリス国教会の宗教思想であった。イギリス国教会はローマ・カトリック教会と対立して離脱したものの、教会の権威や儀礼・慣習を重んじる立場を継承した。第2は、ピューリタンと同様に伝統的スポーツを神に喜ばれないものとして否定した福音主義の宗教思想であった。イギリスの福音主義は、18世紀のメソジスト運動に端を発し、新興の産業資本家を担い手として社会全体に拡大していった。その考え方の特徴は、聖書に基づく生活および個々人の内的宗教体験を重んじる点にあった[2]。

　両者を一見すれば、近代スポーツの発展を推進したのは、伝統的スポーツに寛容な態度を示したイギリス国教会の方ではないかと考えられる。しかし、実際に近代スポーツの発展を推進したのは、伝統的スポーツを否定した福音主義の方であった。

　社会学者のウェーバーは、資本主義的な経営形態が発展するには、それ以前の人々にみられた営利欲のない態度が克服されること、すなわち労働者の意識改革が必要であったと述べた[3]。加えて、ウェーバーは、労働者の意識改革を導いたのは、営利追求を自己目的化した資本主義精神ではなく、営利よりも宗教的動機を重視したプロテスタンティズムの倫理であったという逆説的な説明を提唱した[3]。同様の説明は、近代スポーツにも適用可能ではないだろうか。すなわち、近代スポーツが発展するには伝統的スポーツにみられた2つの態度の克服が必要であり、それを導いたのは、伝統的スポーツを否定した福音主義の方であったと考えることができる。

　克服すべき伝統的スポーツにみられた態度の一つ目は、スポーツを単なる気晴らしとして行う態度であった。先に示したように上流階級は無為な時間を過ごすために、農民や奉公人たちは労働から解放されるためにスポーツを行ったにすぎない。そこには、スポーツを人格教育あるいは健康増進のための手段として活用するという発想はみられなかった。

　福音主義の要目は、禁欲主義にある。禁欲とは、自己を捨て、神からの使命の遂行を目的として、その使命を中心に生活を組織し編成する態度のことである。19世紀の信仰復興運動を主導したフィニーは、楽しむことだけを求めて、あるいは、息抜きが必要だというだけでスポーツに興じること、ならびに、時間やお金を無駄にするおそれのあるスポーツに興じることを罪とし、敬虔なキリスト教徒であるならばこれらのものを避けるべきであると教えていた[4]。他方、フィニーは、神に仕える丈夫な体をつくり神の栄光を実現するという高い次元の目的のためにスポーツを行うことを肯定し奨励した[4]。すなわち、福音主義者たちは、神からの使命の遂行という高い次元の目的のために、スポーツを神に喜ばれるものに編成し直し、ス

(2) 宇田進（1993）『福音主義キリスト教と福音派』いのちのことば社. pp.34-39.

(3) ウェーバー：梶山力・大塚久雄 訳（1982）『プロテスタンティズムの倫理と資本主義の精神（上・下）』〈岩波文庫〉岩波書店

(4) フィニー：角笛出版翻訳委員会 訳（2000）『上よりの力』角笛出版. pp.90-93.

ポーツを人格教育あるいは健康増進のために不可欠なものという、より高い地位に昇格させたと考えられる。

克服すべき伝統的スポーツにみられた態度の二つ目は、勝利に対して無頓着な態度であった。伝統的スポーツは、賭博興行と結びついたものを除けば、勝利をそれほど重要なものであるとはみなしていなかった。ところが、1924年のパリ五輪の実話に基づいた映画『炎のランナー』で紹介されている宣教師であるリデル（Liddell）は、走ることに「神の栄光のために走る」という理由を、さらに、勝利することに「伝道（神様への道を人々に述べ伝えること）の一助になる」という理由を見出した。彼は、信仰に基づき、単に勝利するためにではなく、神の栄光を実現するために生活を合理化し、スポーツにも禁欲的に打ち込んだ。それが結果として勝利をもたらした。勝利を第一義的に追及したわけではないが、結果的に信仰の証として勝利を得るという逆説的な説明が実現されたのである。

このようにスポーツに意味を付与し、スポーツを人格教育あるいは健康増進のための手段として活用した人々は、**マスキュラー・クリスチャン**（Muscular Christian）と呼ばれる。彼らは、神の栄光のためにという目的のもと、合理的で洗練された近代スポーツを発展させ、選手の倫理的な行動規範としてフェアプレイの精神を醸成したと考えられていた[5]。

3．現代・未来のスポーツに宗教はどのように裨益するのか

ところが、現在のスポーツの世界では、フェアプレイの精神とは相反する状況が次々と露呈している。近代スポーツの理想を体現すべきオリンピックでは、毎回、ドーピングによる失格者が出ている。違法賭博、あるいは、八百長も深刻な問題となっている。スポーツマンシップという言葉にも、上流階級の道徳と結びついた男性偏重の考えであるという批判がある[6]。私たちは、福音主義をベースとした近代的なフェアプレイの精神とは異なる新しいスポーツ規範を模索すべき時期にきているのではないだろうか。

エリアスによれば、社会は人間関係の網の目（**フィギュレーション**）によって成立している[7]。また世界の様々な宗教は、互敬の精神を基盤としており、人間を互いに結びつける相互依存の営みを重視している。スポーツも「互敬を基盤とする相互依存的な共同の営み」としてとらえ、このような考えのもとに新しいスポーツ規範を築きあげていくことができないだろうか。

（梅垣 明美）

マスキュラー・クリスチャン
：身体的な勇敢さをキリスト教によって正当化し、スポーツに倫理的価値を見出した人々のこと。わが国では、筋肉的キリスト教徒、筋骨たくましいキリスト教徒、あるいは、質実剛健なキリスト教徒と訳されてきた。有益な事柄に資するために肉体を鍛え、常に聖書に基づいた行動を心掛けるというたくましさ、かつ、思慮深さを兼ね備えた人々のことである。

(5) McIntosh, P. (1979) Fair play: Ethics in sport and education. Heinemann.

(6) Simon, R. (2004) Fair play: The ethics of sport second edition. Westview.

フィギュレーション
：フィギュレーションとは、社会学者であるエリアスが提唱した理論で、社会は人間を互いに結びつける相互依存の網の目によって成立しているという考え方を表している。これは従来の社会とは独立して個人が存在するという人間像、および、個人とは無関係に体系として社会が存在するという社会像を批判する考え方である。

(7) エリアス：赤井慧爾ほか訳（1977）『文明化の過程（上）』法政大学出版局

理解度チェック

1. スポーツと宗教の親和性について、2つの側面から説明しなさい。
2. 近代スポーツの成立、発展に及ぼした福音主義の影響を説明しなさい。

さらに読んでみよう おすすめ文献

- 梅垣明美（2007）「筋骨たくましいキリスト教徒の身体観について」小田切毅一監『いま奏でよう、身体のシンフォニー』叢文社．pp.160-175．
- エリアス・ダニング：大平章訳（1995）『スポーツと文明化―興奮の探求』法政大学出版局．

第Ⅲ部
体育原理を
考えるために

第2章
スポーツと政治

学習のねらい

スポーツと政治のかかわり方には様々な態様がある。スポーツが国家権力によって国威発揚やナショナリズム高揚に利用されたり、オリンピックが国家間のボイコット合戦や爆破テロなどの紛争に翻弄されてきた歴史もある。日本では戦前のスポーツによる思想善導から、現在は先進国の証しをメダルの数量だとする国家戦略が主流となっている。また、スポーツ団体は財源や権限を期待して政治家にすがり、名誉職に群がる政治家との相互依存の関係を続けてきた。ここでは、そのいくつかを学び、スポーツと政治の関係性を考える。

1. オリンピックと政治の補完と不可侵の関係

オリンピック（パラリンピックを含む）の指揮を執る国際オリンピック委員会（International Olympic Committee：IOC）と開催都市は、オリンピック開催準備に向けて、その国の政治と互いに協力し補完せざるを得ない関係になる。つまり、近代オリンピックの規模が徐々に肥大化し、巨額の財源確保や会場整備等に国家の支援を得ることが必要条件となり、一方、時の政府にとってもオリンピック開催がどれだけ国益に叶うかという戦略を見極めて財政支援を検討するからである。スポーツと政治が、互いの利得を前提に同床異夢を承知でジョイントしなければ、オリンピック等の国際的行事は成功どころか招致・開催まで至らないのが現実である。ちなみに、**近年のオリンピック開催の希望都市が相次いで辞退**を表明している最大の理由は、国の財政保障が得られないためといわれている。

一方で、IOCは政府から財政支援を得ながらも、スポーツの独立性と自治に不可侵を主張し続けてきた。政府のもくろみである都市の近代化や経済効果、国民のナショナリズム高揚と国威発揚に対して、オリンピック開催が歪められるような政治的関与を極力制限しようとするIOCの戦いは、これまで何度も繰り返されてきた。ナチ・オリンピックといわれた1936年ベルリン五輪は、その典型的な教訓事例である。

また、IOCがオリンピック開催を国家単位ではなく**単独の都市にこだわり**、開催都市についても地政学的にバランスを取ってきたことや、オリンピックにおける過剰なナショナリズム高揚を抑制するために、表彰式における国歌国旗の儀礼を廃止する案を継続的に提起するなど、政治的主張や国家間の政争から距離を置くという強い意思表示を続けてきた。加えて、オリンピック会場での政治的な宣伝活動を厳重に禁止し違反者を厳罰に処してきた。印象的な違反事例としては、1968年メキシコ五輪の表彰式で黒人選手が黒人差別に抗議した件は世界に強烈な印象を残し、2012年ロンドンにおいて韓国サッカー選手が日韓戦勝利の後、独島（日本名は竹島）の領有権を主張したことは日本人に強い違和感を与えた。

近年のオリンピック開催の希望都市が相次いで辞退
：北京市に決まった2022年冬季五輪開催地は、ストックホルム、オスロが財政問題で立候補を辞退した。

単独の都市にこだわり
：2014年11月の「オリンピック・アジェンダ2020」において、IOCは開催都市以外での種目実施を認める。

2015年4月にIOCのバッハ会長は国連本部で演説し、「スポーツは世界を変える力をもち、さらに重要な役割を果たす時代が来た」と述べて、テロや民族紛争で揺れる世界各国に、オリンピックの根本原則であるフェアプレーや反差別の精神を強く求めた。さらに、「スポーツは政治的に中立な立場でなければならない」と訴え、スポーツ界の組織や普遍的なルールを脅かす政府干渉に警告を発したのである。この布石は、国連総会が2014年10月に決議した「スポーツの独立性と自治の尊重およびオリンピック・ムーブメントにおけるIOCの任務の支持」に基づくものとなっている。

　国際政治は、IOCが求めるスポーツの独立性と自治、およびオリンピックの諸価値である平和・人権・環境・教育への貢献について、オリンピック休戦の国連決議や開会式での民族融和などでIOCの主張に協力してきた。しかし現実は、資本主義と社会主義の相克に巻き込まれた20世紀の**ボイコット合戦**、世界の宗教や民族の対立激化によって発生したミュンヘン（1972年）でのイスラエル選手殺害事件、ソウル（1988年）での大韓航空機爆破事件（疑いがある）、アトランタ（1996年）でのオリンピック公園爆破事件、ソチ（2014年）での市内連続爆破テロ事件など単一国家ではコントロールできない事態が続いている。

　今後、持続可能なオリンピックが安全かつ効果的に開催されるためには、スポーツ界と政治とが相互の補完と不可侵を踏まえつつ、協力関係の距離をいかにして維持していくべきかが永遠の命題であり、オリンピックのあり方が問われ続けていく。

2．国家戦略としてのスポーツ

　2007（平成19）年に文部科学副大臣主導の懇談会が「**スポーツ立国ニッポン**」という報告書（レポート）を発表し、その副題を「国家戦略としてのトップスポーツ」とした。この総論において、わが国は、国際社会をリードする先進国の一つであり、その存在意義を持ち続けるには、真の先進国としてふさわしい総合力としての「国力」をもち、日本として高いプレゼンスを示さなければならないという。そして「我が国は、現在、国力としてのスポーツ力、とりわけ、オリンピック競技大会におけるメダル獲得数などが構成要素となる国際社会対応力に乏しく、真の先進国が備えるべき国力のバランスがとれていない」とアピールする。すなわち、「オリンピックメダル」が「スポーツ力」であり、「スポーツ力」が先進国の「国力」を示すのであるが、日本はそのバランスを欠いているというのである。

　続けて、「国際競技大会を通じた国家の安全保障・国際平和への貢献のために」と題して、「軍事的、経済的な関係による安全保障の一方で、国際競技大会をはじめとするスポーツ交流は、国家間の摩擦を軽減する上で重要な役割を果たしている。世界の人々との交流を促進し友好な関係を構築することは、我が国の総合的な安全保障に大きな効果をもたらすとともに、国際社会における真の先進国の一つとしての責務を果たすことになる」と主張する。すなわち、オリンピック等でメダルを獲得することは国家間の摩擦を軽減することにつながり、先進国である日本の責務を果たせるというのである。

　これをベースにして、2008（平成20）年の自由民主党スポーツ立国調査会の報告書を経て、2010（平成22）年に文部科学省による「スポーツ立国戦略」の発表

ボイコット合戦
：1980年モスクワ五輪を資本主義陣営が、1984年ロサンゼルス五輪では社会主義陣営が参加をボイコットした。

スポーツ立国
：一つの基本的な方針に基づき国を発展・繁栄させるための国策であり、スポーツの他に観光（観光立国）や文化芸術（文化芸術立国）などがある。

に至った。途中から国家戦略という副題は消えるものの、スポーツによる国の戦略方針は脈々と引き継がれてきたのである。その後、2011（平成23）年にその戦略を含めて国会の**スポーツ議員連盟**が「スポーツ基本法」を立法し、翌年、基本法を基に「スポーツ基本計画」が文部科学省によって策定された。その政策目標によれば、過去最多を超えるオリンピックメダル数を獲得し、金メダルの獲得ランキングは夏季大会で世界5位以上を目指すとした。また、長年検討されてきた「**スポーツ庁**」の創設意義についても、スポーツ議員連盟が「スポーツの国際交流・貢献で国際的に高い評価を受けることが政府の重要な責務である」「トップ・スポーツ強化や地域スポーツの推進などに国が責任をもってスポーツ政策を推進する」「新しいスポーツ行政に政府の精力的な取組を期待したい」と国に進言し、2015（平成27）年10月に念願のスポーツ庁が設置された。これをもって、日本のスポーツ力を世界に示すという国家戦略システムが完成し、2020年東京オリンピックでその成果を発揮しようとしているのである。

スポーツ議員連盟
：国会スポーツ議員連盟とは、国会議員がスポーツ政策提言の目的をもって結成する会。

スポーツ庁
：文部科学省の外局として創設され、5課を120名程度の職員で組織化され、スタートした。

3．スポーツ団体と政治家の相互依存

　嘉納治五郎により1911（明治44）年に創設された「日本体育協会（旧：大日本体育協会）」の会長職は、のちに就任した14名のうち10名が政治家（出身を含む）であった。また、都道府県体育協会の会長は2015年現在で21県が現職の知事であり、元知事や名誉会長を含めればほぼ全県の体育協会に政治家が主要な役職を占めているといっても過言ではない。さらに、中央競技団体の会長就任も政治家が多く、その傾向は昔も今もさほど変わっていない。

　このように政治家がスポーツ組織の会長を進んで引き受けてきた理由は、体育協会や競技団体のトップであれば、様々なスポーツ大会の開会式で晴れがましく挨拶をして万雷の拍手を聞くことができ、選挙のアピールにもなるからであり、国民体育大会ともなれば皇室に拝謁することも叶うからである。一方、スポーツ界は、政治家を会長に迎えることで行政からの補助金増額や施設整備促進などに期待を寄せるとともに、組織の権威づけに利用するという思惑があった。まさに、財源や権限を期待して政治家にすがるスポーツ団体と、名誉職に群がる政治家が相互依存の関係を継続させてきたのである。

（鈴木 知幸）

理解度チェック

1. オリンピック憲章のオリンピズム根本原則を読んで話し合いなさい（JOCのHPで閲覧）。
2. 文部科学省とスポーツ庁の予算事項と予算額を調べて特徴を述べなさい。
3. 出身県の体育協会や競技団体の役員構成を調べなさい。

さらに読んでみよう おすすめ文献
- 坂上康博（2014）『スポーツと政治』〈日本史リブレット〉山川出版社
- 日本スポーツ法学会 監修（2011）『詳解：スポーツ基本法』成文堂
- 日本体育協会（2012）『日本体育協会・日本オリンピック委員会100年史』

第Ⅲ部
体育原理を
考えるために

第3章
スポーツと法・行政

学習のねらい

スポーツ基本法の制定にみられるスポーツ権、人権、スポーツの基本理念などの規定や、スポーツ庁の設置など体育・スポーツ行政組織の歴史的転換を取り上げながら、体育やスポーツに関する法や行政の動向を検討し、それらの制度変化の背景や基礎となっている原理・原則を考えることで、社会における体育やスポーツの位置づけと体育原理の今日的な課題を考える。

1．体育原理と法・人権

　体育原理が「スポーツや体育の現実を直視し、スポーツや体育の世界を支配する様々な諸原理（諸原則）を明確にし、それらを体系立て、批判的に検討する領域」であるとするならば、まず、社会における原理・原則を認識し、社会の中で体育やスポーツがどのような位置にあるのかを理解し検討する必要があるだろう。体育やスポーツの原理・原則は、単に体育やスポーツの内部だけの論理の検討だけでは明らかにはならない。

　法とは、国家またはそれに準ずる社会によって定立され、社会の成員に対して強制力をもつ社会規範のことであるが、このような法に示された原理・原則に照らして、社会における体育やスポーツの位置や在り方を理解し検討することも必要である。とくに**国家法**の中には体育やスポーツの原理・原則としても理解し検討するべきことがらがたくさんある。

国家法
：一国家がその組織と国民の社会秩序を維持するために正統的権威をもって定立し実施する法のこと。

　例えば、日本国憲法13条は、「個人の尊重」「生命」「自由」および「幸福追求」の原理を包括的な基本的人権として定めているが、これらの原理は、体育やスポーツの実践においても最大限の配慮を必要とする原理にほかならない。しかし、体育やスポーツの現実の世界に目を向けてみると、運動部活動における暴力問題、スポーツにおける事故と生命・身体への危害、安全の軽視、選手の権利利益を不当に制限する競技団体の処分決定、指導者によるセクシャル・ハラスメントなど、人権侵害が多発している。体育やスポーツにおいても、人権が確保されることこそが、体育原理の基礎であり、その理論的な発展と原理の実践なくして個別具体的な行為を論じたり教育を行うこともできないだろう。また、人権とは、普遍的道徳的な権利であり、社会における基本的な価値や理念となっているものであり、体育やスポーツが人間形成を目指す上でも必須の原理を含んでいる。

　1978年のユネスコの「体育およびスポーツに関する国際憲章」においても、国連憲章における基本的人権と人間の尊厳および価値、世界人権宣言における権利と自由を想起し、「体育およびスポーツの実践は、すべての人にとって基本的権利である。」こと、さらに、「すべて人間は、人格の全面的な発達にとって不可欠な体育およびスポーツへのアクセスの基本的権利を持っている。」ことを定めている。また、

国際オリンピック委員会（International Olympic Committee：IOC）の「オリンピック憲章」においても、オリンピズムの根本原則として、「スポーツの実践は人権の一つである。」とし、「このオリンピック憲章に定める権利および自由の享受は、人種、肌の色、性別、性的指向、言語、宗教、政治的もしくはその他の意見、国もしくは社会の出身、財産、門地（家柄）もしくはその他の地位などで、いかなる種類の差別も受けることなく、確保されなければならない。」と定めている。このように法や人権は、体育原理を考える上でも、世界的にみて体育やスポーツを実践する上でも、根本的な規範原理となっているのである。

2．スポーツと法—スポーツ基本法の意義—

2011（平成23）年に制定された「**スポーツ基本法**」は、前文および第2条において、「スポーツを通じて幸福で豊かな生活を営むことは、すべての人々の権利」であることを示し、いわゆる「スポーツ権」の存在を確認した。この規定は、憲法13条で保障されている幸福追求権がスポーツの次元においても存在することを根拠づけるものである。そして、このような**スポーツ権**を実現するためには、人間の身体面からの幸福を考究するための体育原理の確立やスポーツ法学のさらなる理論展開が必要となっている。

また、スポーツ基本法第2条は、次の8つの基本理念を定めた。

①スポーツを通じて幸福で豊かな生活を営むことが人々の権利であることに鑑み、国民が生涯にわたりあらゆる機会と場所において、自主的・自律的に適性や健康状態に応じてスポーツを行うことができるようにする。

②青少年のスポーツが国民の生涯にわたる健全な心と身体を培い、豊かな人間性を育む基礎となるものであるとの認識の下に、学校、スポーツ団体、家庭および地域における活動を相互に連携する。

③地域において、主体的に協働することによりスポーツを身近に親しむことができるようにするとともに、スポーツを通じて、地域の全ての世代の人々の交流を促進し、交流の基盤を形成する。

④スポーツを行う者の心身の健康の保持増進、安全の確保をする。

⑤障害者が自主的かつ積極的にスポーツを行うことができるよう、障害の種類および程度に応じ必要な配慮をしつつ推進する。

⑥わが国のスポーツ選手（プロスポーツの選手を含む。）が国際競技大会等において優秀な成績を収めることができるよう、スポーツに関する競技水準の向上に資する諸施策相互の有機的な連携を図りつつ、効果的に推進する。

⑦スポーツに係る国際的な交流および貢献を推進することにより、国際相互理解の増進および国際平和に寄与する。

⑧スポーツを行う者に対する不当な差別的取扱いの禁止、スポーツに関するあらゆる活動を公正かつ適切に実施することを旨として、スポーツに対する国民の幅広い理解および支援が得られるよう推進する。

スポーツ基本法の制定の意義は、スポーツの推進のための原理として、スポーツ権、機会の確保、交流、心身の健康、安全、平和、差別禁止、公正などの基本理念

スポーツ基本法
：平成23年法律第78号。前文、5章35条および附則7条文から構成されている。スポーツに関する基本理念、国および地方公共団体の責務ならびにスポーツ団体の努力等を明らかにし、施策の基本となる事項を定め、総合的かつ計画的に関連する施策を推進することで、国民の心身の健全な発達、明るく豊かな国民生活の形成、活力ある社会の実現および国際社会の調和ある発展に寄与することを目的としている。

スポーツ権
：スポーツに関する権利の総称。憲法13条に定める幸福追求権的なスポーツ権、憲法25条に定める生存権的なスポーツ権、憲法26条に定める成長・発達権的または教育権的なスポーツ権、新しい複合的な人権などの諸説がある。

を定めたことにある。さらに、総則において、国の責務、地方公共団体の責務、スポーツ団体の努力、関係者相互の連携・協働などの原理を定めた。このようにして、日本のスポーツ政策は、スポーツ基本法に定める原理・原則に基づいて歴史的な転換がなされようとしているのである。ただ、スポーツ基本法の基本理念は、まだ理論的に曖昧なところもあり、現実のスポーツの諸問題を解決していくためには、さらに実践的な原理や具体的な制度および立法の構造化・体系化が課題となっている。そして、現状の体育原理研究がこのような法的制度的課題に対してどこまで貢献し役割を果たしうるものなのかが問われているのである。

3. 体育行政からスポーツ行政へ
―教育行政における体育原理の課題―

スポーツ基本法に基づいてスポーツ政策の基本が定められ、スポーツ基本法の下でスポーツ行政が実際に実施されようとしている。また、2015（平成27）年にはスポーツ庁が設置され、スポーツ行政の総合的な推進も期待されている。しかし、その一方で、日本の体育行政組織は、体育局からスポーツ・青少年局、そしてスポーツ庁へと歴史的に変化し、体育を組織名称とする内部部局は文部科学行政から後退してきている。これは、体育行政からスポーツ行政へと大きな政策の転換が図られてきたことの現われであると考えられるが、このような重要な動向に対して体育原理はどのような機能と役割を果たしてきたのだろうか。体育行政の縮減の傾向は、体育原理の不在や貧困とも表裏一体の関係にあるとも考えられる。体育原理は、単なる一教科の指導原理に留まるものではなく、教育基本法やスポーツ基本法などの基本原理との関係を踏まえて、その原理を再確認する必要があるだろう。そして、社会や教育における体育の意義や役割を示し、学校体育の存在価値を明確にし、公教育制度や教育行政における体育行政の位置を理論づけることが求められている。

（齋藤 健司）

理解度チェック

1. 体育やスポーツと人権との関係を説明しなさい。
2. スポーツ基本法の制定の意義を基本理念や体育原理の視点から述べなさい。
3. 公教育制度や行政の中での体育の存在価値や原理とは何かを話し合いなさい。

さらに読んでみよう　おすすめ文献
- 日本スポーツ法学会 編（2011）『詳解スポーツ基本法』成文堂
- 菊幸一・齋藤健司・真山達志・横山勝彦 編（2011）『スポーツ政策論』成文堂
- 中村敏雄・高橋健夫・寒川恒夫・友添秀則 編（2015）「スポーツと政策」「スポーツと法」『21世紀スポーツ大事典』大修館書店．pp.40-120．

第Ⅲ部
体育原理を
考えるために

第4章
スポーツと環境

学習のねらい

環境問題が、経済のグローバル化と共に国境を越えた問題となり、人々の関心も高まっている。とはいえ、スポーツについてはグラウンドやスタジアム内のプレイにかかわる事柄に限定し、環境という社会的な諸問題・関係とは切り離してとらえがちである。ここでは、そうした事柄や事実を概観し、スポーツと環境の共存・共生のあり方や具体的方策を考える。

1. 環境問題がもたらすスポーツフィールドの貧困化

スポーツと環境の関係をみようとするとき、もっとも分かりやすいのは地球環境問題である。

2003年12月、**国連環境計画**（UNEP）は、「スイスに230あるスキーリゾートのうち、25年後に4割近くで十分な降雪が得られなくなる可能性がある。」という報告を発表した。これは「地球温暖化」に対する警告であるが、相前後してアルプス地方を記録破りの熱波が襲い、氷河が大幅に後退し永久凍土が溶けてスキーリフトやロープウエーが傾くなどの「異変」が身近で起きたため危機感が一挙に高まった[(1)]。それはわが国でも同様で、2006/07シーズンは、国内で開かれた全日本スキー連盟公認のアルペン競技全99大会のうち、22大会が中止か延期になっている[(2)]。また、マリンリゾート地の沖縄で周辺海域の**サンゴが白化現象**を起こし、スキューバーダイビングのスポットが減少していることも広く知られている。さらに、化石燃料の燃焼に伴って空気中に排出された硫黄酸化物や窒素酸化物が、硫黄や硝酸といった強い酸となって雨水に取り込まれ降下する「酸性雨」の影響も無視できない。1980年代には、早くも旧西ドイツで全森林面積の55パーセントが枯死などの被害を被り、その後もノルウェーやカナダ国内の湖沼や河川の多くが酸性化し、マスやスズキ等の魚類が生息できなくなり死滅するといった被害が続出した。「酸性雨」のもたらした被害が、自然の中でのスポーツ活動にまで影響を及ぼしたのである。

このように、「温暖化」や「酸性雨」といった地球規模での環境問題によって雪山や海洋、山岳や湖沼などの自然環境が劣化し、それがスポーツを行う場＝スポーツフィールドの縮小や減少、すなわち貧困化をもたらしてきた。その意味で、スポーツは環境問題の"被害者"であるといってよいだろう。

2. "加害者"としてのスポーツ

他方、スポーツが自然や環境を破壊する、いわば"加害者"の立場にあることも忘れてはならない。1980年代後半、全国を席巻した第3次ゴルフブームと共に各地で引き起こされたゴルフ場造成に伴う自然破壊は、その代表的な事例であろう。

国連環境計画
：国際連合の機関として、環境に関する諸活動の総合的な調整を行い、新たな問題に対して国際的協力を推進する。

(1)「アルプス迫る温暖化」『朝日新聞』2004年2月24日付

(2)「雪不足、スキー危機」『信濃毎日新聞』2007年2月20日付

サンゴの白化現象
：温暖化による海水温の上昇、淡水や土砂の流入などの環境ストレスによって起こる。白い骨格が透けてみえるため白化と呼ばれ、環境が回復せず白化が続くとサンゴは死んでしまう。

(3) (財)余暇開発センター編（1991）『レジャー白書'91』p.20

(4) 等々力賢治（1993）『企業・スポーツ・自然』大修館書店

預託金
：リゾートクラブやゴルフ場の会員になるときに預ける金銭のこと。通常5年〜10年程度の据え置き期間を経た後、クラブ退会後に無利息で返還される。

総合保養地域整備法
：通称「リゾート法」。関連産業の振興と経済の均衡的発展を促進するため、多様な余暇活動の場を民間事業者の活用に重点をおいて総合的に整備することを目指した法律。

(5)「恵庭岳に残る爪痕五輪で原生林伐採、復元工事から40年」『WEB版毎日新聞』2014年7月3日付（参照 2015年10月26日）

　『レジャー白書'91』によれば、1990年中にゴルフ場でプレイした人口は約1270万人、練習場を利用した人口は1650万人とされる[3]。両者を合計した2920万人という数は「器具を使わない体操」の約3370万人、「ボウリング」の約3080万人に次ぐものであり、1958年〜62年の第1次および71年〜74年の第2次に続く、第3次ブームを形成、象徴するものであった。

　とはいえ、むしろ注目せねばならないのはゴルフ場の造成数である。91年末段階で、既設の1821ヶ所に加え造成中が315ヶ所、認可済みが20ヶ所に達しており、既設数の約2割に相当する数が新たに集中的に造成されようとしていた。詳細は拙著[4]に譲るが、その背景には、関係自治体の許認可がおりれば造成前でも会員を自由に募集でき、非課税の「**預託金**」を無担保、無利息で無期限に借り入れることができる、いわば「濡れ手で粟」式の"会員権ビジネス"があった。それによって、1ヶ所造成するだけで数十億円を優に超える巨額が手に入ったのである。それは「ゴルフ場錬金術」などと揶揄されたが、そうした野放しの状況は、同時に大規模な自然・環境破壊をもたらすことになった。

　目に鮮やかな緑の芝生をみて、ゴルフ場が自然破壊と無縁であると思うのは致し方ないかもしれない。しかし、造成中の様相はそれと大きく異なる。傾斜などのある広大な敷地を要するゴルフ場造成に適しているとされた里山では、ブルドーザーやパワーシャベルによって森林がなぎ倒され、山が削られ、川が埋め立てられた。そして、排水のための土管が網の目のように埋設され、バラスと呼ばれる砂利石が敷かれ、その上を芝生が覆（おお）っている。このように、ゴルフ場はまったくの人工的な施設であり、利益最優先の造成により大規模な自然破壊をもたらしたという意味で、"加害者"と称するのも故なしとしない。

　付言すれば、それは、1987年6月に成立した「**総合保養地域整備法**」施行に伴って全国を席巻した"リゾート開発ブーム"の一環をなしていたのである。ゴルフ場を核に、海浜部ではマリーナ、山岳部ではスキー場の開発が相次ぎ、それによって自然・環境破壊も全国に拡大していった。そのため、造成や開発のあり方や方法にこそ問題があったにもかかわらず、当時頻発した住民による反対運動や学習会では、ゴルフやスキーなどのスポーツそのものが悪いという"悪玉論"が声高に叫ばれた。このことも、銘記しておきたい。

3．環境とスポーツの共存・共生の道を探る

　前節で紹介した"加害者"という点では、冬季オリンピックもまた同様であった。
　1972（昭和47）年の第11回札幌大会では、スキー滑降競技会場として国立公園特別地域内の恵庭岳の森林が大規模に伐採され、その復元が大きな課題となった。同会場は、89年に国有林に戻されたものの、原生林の再生にはほど遠い状況にあるという[5]。また、84年の第14回サラエボ大会では、男子滑降コースの標高差800メートル以上という国際規格にわずか9メートル不足したため、4階建てのレストランをわざわざ造り、その屋上を出発点にするという愚挙が行われた。このように、冬季オリンピックは常に自然破壊、保護を争点にしてきた。記憶に新しいところでは、98（平成10）年の第18回長野大会の招致・開催に伴って激化した自然保護問題がある。87（昭和62）年に発表された招致計画において滑降競技会場

として奥志賀高原の岩菅山が示されたことで自然保護論議が活発になり、激論が戦わされる中、**世界自然保護基金**（WWF）日本委員会の反対もあって既存の八方尾根スキー場に変更された。この長野大会招致段階における自然保護論議は、さきのゴルフ場造成に伴う自然破壊問題などとも相まって人々の関心を集め、「スポーツと環境問題」に広く目を向けさせることとなった。それゆえ、既述のような事例に直面していた国際オリンピック委員会（以下、IOC）が、対応や取組をいち早く打ち出したのは当然のことであろう。IOCは、1994年に開催された「100周年記念総会」において、環境に対する取り組みを、それまでのオリンピック運動におけるスポーツ、文化、教育の3本柱に加えて4本目の柱にすることを確認し、オリンピック憲章に盛り込むことを決定。以後、招致・開催に立候補した都市は、IOCと国連環境計画（UNEP）に対して「環境条項」を結ばねばならず、環境規制を満たしていることや環境影響評価を実施することなどを義務づけられた。

こうしたIOCの姿勢、取り組みは、オリンピックにとどまらず他のスポーツ競技・団体にも拡がっていくことになる。例えば、モータースポーツの最高峰であるF1を運営する国際自動車連盟は、2007年に翌年から「**燃料に最低5.75％分のバイオエタノールを混ぜるように**」定めた[6]。また、身近なところでは、サッカーJリーグがスタジアムにおけるゴミの持ち帰りやプラスチックゴミの回収、再利用をはじめ、公共交通機関や自然エネルギーの利用促進など、各チームがいっせいに取り組みを強めているのは広く知られていよう。

"加害者"、"被害者"の別はさておき、スポーツと環境は密接な関係にある。ところが、私たちのスポーツ把握の大部分は、グラウンドやスタジアム内のプレイにかかわる勝敗や技術的事柄に限定されがちであり、その外側に存在する環境問題には目が向かないのも事実だろう。また、環境を柱に据えた取り組みでも、あるものは一過性のイベント的なものであり、またあるものは利益優先の商業主義的なものであることが少なくない。それゆえ、環境とスポーツの共存・共生の道を探るには、ここで扱ったような事柄や事実を踏まえ、そのあり方や具体的な方策を考え、描くことが求められる。

（等々力 賢治）

世界自然保護基金
：世界最大の自然保護団体であり、1961年に世界野生生物基金として発足した。スイスに本部があり、熱帯林や湿地帯、サンゴ礁などの生態系の保全を進めている。

バイオ燃料
：生物体（バイオマス）のもつエネルギーを利用したアルコール燃料などの合成ガスのこと。石油のような枯渇性資源を代替しうる非枯渇性資源として注目されている。

[6]「F1もバイオ燃料時代」『朝日新聞』2007年7月4日付

理解度チェック

1. スポーツ団体・組織の環境問題に対する取り組みについて、具体的な事例を調べ、説明しなさい。
2. 体育・スポーツに関係する者として、今後、環境問題をどのように考え、取り組んでいくべきか考え、述べなさい。

さらに読んでみよう おすすめ文献
- 等々力賢治（1993）『企業・スポーツ・自然』大修館書店
- 佐藤誠（1990）『リゾート列島』岩波書店
- ジム・パリー、ヴェシル・ギルギノフ 共著、舛本直文 訳（2008）『オリンピックのすべて』大修館書店

第Ⅲ部
体育原理を
考えるために

第5章
スポーツとグローバリゼーション

学習のねらい

「グローバリゼーション」「グローバル化」という用語はこの30年ほどの間に普及してきた言葉である。だから新しい現象かというと、スポーツについてみれば、国境を越えて人々が共につくっていくというあり方は、今から150年以上も前に始まったものである。ここでは、スポーツのグローバルな文化としての特徴と、それが故に生じる現代的問題について理解を深める。

1．「越境する文化」としてのスポーツ

社会学者のギデンズによれば、グローバリゼーションとは「ある場所で生ずる事象が、はるか遠く離れたところで生じた事件によって方向づけられたり、逆に、ある場所で生じた事件がはるか遠く離れたところで生ずる事象を方向づけていくというかたちで、遠く隔たった地域を相互に結びつけていく、そうした世界規模の社会関係が強まっていくこと」[1]と定義づけられる。図3-1にみるように、「グローバリゼーション」や「グローバル化」という言葉が一般に普及してきたのは近年のことであるが[2]、スポーツに関してみれば、「ある場所で生じた事象」が「はるか遠く離れたところで生じた事件」と結びつくといった現象はしごく当たり前のこととしてはるか以前より存在してきた。例えば、オリンピックやワールドカップのような世界大会は、参加各国ごとの予選から始まり、アジア、アフリカ、ヨーロッパ、アメリカ、オセアニアなどの地域予選を経て本大会へと連なる、何百という試合・大会から構成されている。地球上のある地域に刹那的に生じたプレイの結果、すなわちそれぞれの試合の結果が、互いに結びつき合い、影響し合い、世界規模の競争構造を形づくっているのである。なぜ、そのようなことが可能なのか。言うまでもな

(1) アンソニー・ギデンズ：松尾精文・小幡正敏訳（1993）『近代とはいかなる時代か？ ―モダニティの帰結』而立書房. p.85.

(2) 日本では、2000年前後の時期に「グローバル化」「グローバリゼーション」という言葉が、国内の経済や市場、ビジネスが世界とつながっていくという文脈で多く使用されるようになった。

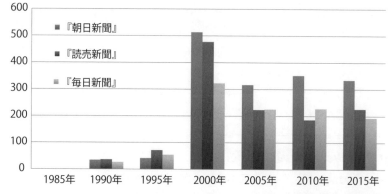

図3-1 「グローバリゼーション」「グローバル化」という言葉を使用する新聞記事数の推移
（『朝日新聞』：「聞蔵ビジュアルⅡ」、『読売新聞』：「ヨミダス歴史館」、『毎日新聞』：「毎索」それぞれのデータベースにおいて 1985 年から 5 年ごとに 2 語を使用している記事を検索し 1 年間の記事数を示した）

く、それはスポーツには「統一ルール」があり、種目ごとに国際的な連盟・協会を頂点とする世界規模の官僚組織が存在するからである。

　統一ルールの制定とそれを管理するスポーツ組織の成立は、地域性に縛りつけられ、ローカルな存在としてしか成立し得なかったプレイの時空間を互いに結びつけ、境界を越えたスポーツ大会の運営を可能とした。そのことにより、プレイの中で生まれた記録、戦術や戦略、トレーニングの方法といった文化的産物は、時間や空間の境界を越えて意味をもつようになり、人類の英知として蓄積することが可能となった[3]。

　ギデンズは、社会的活動が特定のローカルな文化的文脈から解き放たれ、時間－空間を越えた広がりの中に再構成されていく過程を近代化の本質的な特徴として位置づけ、「脱埋め込み」という言葉で表現している[1]。文化的背景を異にする者同士が1つのプレイを楽しむために統一ルールを設け、プレイ上の問題が生じた場合にはスポーツ組織がルールを調整していくという近代スポーツのあり方は、それが「脱埋め込み」化された文化であり、「越境する文化」であるということを表している。グローバリゼーションを近代化の徹底化、普遍化されていく過程ととらえるギデンズは、その始まりを近代という時代に設定するのであるが、統一ルールの成立に着目するならば、スポーツとはまさに「近代」を代表する文化現象であり、その本質部分にグローバル化していくことが組み込まれた文化であるといえる。

2．スポーツのグローバリゼーションが引き起こす問題

　スポーツはメディアとの結びつきにより、今日、その「越境する文化」という特徴をますます明瞭に示すようになっている。衛星放送によって配信されるオリンピックやワールドカップなどのメガ・イベントは、世界中の数十億人という人々が同時に楽しめるものとなり、そのことにより、スポーツの普及をこれまで以上に加速化し、地球の隅々までをも1つのシステムとして結びつけようとしている。そこには、文化商品としてのスポーツを世界規模で流通させようとするスポーツのグローバル市場が関与するようになっている。

　長年の間、スポーツの普及はアマチュアリズムとナショナリズムをその推進力としてきたが、1980年代以降、アマチュアリズムは解体され商業主義が浸透し、今では、エリート・スポーツの世界は、国境を越えてビジネスを展開する巨大なメディア企業や多国籍企業にとって国際戦略上の重要な場とさえなっている[4]。その結果、放映権料やスポンサー契約料、チーム間の選手移籍料など、スポーツの世界できわめて莫大なカネが動くようになった。そして、そのようなスポーツのグローバル市場の成長は、これまでのスポーツ界にみられなかった新たなる問題群を生起させてきている。世界各地で生じているチーム間の貧富の格差、それに伴う戦力の不均衡、スポンサー企業の破綻によるリーグやチーム経営の悪化などは、それらの問題を象徴する例であり、その根底にはグローバル化してコントロールの効かなくなった市場と、その市場の中で周縁化される人々が現れるという、市場システムの限界が存在する。世界的に広がった資本制の中では、経済的な条件が勝者と敗者を分ける決定的な要素となり、スポーツの生み出す富の恩恵にあずかれる者とそこから排除される者とを生みだすようになっているのである。

[3] 例えば、サッカーに関していえば、統一ルールが成文化される以前に行われていたイギリスのパブリック・スクールのフットボールは、各校が独自のルールをもっており、それぞれの学校の環境に則した形でプレイされていたことが知られている。そのような状況では、各校の試合の結果は他校の試合の結果と結びつくことは不可能であり、たとえそれぞれのプレイの中に勝つための戦略・戦術が蓄積されていたとしても、学校を変えればまったく意味をなさなくなってしまう。各校が対抗戦を行うためには統一ルールの成立を待たなければならず、サッカーでは19世紀に入ってからその統一化への動きが生じた。
（参照　山本浩（1998）『フットボールの文化史』筑摩書房）

[1] ギデンズ（1993）前掲書．pp.35-45．

[4] 例えば、オリンピックのTOP（The Olympic Partners）プログラムは世界最高峰のスポーツ・スポンサーシップといわれ、公式スポンサー（1業種1社）となった企業は五輪のロゴ等を使用した世界的なマーケティング活動を行う権利を獲得し、その対価として4年間で数十億円〜百億円ともいわれる金額が支払われる。

(5) 小林勉（2002）「メディアスポーツとグローバリゼーション」橋本純一 編『現代メディアスポーツ論』世界思想社. pp.221-243.

(6) 学校教育、公園、社会保障、病院、上下水道、道路、犯罪防止といった国民の福祉の基盤となる国内の「公共財」は、「非排除性」「非競合性」を原理として、国家や行政が国民に等しく供給しようとするものである。一方、オゾン層や大気（「地球規模の自然共有財」）、知識や世界文化遺産、人権やインターネット（「地球規模の人為的共有財」）、平和、健康、金融の安定、自由貿易、公正と正義、環境の持続性（「地球規模の政策の結果」）などの「地球公共財」は、世界政府によって公正に供給されることが望まれるのだが、それが存在しない現在では、その実現化が模索される段階にあるという。
（参照 小林勉（2002）前掲書）

(7) 小林勉（2002）前掲書. pp.237-242.

　これらの問題は国家レベルで留まるものではなく、国境を越えて存在している。したがって、その解決には、国境を越えたグローバルなシステムの構築が構想されなければならない。その点で、メディアスポーツのグローバル化に関する論文の中で小林勉が提起している「地球公共財」としてスポーツをとらえる視点は、グローバリゼーションが進展していく中でのスポーツの未来像を構想する上で、多くの示唆を与えるものである[5]。「地球公共財」という概念は、国内の公共政策を論じる中で生まれた「公共財」という視点をグローバルな文脈へ適用しようとするものであり、「市場の原理で継続して供給することを約束できない」人類共通の財やサービスのことを指す[6]。スポーツを「地球公共財」ととらえる小林は、IOCやFIFAなどの国際的なスポーツ統括組織に公正なスポーツ供給の可能性を見出そうとするが、その現状を「放送権料を中心とした協賛企業からの莫大な資金調達の方法と新たな市場開拓という課題」を優先していると問題視し、「商業主義ではない、新しいベクトルの模索」が必要であると主張する[7]。

　こうした問題は地球規模のものであるからといって、私たちに直接関係ない遠い問題かというとそうではない。グローバル化した市場の中では、私たちが応援するプレイヤーやチームが、突然、経済的理由によって消えてしまうことだってある。かつて盛んであった実業団スポーツが壊滅的な状況になったり、親企業の経営悪化によりプロ・チームが消えてしまったりすることの背景を考えるとき、そこにはグローバル市場で苦戦を強いられている日本の企業の問題、衛星放送の普及によりメディアから価値を置かれなくなった国内スポーツの問題を見つめざるを得ないのである。今日、スポーツの楽しみを享受する私たちは、ただそれを消費するだけでなく、グローバルに広がるプレイの共同体の一員として、新しいスポーツのかたちを構想し、その構築にかかわっていかなければならない時代に生きているといえよう。

（岡本 純也）

理解度チェック

1. なぜ「スポーツ・ツーリズム」は地域のスポーツを急激に変えていくことになるのか、説明しなさい。
2. 2012年にJリーグは「アジア戦略室」を設置し、東南アジア諸国を中心にした各国との連携を強化していこうとしている。その理由をスポーツのグローバル化の観点から述べなさい。

さらに読んでみよう　おすすめ文献

● 早稲田大学スポーツナレッジ研究会（2014）『グローバル・スポーツの課題と展望』創文企画
● アレン・グットマン：谷川稔・石井昌幸・池田恵子・石井芳枝 訳（1997）『スポーツと帝国──近代スポーツと文化帝国主義』昭和堂

第Ⅲ部
体育原理を
考えるために

第6章
スポーツとビジネス

学習のねらい　市場経済の広がりとグローバル化の進展によって、世界各国でスポーツのビジネス化が進んでいる。とりわけ、プロスポーツビジネスを頂点に、ギャンブリング（わが国では公営競技）、スタジアム・アリーナ（施設）、ウェア・シューズ（小売）といった分野が支えている。一方で、学校体育・運動部活動（教育）といった分野も大きな役割を果たしている。ここでは、ビジネス化の構造やそれを牽引する仕組みについて理解を深めるとともに、スポーツビジネスの課題について検討する。

1. スポーツビジネスの時代

　スポーツの商業化（commercialization）の進展により、今やスポーツとビジネスとは密接不可分な関係にある。**プロスポーツ**に代表される競技スポーツは、20世紀に入り飛躍的に発達したラジオとテレビにより多くの視聴者と観客とを得て、企業や商品の広告宣伝に付随するコンテンツとして日常的に放送されている。さらには21世紀を目前に実現した、衛星放送とインターネットの広がりは、これまで国内消費を前提としていたスポーツを、国境を越えて誰もが視聴できる国際的な財・サービスへと転換させた。このようにメディアの発達により、スポーツに関する商取引の規模は拡大し、今やスポーツは先進諸国にとって重要な産業の1つとして位置づけられている。

　アメリカでは、スポーツ産業の規模は拡大し続け、メジャーリーグ・ベースボール（MLB）、全米プロフットボール・リーグ（NFL）、全米プロホッケー・リーグ（NHL）、全米プロバスケットボール協会（NBA）の4大プロスポーツは、アメリカ国内のみならず、アジアやヨーロッパなど世界市場を席捲し始めている。

　ヨーロッパ諸国では、イギリスの「プレミアリーグ」、イタリアの「セリアA」、スペインの「リーガ・エスパニョール」などプロサッカーリーグが盛んな印象を受ける。しかし、それ以外にも、ラグビー、バレーボール、ハンドボール、卓球、バスケットボール、アイスホッケーなど多くのプロリーグも存在している。プロスポーツは、ヨーロッパ経済にとっても重要な産業の1つとして認められていることがわかる。

　わが国でも、プロ野球、Jリーグ、大相撲、ゴルフトーナメントなどにみられるように、プロスポーツは国民の日常生活の一部となりつつある。

　このようにプロスポーツを中核としたスポーツビジネスは、成熟社会における**エンターテインメント産業**としての興隆を極め、経済波及効果や雇用創出の面からも、製造業、流通業、マスメディア、建設業などを巻き込んだ、一大産業として確固たる地位を築いてきている。

プロスポーツ
：Professional Sport。観客が入場料を支払い、競技を観せるスポーツ。それによって競技者や関係者は生計を立てる。わが国では企業スポーツ（実業団リーグ等）との峻別がしばしば問題となる。

エンターテインメント産業
：Entertainment Industry。音楽コンサート、ミュージカル、映画、演劇、落語、コメディ、サーカス、遊園地、テーマパークなど人々を楽しませることを生業とする産業。

2．スポーツの産業と経済規模

原田宗彦によると、スポーツ産業の基本構造は、「スポーツ用品産業」「スポーツ施設空間産業」「スポーツサービス・情報産業」であり、加えて近年のスポーツ市場の拡大に伴い、いくつかの複合領域があることを指摘している[1]。例えば、それらには有名アスリートを起用したファッショナブルなテレビCMによるブランド化を進め、それをもとに展開される権利ビジネスや商品ライセンスビジネスなどの「スポーツ関連流通産業」がある。この他にも、スポーツ施設でのテニス教室、水泳教室などの各種スクールやプログラムを提供する「スポーツ施設・空間マネジメント産業」、そしてこれらの領域すべてが関連し合うハイブリッド（hybrid）な領域として、大規模なスタジアムやアリーナで、最高のスポーツ用具を使用し、テレビで放映される「プロスポーツ産業」が新たな複合領域として挙げられる。とくに「プロスポーツ産業」はスポーツ産業全体を牽引するため、スポーツ産業全体に**大きな影響**を与えることになる。

スポーツ産業の規模の計測については、1980年代後半よりスポーツ経済学を開拓してきたイギリスのGratton（2000）らの研究が知られている。彼らは、付加価値（Added Value）を用いてスポーツ産業の規模を計測しており、この計測値を「国内スポーツ総生産」（GDSP：Gross Domestic Sport Product）と呼ぶ。日本政策投資銀行（2015）[2]によると、2012年時点のGDSPは11兆4,085億円であり、名目GDPの2.4％を占めている（**表3-1**）。先進諸国の実質経済成長率が1～2％程度である時代においては、GDPの2％強を占めるスポーツ産業の存在はけっして小さくない。また、項目別にみてみると、割合が高いのは「公営競技」の4兆3,360億円（38.0％）で、次いで「施設」が2兆1,148億円（18.5％）、「小売」が1兆6,670億円（14.6％）、学校教育費のうち体育関連費用等から構成される「教育」が1兆5,682億円（13.7％）であった。2012年時点のGDSPは2002年当時から、全体で3兆3千億円以上減少した。10年間で「興行」は規模が大きくなり構成比も拡大している反面、「小売」「旅行」「教育」は減少している。また、「施設」は減少額も大

---

(1) 原田宗彦 編著（2015）『スポーツ産業論第6版』杏林書院

プロスポーツ産業が与えた大きな影響
：例えば、球団の合併問題に端を発した新リーグの発足、プロリーグ化に向けた各競技団体の取り組みなどがある。

(2) 日本政策投資銀行（2015）「2020年を契機とした国内スポーツ産業の発展可能性および企業によるスポーツ支援〜スポーツを通じた国内経済・地域活性化〜」

表3-1　わが国のGDSPの試算結果

単位：億円

	2002年当時 (A)	% (B)	2012時点 (C)	% (D)	差異 (C)−(A)	(D)−(B)
小売	19,166	13.0	16,670	14.6	−2,496	1.62
興行	1,222	0.8	2,843	2.5	1,621	1.66
施設	32,961	22.3	21,148	18.5	−11,813	−3.81
賃貸	283	0.2	270	0.2	−13	0.04
旅行	8,356	5.7	7,419	6.5	−937	0.84
教育	17,091	11.6	15,682	13.7	−1,409	2.16
放送・新聞	4,937	3.3	4,175	3.7	−762	0.31
書籍・雑誌	1,875	1.3	1,257	1.1	−618	−0.17
ゲーム・ビデオ	469	0.3	288	0.3	−181	−0.07
その他	380	0.3	973	0.9	593	0.60
公営競技	60,770	41.2	43,360	38.0	−17,410	−3.19
合計	147,510	100.0	114,085	100.0	−33,425	0.00

2002年当時のGDSPは、早稲田大学スポーツビジネス研究所が公表した数値をもとに日本政策投資銀行にて一部項目を修正。

きく構成比も落としている。このようにスポーツ産業の経済規模が縮小していることは今後のスポーツ振興にとって大きな問題といえる。

3．スポーツビジネスの課題

わが国では明治時代初期に近代スポーツが伝わって以来、スポーツは教育の一環として位置づけられてきたため、スポーツビジネスを支える仕組みが十分に整備されていない。そのため、現代社会ではスポーツは重要な産業と認められる一方、急速に肥大化したスポーツビジネスには次に挙げるような多様な課題が内包しているといえるだろう。

①スポーツマネジメント人材の不足

大規模スポーツイベントやプロスポーツチームの経営に際して、膨大な要員、巨額な予算、無数の情報を適切に**マネジメント（やり繰り）できる人材**が不足していて、スポーツビジネスの専門家の養成が急務とされている。

②権利ビジネスに起因する問題

肖像権、名称使用権、放映権、販売権などの各種権利に関するスポーツビジネスが発達してきているが、これらの**権利**は複雑に絡んでいることもあり、様々な**問題**が生じている。

③スポーツ開発に伴う問題

スポーツには、それを行うための施設・設備が必要となる。スタジアム、スポーツリゾート、ゴルフ場などの大規模開発が世界各地で進み、自然環境破壊、騒音、交通渋滞、廃棄物処理、農薬散布などの**環境問題**が広がりつつある。スポーツ関連企業においても、環境マネジメントの国際規格「ISO（国際標準化機構：International Organization for Standardization）14001」の取得をはじめ、製品のリサイクルやリユースに力を注ぎ始めているが、必ずしも十分には普及していない。

④ビジネスエシックス（business ethics）の問題

企業の不祥事が広がり、ビジネス界ではコンプライアンス（compliance：法令遵守）の徹底が図られはじめているが、スポーツビジネスでも、競技会開催やチーム経営において、**スポーツ界としてのモラル**が求められている。

（間野 義之）

マネジメントできる人材
：アメリカでは、スポーツに関するMBA（Master of Business Administration：経営管理学修士）コースをもつ大学院が存在するが、アジア諸国では皆無に等しい状況といえる。

権利問題
：競技者個人の契約スポンサーと、イベントのスポンサーが競合関係にある場合やテレビ放映権とインターネットでの再放送の問題、グッズ販売や自社広告での名称使用の範囲の問題などがある。

環境問題
：長野オリンピックでは、各種競技会場の整備に際して、植生回復が大きな問題となった。

スポーツ界としてのモラル
：サッカーワールドカップの候補地選定をめぐるFIFA理事への贈収賄事件、不透明な代表選手選考、有望選手獲得のための水面下での攻防、親会社によるプロスポーツチームの私物化など、スポーツ界のモラルを問われる問題が噴出している。

理解度チェック

1 スポーツのビジネス化の潮流について具体例を挙げて説明しなさい。
2 GDSPの意味について説明しなさい。
3 スポーツビジネスの課題について簡潔に述べなさい。

さらに読んでみよう おすすめ文献
- 原田宗彦 編著（2015）『スポーツ産業論第6版』杏林書院
- 武藤泰明（2014）『スポーツの資金と財務』大修館書店
- 平田竹男（2012）『スポーツビジネス最強の教科書』東洋経済新報社
- 間野義之（2015）『奇跡の3年 2019・2020・2021 ゴールデン・スポーツイヤーズが地方を変える』徳間書店

第Ⅲ部
体育原理を
考えるために

第7章
みんなのスポーツ

学習のねらい

「スポーツ・フォア・オール」のスローガンで知られている「みんなのスポーツ」が世界的に広がっている。ここでは、その背景や意義を知るとともに、わが国における活動内容について学ぶ。それぞれが果たした量的拡大や質的発展の背景を確認し、スポーツプロモーションの実現を目指して行われている現在の活動について理解を深める。

1．「みんなのスポーツ」スローガンの意義

「みんなのスポーツ」とは、「Sports for All」の訳語として、**スポーツの大衆化**の未来像を論じる際の願望的スローガンとして定着している。

1975（昭和50）年3月、ヨーロッパ評議会（Council of Europe）に加盟するスポーツ閣僚会議において「ヨーロッパ・みんなのスポーツ憲章」（European Sport for All Charter）が採択された。第1条には「すべての個人は、スポーツに参加する権利をもつ」ことを主張し、国籍や階級、民族や人種、性や年齢・障がいの区別なく、万人のスポーツ権利を相互承認する基盤が共有されることになった。その後1978年の第20回ユネスコ総会において「体育およびスポーツに関する国際憲章」（International Charter of Physical Education and Sport）が採択され、これを機に先進各国を巻き込んだ**スポーツ・フォア・オール**ムーブメントが拡大していく。

憲章採択の背景には、記録や勝敗に過剰にこだわるスポーツの勝利至上主義が国家の偏狭なナショナリズムを煽り、またスペクタクル化するスポーツの商業化が、プレイを本源的欲求とするスポーツの気軽さや自由を疎外させてしまったことへの危機感があった。このため、スポーツを地域の生活文化として伝承してきたヨーロッパ諸国は「スポーツ・フォア・オール」の基本原理を尊重し、スポーツの文化的価値を継承するための共同歩調をとる必要があった。

一方で、1960年代以降、先進国に蔓延した社会病理の一つに人々の健康不安があった。ヨーロッパ諸国の経済成長を支えたテクノロジーの急速な発展は、就労形態の合理化によって身体活動の減少を招く事態となっていた。福祉領域の一つとしてスポーツの生活化の効用を唱えてきたヨーロッパ諸国においては、こうした事態を見逃すわけにはいかなかったのである。ここに身体・スポーツ活動に必要な物的・人的・心的諸条件の整備が政治的課題として各国共通の関心事になっていくのである。

こうした背景によって採択されたスポーツ・フォア・オール憲章は、国籍や階級、民族や人種、性や年齢・障がいの区別なく万人に享受されるべき人間の文化的営みであることを権利として主張し、このことを世界中で相互承認していくスローガンとして位置づけられたのである。

スポーツの大衆化
：スポーツが特定の人々や社会集団だけに享受されるものではなく、一般の人々にも差別なく享受されている様をいう。勝利を追求することを優位とする競技スポーツの発展を「スポーツの高度化」とあらわすのに対して、スポーツをすべての人々が自由に自己のライフスタイルや目的に合わせて手軽に楽しむことを優位とする生涯スポーツの発展を「スポーツの大衆化」とあらわす。また、大衆スポーツと明示する場合は、スポーツの量的拡大となる大多数のスポーツ参加層を意味しているのに対して、市民スポーツと明示する場合は、スポーツの質的拡大を担うスポーツの主体像を意味している。

スポーツ・フォア・オール
：1970年代後半からヨーロッパ諸国を中心に展開されたスポーツ参加層拡大キャンペーンのスローガンである。一方で、このスローガンを掲げて展開されたムーブメントでは、オリンピックに代表されるスポーツの商業化や政治化といったスポーツの歪んだ手段化に対して、スポーツを生活文化として純粋に楽しむ人々の実践からスポーツそのものを目的化することの意義を説いてきた。

2．日本における「みんなのスポーツ」

　戦後、団塊世代が成人を迎えることを見越して、学校卒業後の学びの欲求に応える「社会教育」施策が誕生していく。そして、これに倣（なら）うように「社会体育」というスポーツの社会教育化モデルが提唱されていった。例えば学校卒業後、働く職場内には、数多くのスポーツ・レクリエーションサークルが誕生し、こうした**職場レクリエーション**は高度経済成長期で繁栄していく職場の連帯感を醸成する場となっていた。

　しかし一方で、高度経済成長は、コミュニティの歪みを生み出す。都市部には多数の若年労働力が転入し、地方部では次代を担う若年層の転出につながった。都市部で生じる新旧住民の関係希薄化と地方部で進行した過疎化は、コミュニティの危機を表面化させたのである。ここにスポーツの社会統合機能の有用性を生かす「**コミュニティスポーツ**」が施策として位置づいていく。現実的には、学校体育施設の開放化によって、女性や高齢者がスポーツの愛好者サークルを結成し、定期的にスポーツを楽しむ活動空間が誕生していくのである。こうしたスポーツ参加層の「量的拡大」では職場レクリエーションを企業内の連帯感を醸成する社会統合機能へスポーツを手段化し、コミュニティスポーツをコミュニティの再編へスポーツを手段化する構想が背景に存在していた。

　これに対して、みんなのスポーツスローガンは、1968年メキシコオリンピック・スポーツ科学会議において提唱された「スポーツ宣言」が基本原理となっている。この宣言では、スポーツは「プレイの性格を持ち、自己または他人との競争、あるいは自然の障害との対決を含む活動」であると定義した。すなわち、「みんなのスポーツ」は、スポーツをする主体者が、プレイ欲求を出発点に目的的にスポーツを享受することの権利を謳い、その基本原理が欠落することなく拡大していくスポーツ享受空間が、スポーツの文化的価値の向上に資することを主張するのである。このことからすれば、わが国におけるスポーツの「量的拡大」モデルとなっていた職場レクリエーションやコミュニティスポーツは、スポーツの手段的な側面が重視され、スポーツをプレイする主体の目的的なスポーツ享受空間を基軸とするものではなかったといえる。つまり、みんなのスポーツスローガンが、日本におけるスポーツの普及思想に与えた意味は、スポーツの手段論への批判からスポーツの目的論への原点回帰を促し、そのための方策と体制をどのように創造していくのか、いわば日本のスポーツ文化をプレイの原点から再編する視点の提示であったといえる。

3．「スポーツプロモーション」の実現をめざして

　ところが、日本におけるみんなのスポーツムーブメントは、スポーツ参加層の「量的拡大」に弾みをつけたとはいえ、現実的には「**生涯スポーツ**」をスローガンとする推進策に包摂されて論じられてきた。ここでとらえられる「生涯スポーツ」は、「競技スポーツ」に内在する競争性の原理から一線を画したスポーツ享受の「質的発展」を意味するスローガンでもあった。

　このことは1988年、文部省（現、文部科学省）体育局内のスポーツ課を競技スポーツ課と生涯スポーツ課の2課に分離し、これを機に地方自治体のスポーツ推進系の部局が総じて競技と生涯の2極ガバナンス体制へシフトしたことへつながる。

職場レクリエーション
：1961（昭和36）年制定の「スポーツ振興法」では、その第9条「職場スポーツの奨励」の条項において「勤労者が勤労の余暇を利用して積極的にスポーツの奨励に必要な措置を講じるよう努める」ことが制定された。このことをきっかけにして、従業員の健康管理や福利厚生の一環として職場内でのレクリエーション・サークル活動が盛んに行われるようになった。

コミュニティスポーツ
：地域住民の生活圏で展開されるスポーツとしてとらえる。とくに地域住民の連帯意識の向上や地域の秩序形成において、スポーツが果たす役割を理念的に論じる際に用いられる用語である。このため地方自治体のスポーツ政策では、住民参加型のスポーツ組織づくりやスポーツ事業が展開されることにより、地域づくりとしてのスポーツの意義が論じられてきた。このようにコミュニティスポーツは、地域づくりを主たる目的としたスポーツの在り方として論じられる。

生涯スポーツ
：人間が一生涯にわたってスポーツを生活文化として位置づけることをいう。スポーツを自己のライフスタイルの変化にあわせて目的的に選択し、一生涯を通してスポーツを文化的に実践できることをいう。

さらに、1989年には、日本オリンピック委員会（JOC）が日本体育協会から分離・独立し、競技力向上を推進する競技スポーツと国民スポーツの普及・振興を担う生涯スポーツの２極ガバナンス体制に転じていく。それは学校運動部モデルを特徴とする競技スポーツの限界を自覚し、この限界を克服するための「生涯スポーツ」が「人々のスポーツ享受の質的発展」を志向した新たな享受モデルを創造することへの期待からであった。

こうした２極ガバナンス体制は、スポーツ享受の物的・人的諸条件に係る施策の分化にもつながったことは否定できない。このことの反省を踏まえ、今後、競技スポーツと生涯スポーツ、いわばスポーツの高度化と大衆化を統合するスポーツビジョンが構想されなければならない。わが国では2011年に「スポーツ基本法」が公布・施行された。この法の前文では、「スポーツを通じて幸福で豊かな生活を営むことは、全ての人々の権利」であることが謳われた。このようにスポーツを享受する権利が法に記されたことは、日本スポーツ界のビジョンづくりに大きな転機を迎えたことを意味している。

佐伯は、「スポーツの主体性、内在的発展の力を強調する『スポーツプロモーション』を提唱」[1]する。これからはスポーツの主体者がプレイ欲求を出発点にして、スポーツのよりよい享受のあり方を権利として主張し、これらの主体が結束してスポーツの質的発展を目指したスポーツプロモーションを実現させていくことが必要である。

こうして学校や企業といった母体組織に依存しないで、プレイ欲求を出発点としてスポーツ享受者らが結束する**総合型地域スポーツクラブ**の組織原理が注目されることになる。総合型地域スポーツクラブは、スポーツの高度化と大衆化の統合を目指すスポーツクラブモデルをコミュニティレベルで構想することを基本原理とし、地域のスポーツ環境を再編する公共団体として期待されている。それは言い換えれば、みんなのスポーツが目指すスポーツの「量的拡大」と「生涯スポーツ」が目指すスポーツの「質的発展」を統合し、新しいスポーツ論のビジョンのもとで組織化をはかる総合型地域スポーツクラブへの期待であるといえよう。総合型地域スポーツクラブは、スポーツプロモーションのビジョンを先導し、そのための手法を構想するための基礎単位となるスポーツ組織である[2]。そのためにはスポーツ享受者らを結集させ「下から」スポーツ制度や組織を自己統治できることの楽しさと幸福感が共有されるクラブづくりが必要である。

（水上 博司）

(1) 佐伯年詩雄（2006）「スポーツプロモーションビジョンの検討―生涯スポーツ論の系譜とビジョン構想の方法論から考える」佐伯年詩雄 監修、菊幸一、仲澤眞 編『スポーツプロモーション論』明和出版. pp.2-15.

総合型地域スポーツクラブ
：地域住民が自主運営する多種目・多世代・多志向のニーズに応える地域スポーツクラブである。1995（平成7）年から文部科学省（当時は文部省）がスタートさせた「総合型地域スポーツクラブ育成モデル事業」に端を発しており、今日では、地域スポーツ政策の中核的事業として位置づいている。総合型地域スポーツクラブは、メンバーシップ制を基本とし、クラブ会員らによって選ばれた役員を中心とした自主運営によって、クラブを拠点としたスポーツライフスタイルを創造する場として期待されている。

(2) 佐伯年詩雄、菊幸一、仲澤眞（2005）「社会の中のスポーツ」公益財団法人日本体育協会 編『公認スポーツ指導者養成テキスト共通科目Ⅱ』公益財団法人日本体育協会. pp.14-31.

理解度チェック
1. ヨーロッパ・みんなのスポーツ憲章を調べなさい。
2. みんなのスポーツのキャンペーンの具体例を挙げて説明しなさい。
3. スポーツプロモーションについて述べなさい。

さらに読んでみよう おすすめ文献
- 佐伯年詩雄 監修、菊幸一・仲澤眞 編（2006）『スポーツプロモーション論』明和出版
- 菊幸一 ほか 編（2011）『スポーツ政策論』成文堂
- NPO法人クラブネッツ 監修、黒須充・水上博司 編（2002）『ジグソーパズルで考える総合型地域スポーツクラブ』大修館書店

第Ⅲ部
体育原理を
考えるために

第8章
スポーツとドーピング

学習のねらい　　近年、競技スポーツ界において大きな問題となっていることの1つにドーピングがある。ここでは、ドーピング問題について、とくに①定義の歴史的変遷、②スポーツの歴史におけるドーピングの事例、③アンチ・ドーピング活動の経緯とその意義、について理解を深める。

1．ドーピングとは何か

　ドーピングという用語が英語の辞書で初めて言及されたのは、1889年のことである。そこでは、競走馬を興奮させるために用いたアヘン含有薬（ドープ）のことを示していた。この含有薬は、もともとはブドウの皮を原料とした蒸留酒であり、ズールー族の兵士が戦いなどの際に服用していた飲料であった。そのアヘン含有薬にちなんで、ドープの語が「競走馬に違法な薬物を使用すること」という意味をもつようになり、さらに1900年前後、転じてスポーツにも適用されるようになったのである[1]。近代以降のドーピングの定義は、表3-2にみられるように、時代の変遷とともに説明が修正されてきた。

(1) Müller, R K.（2010）History of Doping and Doping Control.（Eds.）Thieme, D. and Hemmersbach, P. *Doping in Sports.* （Handbook of Experimental Pharmacology, Vol.195）. Springer. Berlin Heidelberg. pp.1-2.

2．スポーツとドーピングの歴史

　ドーピングという用語が辞書に現れる以前にも、競技者は太古の昔から運動能力を向上させようと、様々な試みをしてきたことが報告されている。古代オリンピックでは、幻覚作用のあるキノコを運動能力向上のために摂取していたという報告がある[1]。
　近代スポーツとドーピングのかかわりに目を向けると、1879年から開催された「6日間自転車競技会（six-day bicycle races）」やプロボクシングなどでドーピングが増え、アルコールやコカイン、ニトログリセリン、ストリキニンなどの薬物が使用された。また、ドーピングによる初めての死亡事故は、1886年に開催されたボ

(2) Beckmann（1933）*Beckmanns Sport lexikon A-Z.* Verlagsanstalt Otto Beckmann. S.709. LEIPZIG・WIEN.

(3) Müller, R K.（2010）前掲書. p.15.

(4) World Anti-Doping Agency（2015）*World Anti-Doping Code 2015.* p.18. なお、第2.1～第2.10項の項目の詳細な内容については、pp.18-24.を参照されたい。

表3-2　ドーピングの定義の変容

	ドーピングの定義
1933年 ベックマンスポーツ事典	ドーピングとは、興奮性（能力亢進性）薬剤を使用すること。[2]
1963年 欧州評議会一般教育（校外教育）委員会	人体にとって異常であるすべてのもの、または、生理的なものであっても、それが異常に大量に、かつ異常な方法で、もっぱら競技能力を増強することを目的として、健康者な人に対し人為的または不正に使用することを指す。[3]
2015年 世界アンチ・ドーピング規程	ドーピングとは、世界アンチ・ドーピング規程の第2.1項から第2.10項に定められている項目のうち、一つ又は二つ以上の規則違反が発生することをいう。[4]

ルドー―パリ間の自転車レースであり、イギリス人選手であるリントン（Linton）のカフェイン摂取過多による死亡であったという説がある[5]。少なくとも確認できることは、この時代に競技スポーツにおいて運動能力向上を意図した刺激物質や薬物摂取が浸透しており、また、競技者が危険に晒されていたということである。

オリンピックもドーピングに関する根深い問題を抱えている。近代オリンピック初期のドーピング事例として確認できるものに、1904年のセントルイス大会があり、マラソンの優勝者であるヒックス（Hicks）が、レース中にストリキニンを注射していたという事例がある[5]。また、オリンピックにおける初のドーピング死亡事例は、1960年のローマ大会においてである。デンマーク人の自転車競技選手であるイェンセン（Jensen）が競技中に死亡するという事故が生じ、検視の結果、アンフェタミンの多量摂取が判明した[6]。この死亡事故をきっかけに、国際オリンピック委員会（International Olympic Committee：IOC）は、アンチ・ドーピング活動に本格的に取り組むようになった。

1968年にドーピング検査が導入される一方で、ドーピング技術は多様化かつ高度化していく。1960年代に筋肉増強剤や血液ドーピングが登場し、また、ヒト成長ホルモンや、酸素運搬能力を高めるエリスロポエチンなどがその後、使用されていく。冷戦時代には、旧東ドイツにおいて国家による強制的ドーピングが実施された。1988年ソウル大会では、男子100mで優勝したジョンソン（Johnson）がドーピング違反で金メダルを剥奪されるというショッキングな事件も生じた。

その後もスポーツ選手における深刻なドーピングスキャンダルは少なくなく、ドーピング問題への対策は、医科学技術の進歩とともに、昨今改めて問われている。

3．アンチ・ドーピング活動の展開とその意義

IOCは、1990年代後半に国際的なアンチ・ドーピング機関設立の必要性を訴え、1999年12月に、世界アンチ・ドーピング機構（World Anti-Doping Agency：WADA）が設立された。WADAが設立される以前の、各国や各競技連盟における**アンチ・ドーピング活動**について振り返ってみると、初めて興奮性物質の使用を禁止したのは、1928年当時の国際アマチュア陸上競技連盟（International Amateur Athletics Federation：IAAF）である。このときは、まだ選手に対する検査はなされなかった。その後、1966年には、国際自転車競技連合（Union Cycliste Internationale：UCI）や国際サッカー連盟（Fédération Internationale de Football Association：FIFA）がドーピング検査を導入した。また、オリンピックにおいて初めてドーピング検査が導入されたのは、1968年の冬季グルノーブル大会および、夏季メキシコシティ大会である[7]。

WADAの設立以降におけるアンチ・ドーピング活動の大きな変化は、2003年に実施された「世界アンチ・ドーピング規程（WADC）」の制定に見て取れる。WADCは2004年に発効し、改訂を重ね、現在2015年1月1日に発効したものが最新版となる。この規程に付随して作成された「国際基準」の中の「禁止表国際基準」には、様々な禁止薬物や方法が記載されている。例えば、競技中・外にかかわらず常に摂取が禁じられている物質や、競技中のみ摂取が禁止されている物質、特定の種目においてとくに禁止されている物質等の記載がある。また、新たに遺伝子

---

(5) Müller, R K.（2010）前掲書．p.3.

(6) Yesalis, C E. and Bahrke, M S.（2010）Doping, History of. R. Bartlett et al.（Eds.）*Encyclopedia of international sports studies.* Routledge. London and New York. p.366.

アンチ・ドーピング
：アンチ・ドーピングとは、スポーツの価値を守るために、スポーツの世界からドーピングを排除、撲滅するために行う活動のことを意味する。反ドーピングともいう。

(7) Müller, R K.（2010）前掲書．pp.7-8.

ドーピングも禁止方法として追加されたことは、特筆すべきことである。なお、この「禁止表国際基準」は、毎年必ず1回は見直しがなされ、改訂される。

　WADAの設立に基づき、各国でアンチ・ドーピング機構が整備されるようになった。日本においても、日本アンチ・ドーピング機構（Japan Anti-Doping Agency：JADA）が2001（平成13）年に設立され、多方面にわたりアンチ・ドーピング活動を行っている。例えば、『アンチ・ドーピングを通して考える―スポーツのフェアとはなにか―』という教材を作成し、スポーツ精神や価値について改めて考える機会を提供するなどの活動である。

　JADA設立当初のアンチ・ドーピング活動は、競技者がドーピングに際して気をつけるべきことなど、薬の服用の仕方や医薬品の知識に関する教育活動が主流であった。最近は、それに加えてスポーツの教育的価値やドーピングの禁止理由について学ぶなど、スポーツそのものに向き合うための教材開発や教育活動が行われている。このような教育は、人間の生活を豊かにするスポーツ文化の醸成と継承、発展のために必要不可欠なことであり、また、競技者の健全な身体・生命の保持、競技者の尊厳の保持のためにもきわめて重要なことである。今後もアンチ・ドーピング活動を継続して展開していくことが期待されている。

　　　　　　　　　　　　　　　　　　　　　　　　　　　　（竹村　瑞穂）

理解度チェック

1　世界アンチ・ドーピング機構が設立されるに至った背景について述べなさい。
2　アンチ・ドーピング活動の意義について具体例を挙げて説明しなさい。

さらに読んでみよう　おすすめ文献

- カール-ハインリッヒ　ベッテ・ウヴェ　シマンク：木村真知子　訳（2001）『ドーピングの社会学―近代競技スポーツの臨界点―』不昧堂出版
- 公益財団法人日本アンチ・ドーピング機構　監修『アンチ・ドーピングを通して考える―スポーツのフェアとはなにか―』
  http://www.playtruejapan.org/school/jada_textbook_01.pdf（参照2015年9月29日）

第Ⅲ部
体育原理を
考えるために

第9章
スポーツとナショナリズム

本書のねらい

私たちがオリンピックなど国際的なスポーツイベントを観戦するとき、自国選手の勝利に誇りを感じるといったように、ナショナリズムの感情が芽生える。スポーツにおけるナショナリズムは国民の一体感を醸成する一方で、政治的な諸力と結びついて排外的な思想や態度に結びつくこともある。ここでは、スポーツにおいて典型的に見出されるといわれるナショナリズムとその特殊性について考察する。

1．スポーツにみられるナショナリズム

オリンピックやFIFAワールドカップ（以下、「W杯」と略す。）を筆頭として、選手が国家を代表して競技したり、国際的なスポーツイベントを観戦したりするとき、私たちは自国選手の勝利に誇りを感じ、敗戦に悔しい感情を覚えるといったように、普段は意識しないナショナリズムを感じる。

ナショナリズムはスポーツにこそ典型的にみられるものであるといわれることが多い。なぜなら、国際的競技の前には自国の国歌演奏が行われ、勝利者には国旗掲揚が行われるなどの儀礼的なものから、競技場やテレビ観戦などを通じた自国選手・チームに対する国民感情の一体化、代表選手の活躍が国の威信を高めるものとして報じられる加熱したメダル争いの様相など、ナショナリズムを高める仕掛けは様々な場面で確認できるからである。また、オリンピック開会式など、その国の「ナショナルなもの」[1]を表出する機能を担っているイベントもある。

サッカーの日韓戦など、これまでの歴史的、政治的、経済的関係などを反映した特定の国との対戦においては、選手や観衆の感情の高ぶりは顕著なものとなる。それは競技におけるライバル心を超え出て、排他的な感情の発露に結びつくことも少なくない。1969年のW杯予選において、サッカーにおけるホンジュラスとエルサルバドルの確執が国家間の戦争にまで発展した、いわゆる「サッカー戦争」の事例はあまりにも有名である。

「参加することに意義がある」という標語で知られるオリンピックが、その初期から**ネイション**間の対立をはらんでいたことはあまり知られていないが、スポーツは国際競争に開かれた20世紀初頭からナショナリズムの契機を胚胎していたのである。

2．ナショナリズムとは

誰もが感覚的に知っていると思われるナショナリズムは、大澤真幸が「政治的には大きな影響力をもつのに、哲学的には支離滅裂で、まったく貧困だ」[2]と述べるように、突き詰めて考えると言葉の定義から難解なものである。そもそもナショナリズムを論じるためには、ネイション、**国家**とは何かといったことを同時に語らな

---

(1) 阿部潔（2008）『スポーツの魅惑とメディアの誘惑』世界思想社．pp.129-145．

ネイション
：民族、国民などと訳される多義的な言葉。ある人々が同じ文化を共有していること、同じ民族に所属していると認めた場合に姿をあらわす単位とその現象を指す。

(2) 大澤真幸（2007）『ナショナリズムの由来』講談社．p.87．

国家
：主権を特定の領土、制度から規定する政治的な単位。国民主権の名のもとに成立する様態を国民国家と呼ぶ。

ければならない。

　古典的なナショナリズムの定義は、ナショナリズムが近代の産物であることを描いたゲルナー（Gellner）とアンダーソン（Anderson）をもとになされることが多い。ゲルナーは、ナショナリズムとは「第一義的には、政治的な単位と民族的な単位とが一致しなければならないと主張する一つの政治的原理である」[3]と定義する。これは民族的な単位であるネイションを、政治的な単位である国家と一致させる政治的原理がナショナリズムであるとする考え方である。

　これに対してアンダーソンはネイション（国民）を「イメージとして心に描かれた想像の政治共同体である」と定義し、もともと存在していないところにネイションを想像するのがナショナリズムであるとする「想像の共同体」論を提起した[4]。どんなに小さな国民であろうとも、その構成員はその大多数の同胞を知ることも、会うこともできないにもかかわらず、深い共同意識をもつことができるのはなぜだろうかとアンダーソンは問いかけ、新聞など商品としての出版物が発展した、いわゆる出版資本主義の到来がこの共同体を可能にさせたと説明するのである。

　両者の議論を念頭に置いてホブズボウム（Hobsbawm）は、近代スポーツにおけるナショナリズム発生の歴史を描いている。彼の説明は、もともとイギリスで起こった近代スポーツはある**階級**の楽しみを表現する私的世界に留まっていたのに対して、オリンピックのように、競技を通じて国家的な自己主張を行う公的世界が出現したことで、ネイションを代表する若者たちのパフォーマンスが、何百万人もの人々からなる「想像の共同体」と一体化したというものであった[5]。古くは新聞やラジオ、現代ではテレビやインターネットなどのメディアを通して、スポーツは人々にナショナルな感情を抱かせる上で効果的な媒体になり得たのである。

3．スポーツとナショナリズムを問うこと

　スポーツにみられるナショナリズムは国民の一体感を醸成するという意味において、自然でポジティブな感情とみられがちである。例えば、多くの移民を受け入れている、あるいは多民族から構成されているネイションでは、スポーツが国民統合の戦略的な位置づけを担わされていることが多い。W杯における1998年大会の開催国フランスの活躍や2014年大会のボスニア・ヘルツェゴビナの初出場は、サッカーが統合のシンボル的存在になった事例であり、スポーツ・メガイベントの開催がそれを目的化することもある。

　これに対して、ナショナリズムのネガティブな側面への留意も重要な論点である。近年私たちをとりまく政治・経済・外交問題において、ナショナリズムを呼び起こす事象が実に増えている。スポーツにみられるナショナリズムの分析は、その中で特徴的な事例への着目と、これらがひるがえって政治的な諸力と結びついたり、排外的な態度を形成したりすることへと向けられる必要がある。

　香山リカが「ぷちナショナリズム」と呼ぶ[6]、W杯にみられるサポーターの反応は一つの特徴的な事例である。日本戦において、普段はネイションを意識しない人たちが顔に日の丸のペイントをし、国歌を高らかに歌い、「ニッポン」とコールするようになった。試合が終わった後、若者たちが渋谷のスクランブル交差点に集いハイタッチを交わす光景は、近年のW杯の風物詩になりつつある。香山は彼らが

---

(3) ゲルナー：加藤節監訳（2000）『民族とナショナリズム』岩波書店. p.1.

(4) アンダーソン：白石さや・白石隆 訳（1997）『想像の共同体（増補）』NTT出版. p.24.

階級
：社会的資源が不平等に配分されていることを前提として成立する、生産手段を同じくする人々の集団。上流、中間、労働者階級などに区分される。

(5) ホブズボウム：浜林正夫・嶋田耕也 他 訳（2001）『ナショナリズムの歴史と現在』大月書店

(6) 香山リカ（2002）『ぷちナショナリズム症候群』〈中公新書ラクレ〉中央公論新社

表出するナショナリズムを一時のファッション的なものと分析しながらも、それが対戦国に対する排外的な思想や態度につながっていく危険性も描出している[7]。

加えて、スポーツにおけるナショナリズムが政治的なものに利用された事例としてよく引き合いに出されるのは、1936年のベルリンオリンピックがナチスドイツの国威発揚のプロパガンダとして開催されたことだろう。また、1980年のモスクワオリンピックに対する西側諸国のボイコットは、スポーツに政治が介入した事例として知られるが、東西冷戦下のスポーツは両陣営に分かれての熾烈な政治競争を体現していたのである。

一方で、スポーツはナショナリズムを通してネイションの存在を強力に自覚させようとする諸力に対して、それとは異なる独自のメカニズムで動いてもいる。多木浩二は、スポーツにはネイションを相対化し、国威発揚型のナショナリズムとは別の様態を発現させる可能性があると主張する[8]。スポーツは自国の選手をたたえるナショナリズムに回収されながらも、例えばウサイン・ボルトの圧倒的な速さや、時に流麗なサッカー選手のプレイの前ではその効力を失い得るといったように、実際は大きく揺れ動いてもいる。また、**グローバリゼーション**の進展は、ネイションの境界を越え出る多くの選手を生み、ナショナリズムでは解釈できないスポーツのあり方を提示している。

ここまでみてきたように、私たちがナショナリズムとして直感的に感じ取っている事象は、ネイション、国家といったいくつかの関連する定義とともに分析が可能になるものであり、スポーツにおける特殊性とそれがもたらす影響の大きさから把握されなければならないのである。

（石坂 友司）

---

(7) 香山リカ（2015）「スポーツとナショナリズム」石坂友司・小澤考人 編『オリンピックが生み出す愛国心』かもがわ出版．pp.18-42.

(8) 多木浩二（1995）『スポーツを考える』〈ちくま新書〉筑摩書房

グローバリゼーション
：資本や商品、情報などがあたかも国境などないかのように越え出ていく社会的状況。
「スポーツとグローバリゼーション」の項（第Ⅲ部第5章、pp.114-116）を参照。

理解度チェック

1. ナショナリズムはどのように定義されるのか説明しなさい。
2. スポーツにおけるナショナリズムの特殊性はどのようなものか説明しなさい。

さらに読んでみよう おすすめ文献

- 石坂友司・小澤考人 編（2015）『オリンピックが生み出す愛国心』かもがわ出版
- 大澤真幸・姜尚中 編（2009）『ナショナリズム論・入門』有斐閣
- 清水諭 編（2012）『現代スポーツ評論』27、創文企画
- 土佐昌樹 編（2015）『東アジアのスポーツ・ナショナリズム』ミネルヴァ書房

第Ⅲ部
体育原理を
考えるために

第10章
スポーツと勝利至上主義

学習のねらい

スポーツには様々な価値があるが、そのひとつに勝利がある。その一方で、スポーツの価値を貶めるものとして「勝利至上主義」の問題が挙げられる。ここでは、スポーツにおける勝利至上主義は、これまでどのような文脈で用いられ、これからのスポーツの発展にどのように寄与するものなのかを理解する。

1．「勝利至上主義」という問題性

　スポーツには人間の可能性の極限を追求するという側面がある。自らの能力の限界に挑む中で表出されるパフォーマンスは人々に夢と感動を与え、スポーツへの関心を高め、スポーツの振興および社会の形成に貢献しうるものである。

　しかし、高度化を志向する競技スポーツでは、勝利や名誉に多大な利益が見出され、それを獲得するためにドーピングをはじめとした競技者および関係者の倫理的な逸脱現象が起こっている。オリンピックなど国際大会の規模の拡大、それに伴ったスポーツの商業主義化やナショナリズムの発露、それを私たちに伝えるメディアの多様化などによって、競技における勝敗と様々な利害が結びつくことで、勝利を最優先し、そのためには手段を選ばない「勝利至上主義」が横行するようになっている[1]。

　競技スポーツでは、勝利の追求を目的とすることは当然であり、競技者は勝利のために尽くさなければ（至上のこととしなければ）、一流競技者という存在にはなれないという見解がある。この背景には、競技スポーツが高度化・専門化し、競技者はフルタイムで競技活動に従事しなければ良い結果を残すことができなくなりつつある状況が考えられる。競技活動を継続するには、国・政府や企業といったスポンサーからの全面的な支援が必要となり、スポンサーの獲得や支援継続のために競技者は勝つことの必要性に迫られ、スポンサーに依存する体質が生じることとなる。

　なお、勝利至上主義の問題性はトップスポーツに限られたことではない。学校体育でも、チームが勝つために下手な生徒にはボールが回ってこなかったり、試合にかかわりのないポジションにさせられたりすることがある。運動部活動では、勝つためにしごきや暴力を伴った指導が正当化されたり、試合に出場するために怪我や体調不良を隠す選手がいたり、勝つことで学校の知名度を高めるために優秀な選手を集める学校経営が進められたりするなど、教育の場においてもその問題性が指摘されている。スポーツにおける勝利至上主義の問題は、スポーツ実践のあらゆるレベルで生じていることがわかる。

2．スポーツにおける勝利は至上価値なのか

　この勝利至上主義的なスポーツのあり方は、上述したように**スポーツ倫理**に関連

---

(1) 友添秀則（2015）「スポーツの正義を保つために―スポーツのインテグリティーを求めて―」『現代スポーツ評論』32：8-17.

スポーツ倫理
：スポーツにおいて正しい行為を判断する内面的な規準となるもの。これはルールによって規制されたり、強制されたりするものではない。スポーツにおける暴力や不平等、差別にかかわる問題、ドーピング問題、スポーツとナショナリズム、大学スポーツ、コマーシャリズム、環境にかかわる問題など、現代スポーツにおいて提起される倫理的諸問題に対して、どのように対処・解決をはかっていくのかが問われている。

する諸問題の発生源となりうる。では、なぜ勝利至上主義が問題となるのか、スポーツにおける勝利はどのように位置づけられるのか。ここでは、スポーツの本質に勝利を位置づけるのか否か、あるいは勝利をスポーツの内在的価値として位置づけるのか否か、といったスポーツの本質にかかわる議論から検討する。

スポーツには様々な内在的価値を想定することができるが、そのなかのひとつに勝利が挙げられる。競技者が勝利を追求するということ自体は問題とはならない。むしろ、問題となるのは勝利を外在的価値とみなした場合である。**スポーツが社会現象である**といわれる今日、勝利には金銭的な報酬や社会的な地位といった外在的価値が見出され、勝利至上主義に拍車をかけている。勝利は、スポーツの内在的価値のひとつであり、外在的価値が付与される・されないということは、スポーツの本質にかかわる議論とは別に考えられなければならない。

では、勝利至上主義を克服するには、何が勝利に代わる至上の価値として考えられるべきなのか。それは例えば、「卓越性の追求」や「スポーツパーソンシップ」「フェアプレイ」「ルールの遵守」など、様々な議論がある。それらの多くは、勝利を至上の価値として位置づけてはおらず、勝利至上主義は本来のスポーツから逸脱したあり方として批判的にとらえられる。

ところが、スポーツ実践の場面では、フェアにプレイしていては試合に勝つことはできず、意図的にルール違反（戦術的ファウル）をすることで勝利につながるといった状況も考えられる。このとき、上述のフェアプレイやルールの遵守と勝利（の追求）との間に対立関係が生じ、行為主体はどのように行動するべきか判断を迫られる。仮に勝利をスポーツにおける至上の価値とした場合、フェアプレイとの共存は困難であろう。しかし、勝利追求を他の諸価値の中のひとつとすれば、両立は可能であろう。いやむしろ、純粋に勝利を追求する状況においてこそ、フェアプレイは生み出されると考えられる[2]。

勝利がスポーツの本質ではなく、外在的な価値を得るために手段を選ばずに勝利をめざす行為を勝利至上主義とするのであれば、それは批判的にとらえられるべきである。そこでは、競技者のドーピング行為や、スポーツ指導の場面における暴力行為・シゴキなどがその典型的な例であろう。一方、勝利がスポーツの本質であるような、高度化した競技スポーツやプロスポーツについては、その他のスポーツと差異化した価値基準を設ければよいという提案がなされている[3]。勝利を内在的な価値のひとつとして位置づけ、純粋に勝利を追求する行為を「勝利の追求」とし、勝利至上主義とは別様のものとしてとらえれば、フェアプレイの精神をはじめとしたスポーツの教育的な価値が傷つけられることはないだろう。

このように、勝利をどのように位置づけるかということや、勝利至上主義とその問題性は、スポーツとは何かという本質的な問いについて考えることなしには対処・克服することはできない。

3.「勝利至上主義」の社会的意味

これまで、理論上または実践上でも勝利至上主義的なスポーツのあり方の問題性は指摘されてきたものの、「勝利至上主義」という語義の発生機序についてはほとんど注目されてこなかった。そもそも「勝利至上主義」という言葉のもつ性格およ

スポーツが社会現象である：1960年代半ば以降、国民のスポーツ需要の増大とともに、スポーツを日常的に親しむことができるように、スポーツ・フォー・オール運動が起こり、生涯スポーツが国家的な重要施策として位置づけられ、スポーツが社会的認知を得るようになった。また、オリンピックをはじめとした国際大会は、世界規模のメガイベントとして人々を熱狂させ、人間と社会・経済の（持続可能な）開発を促し、世界平和構築のためのツールとしても注目されている。

(2) 関根正美（2013）「体罰の温床・勝利至上主義とフェアプレイの狭間」『体育科教育』61（11）：38-41.

(3) レンク・ピルツ：片岡暁夫 監訳（2000）『フェアネスの裏と表』不昧堂出版.

び社会的意味とは何なのか。

　「勝利至上主義」という言葉が学術雑誌や新聞の紙面において一般的に用いられるようになるのは、意外にも1970年代以降であった。それ以前に「勝利主義」という言葉は散見されるものの、現在に至るまで一般的に使用されてはいない。使用された文脈を読み取っていくと、主に学校スポーツ、運動部活動に関連したものが多く、勝利に固執し、教育的な配慮が欠けた指導に対する批判的な意見が中心的であった。ほとんどの場合、「勝利至上主義」は競技スポーツがもたらす弊害としてマイナスイメージでとらえられている。

　1970年代以降、エリート（競技）スポーツを頂点とし、大衆化をその裾野の拡大ととらえるピラミッド型構造や、高度化したスポーツに付与される価値の重視に対する批判が頻出する。いわゆる「近代スポーツ批判」として集約されうるこれらの言説が生起することによって、生涯スポーツという概念やニュースポーツの誕生といった、スポーツへの多様なかかわりを志向する状況が生み出されていったといえる。

　スポーツにおいて「勝利至上主義」という言葉が使用される文脈には、「勝利のためには手段を選ばず、勝利を得ることを最優先させる」駆動的な側面よりも、その弊害や問題性を喚起する規制的側面を強調した戦略的な意図を見出すことができる。つまり「勝利至上主義」という言葉には常に、既にその弊害を指摘し、抑制しようとする働きがあるのではないか。また、スポーツの大衆化志向や生涯スポーツの実践を喚起し、近代スポーツを相対化し、新たな論理・構造を備えたスポーツが構想されるための組換装置（カウンターパート）として機能しているといえよう。

　人間性を破壊するとしても、究極的には死に至るとしても、勝利に絶対的な価値を置き、それを希求していくことは、スポーツという文化の自壊・消失を招きかねない。スポーツにおける勝利至上主義の問題を克服し、これからのスポーツを、新しい論理・構造を備えた文化として再創造し発展させていくために、その担い手である私たちにとってこれまで支配的であったスポーツに対する見方・考え方、すなわちスポーツ観の変革が求められている。

（岡部 祐介）

理解度チェック

1. 勝利至上主義が批判的にとらえられるようになった背景について話し合いなさい。
2. 勝利至上主義にはどのような問題点があるのか述べなさい。
3. 勝利至上主義を克服するために、どのようなスポーツ観への転換が必要か話し合いなさい。

さらに読んでみよう おすすめ文献

- 川谷茂樹（2005）『スポーツ倫理学講義』ナカニシヤ出版
- 久保正秋（2010）『体育・スポーツの哲学的見方』東海大学出版会
- 中村敏雄・髙橋健夫・寒川恒夫・友添秀則 編（2015）『21世紀スポーツ大事典』大修館書店

第Ⅲ部
体育原理を
考えるために

第11章
スポーツとオリンピズム

学習のねらい

オリンピックの理念や精神のことを「オリンピズム」という。オリンピズムは、誰がどのような経緯で語り始め、どのように受け継がれて、国際オリンピック委員会（International Olympic Committee：IOC）による現在のムーブメントの展開に影響しているのであろうか。ここでは、オリンピズムを理解することにより、他の国際スポーツ大会とは一線を画すオリンピックの存在意義を知り、これからのオリンピックの在り方についても展望する。

1．クーベルタンと近代オリンピック誕生の背景

　オリンピズムは、近代オリンピックの生みの親であるクーベルタン（Coubertin, 1863～1937、図3-2）によって提唱された。オリンピズムの背景を理解するために、はじめにクーベルタンとオリンピックの復興についてみていこう。

　クーベルタンはフランス貴族の出身（男爵）でスポーツ好きの教育者であり、ジャーナリストでもあった。子供時代に普仏戦争を経験したことは、彼の思想形成に大きな影響を与えたといわれている。父親は画家で、その美的センスは息子にも受け継がれた。クーベルタンは当時の貴族たちが通常学んだように、ラテン語などの古典語を習得し、古代ギリシャやローマの文化や歴史に深い造詣があった。

　古代ギリシャのオリンピアの地では、紀元前776年から紀元後393年までの約1200年間、4年ごとにギリシャ全土の男性の競技会（古代オリンピック）が開催されていた。古代ギリシャにおける人間の理想は、善（高潔・品格）と美（身体的な美）の両方を備えた調和的人間（カロカガティア：Kalokagatia）であった[1]。古代オリンピックの特徴の一つは、大会の前後を含む期間に人々の安全を確保するため、ギリシャの都市国家が協定を結び休戦制度（エケケイリア）を設けていたことである。クーベルタンは、古代では人間の意思の力が戦争を停止させ、大会を維持してきたことに注目した。

　教育に高い関心をもっていたクーベルタンは、20歳のときにイギリスに渡り、パブリック・スクールを視察した。そこでは、自分で選択した運動競技に参加し、責任感をもって自己をコントロールする力を身につける教育が行われていた。それは、当時、フランスが軽んじていた身体教育であった[2]。

　やがてクーベルタンは、古代ギリシャで行われていたオリンピックの制度を現代的に復活させることを思いつき、このスポーツによる教育改革を世界に広めたいと考えた。若者がスポーツをすることによって身心をバランスよく高め、世界から集う優れたアスリートが大会を通じて交流することで、相手の国などに対する偏見を減らして理解し合い、それがやがて世界の平和につながっていくと考えたのである。クーベルタンは、オリンピック復興に込めたこの願いを「オリンピズム

(1) Girginov, V. and Parry, J.(2005) *The Olympic Games Explained : A Student Guide to the Evolution of the Modern Olympic Games.* Routledge. p.10, 216（パリー・ギルギノフ・舛本直文 訳著（2008）『オリンピックのすべて—古代の理想から現代の諸問題まで—』大修館書店）

(2) Müller, N. (ed,)（2000）*Pierre de Coubertin 1863-1937 Olympism Selected Writings.* International Olympic Committee. pp.28-29, 585, 587-589, 591-593.

（Olympism）」と名づけ、この言葉はオリンピックの理念として語り継がれ、解釈されていくことになった。時代はまさに、古代遺跡の発掘ブームであり、オリンピア遺跡と古代オリンピックへの関心が高まっていた時代でもあった。

2. クーベルタンが表現したオリンピズム

クーベルタンは、1894年6月にパリでスポーツに関する国際会議を開催した。その最終日にオリンピックの復興計画を発表し、満場一致で可決されると、大会を主催する組織として国際オリンピック委員会（International Olympic Committee：IOC）を設立した。

オリンピズムを人々に理解してもらうために、クーベルタンはIOCを通して様々な仕組みをつくっている。例えば、オリンピックのシンボルとして知られる五輪のマークは、クーベルタン自身のデザインによるもの（図3-3）で、オリンピック・ムーブメントの活動と五大陸の団結、オリンピック大会に世界中から選手が集うことを表現している。また、五輪の5色と背景の白の6色でほとんどの国の国旗が描けることから、これらの色が選定された。

また、よく知られる「より速く、より高く、より強く」という言葉は、ドミニコ修道会のディドン神父（Didon）が、1891年に自らが校長を務める学校のスポーツ大会の開会式で生徒に語ったものである[2]。その場にいたクーベルタンが、IOCの創設時にこの言葉をオリンピックのモットー（標語）にした。その意味は、より高いパフォーマンスを通して、人間の完成に向けて永久に励むことである。競技力を高めようとする中で人間としても日々成長していくことを目指す考え方であり、他人との比較ではなく、自分自身に基準をおき、これまでの自分から一歩でも前進するように努力することの大切さを説いている。

クーベルタンは「自己を知ること、自己を律すること、自己に打ち克つこと、これこそがアスリートの義務であり、もっとも大切なことである」（Coubertin, 1931）と述べ、スポーツの実践によって、肉体的な強さを精神的、道徳的な強さのレベルにまで引き上げることを強調した[2]。オリンピック大会は若者にスポーツの理想的なあり方を表現するものであり、大会に参加するアスリートは若者世代の**ロールモデル**とみなされた[1]。

オリンピズムが競技力の向上だけを目指す思想ではないことは、「オリンピックで重要なことは、勝つことではなく参加することである」という有名な言葉にも表れている。これは、1908年第4回ロンドン大会の折に、セント・ポール寺院で行われた礼拝でペンシルバニア大主教タルボット（Talbot）が述べたものである。クーベルタンは同大会における英国政府主催のレセプションでこの言葉を紹介し、「人生で重要なことは、勝利することではなく闘うことである。その本質は、打ち勝つことにではなく、よく戦ったことにある」（Coubertin, 1908）と述べ、結果よりも過程を重視する考え方を示した[2]。

3. クーベルタン以降のオリンピズムの解釈と展開

先に述べたように、クーベルタンが壮大な願いを込めて創設したオリンピックの理念をオリンピズムといい、その理念を世界に具体的に実現していくための様々な

図3-2 クーベルタン（オリンピックの復興を成し遂げた31歳の頃）
（出典：Müller, N.(ed.) (2000) 前掲書. p.50.）

図3-3 クーベルタンのデザインによるオリンピックのシンボルの原案
（出典：Müller, N.(ed.) (2000) 前掲書. p.595.）

ロールモデル
：人が無意識のうちに「あの人のようになりたい」と思い、具体的な行動や考え方の模範となる人物のこと。

表3-3 オリンピズムの教育的価値[4]

- 努力から得られる喜び
 (Joy of Effort)
- フェアプレー
 (Fair Play)
- 他者への敬意
 (Respect for Others)
- 向上心
 (Pursuit of Excellence)
- 体と頭と心のバランス
 (Balance between Body, Will and Mind)

[3] 国際オリンピック委員会（2016）オリンピック憲章［2015年8月2日から有効］公益財団法人 日本オリンピック委員会．p.11.

[4] 公益財団法人日本オリンピック委員会（2014）「JOCの進めるオリンピック・ムーブメント」p.7.

オリンピック・アジェンダ2020 20+20
：IOCがオリンピック・ムーブメントの未来に向けて示した改革案で、40の提言から構成されている。2014年12月に第127次IOC総会において採択された。

活動をオリンピック・ムーブメントという。4年に一度のスポーツの祭典であるオリンピック大会は、無数にあるオリンピック・ムーブメントの中の一つに位置づけられる。

IOCが定める「オリンピック憲章」（2016）の根本原則[3]には、オリンピズムの解釈が記されている。そこには、オリンピズムが「人間の尊厳の保持に重きを置く平和な社会を奨励することを目指し、スポーツを人類の調和のとれた発展に役立てること」を目的とし、「肉体と意志と精神のすべての資質を高め、バランスよく結合させる生き方の哲学」であり、「すべての個人はいかなる種類の差別も受けることなく…スポーツをする機会を与えられなければならない」こと、また「フェアプレイの精神とともに相互理解が求められる」ことなどが記載されている。このようなオリンピズムを世界中で推進し、オリンピック・ムーブメントを主導するのがIOCの使命であり、その役割は、大会の開催をはるかに超えて、実に多岐にわたる。

IOCは、オリンピズムに即したオリンピック・ムーブメントを推進するため、次の3つの「オリンピックの価値（Olympic Values）」を定めた。エクセレンス（Excellence、卓越）、フレンドシップ（Friendship、友情）、リスペクト（Respect、敬意／尊重）である。これらの価値は、ユースオリンピックのキーワードにもなっている。また、IOCは**表3-3**に示す「オリンピズムの教育的価値」を5つ定め、学校などで活用できるオリンピック教育の教材開発も行っている。さらに、IOCがオリンピック・ムーブメントの指針として発表した**『オリンピック・アジェンダ2020 20+20』**（2014）には、提言の一つとして「オリンピックの価値に基づく教育を普及させる」ことが掲げられている。

クーベルタンは、あえてオリンピズムを定義することはせず、いつの時代にあっても、人々がスポーツを通じて何を目指していくのか、その理念となるオリンピズムを問い続けることが重要だと考えていた。オリンピック大会自体もまた、その時代の中でオリンピズムの具現を模索する歩みを続けている。

（田原 淳子）

理解度チェック

1. オリンピズムが「生き方の哲学」であるとは、どのようなことか。具体例を挙げて説明しなさい。
2. クーベルタンがオリンピックの復興により実現したかった世界について述べなさい。

さらに読んでみよう　おすすめ文献

- パリー、ギルギノフ、舛本直文 訳著（2008）『オリンピックのすべて―古代の理想から現代の諸問題まで―』大修館書店
- 田原淳子（2010）「オリンピックの意義ってなんだろう」高峰修 編『スポーツ教養入門』〈岩波ジュニア新書〉岩波書店

第Ⅲ部
体育原理を
考えるために

第12章
スポーツとルール

学習のねらい

プレイヤーがルールを守ってプレイをする、またはルールの裏をかく。審判がルールを適用する。競技団体がルールを改正する。このように、ルールに関与する行動はさまざまである。ここでは、それぞれの行動がより妥当性の高いものであるためには、ルールの正しい「解釈」が必要であることを理解する。

1. スポーツのルールの機能：面白さの保障

　言語、政治、経済、教育、スポーツ等々、人間のあらゆる活動にはルールがある。例えば、言語には、物事と語の対応関係や文法などのルールがある。社会には、法令、判例、社会慣習などのルールがある。スポーツにもルールがある。では、スポーツのルールの特性とは何であろうか。

　守能信次によれば、スポーツのルールには3つの機能がある。①法的安定性の確保、②正義の実現、③面白さの保障である[1]。守能の考えによると、「面白さの保障」がスポーツのルールに固有の機能とされる。「スポーツはみずからこれをやっても面白い。と同時に、外から眺めても面白い。人は公正とか正義とかいった道徳的価値を求めてスポーツをするのでも観戦するのでもなく、この≪面白さ≫を得ようとして」そうする。「『快い』『心地よい』『楽しい』『小気味よい』『手に汗握る』『痛快』『豪快』『爽快』など、まさしくそうしたあらゆる意味においてスポーツは面白く、かつそうした≪面白さ≫をルールはスポーツに保障する」と守能は述べる[2]。

　かつての体育学における先行研究の多く[3]が、ルールの機能の根源を道徳概念に求めてきたのに対して、守能が「面白さ」というスポーツのより根本的な存在意義に着目したことの功績は非常に大きい。しかし、「面白い」というだけならば、スポーツに限らず、スポーツ以外のゲームなどにも同じことがいえる。私たちは、「面白い身体活動」であるスポーツの「面白さ」とは何かを考え、それらをルールで保障していく課題を担っているといえよう。

2. ルールがスポーツを構成する

　スポーツにとってルールは、ある競技・種目がそれとして存在するために欠くことができない。なぜならスポーツは、人工的に構成されたゲームだからである[4]。例えば野球というゲームは、人工的にデザインされた野球のルールがあって初めてプレイをすることができる。もちろん、陸上競技や格闘技の中には、単純な駆けっこや生の闘争などの自然的活動に由来する競技・種目もあるが、それでも100m走、走り幅跳び、相撲、ボクシングなど、それぞれをデザインするルールが設けられている。そのような意味で、スポーツのルールがスポーツを構成する、あるいはスポーツはルールによって構成されている（構成的ルール）[5]といえよう。

---

(1) ①②については、法哲学者ラートブルフの説を援用したものである。ラートブルフは、「法理念」が「3つの基本関係の緊張関係としてあらわれる」と述べる。その3つが、正義、合目的性、法的安定性である。（文献　ラートブルフ：碧海純一 訳（1961）『法学入門』東京大学出版会．pp.32-39.）

(2) 守能信次（2007）『スポーツルールの論理』大修館書店．pp.53-67.

(3) 菅原禮（1980）『スポーツ規範の社会学』不昧堂出版．など

(4) 多木浩二（1995）『スポーツを考える』〈ちくま新書〉筑摩書房．p.108, p.132.

(5) 「構成的ルール」の語は、論者によって異なった意味で用いられることがあるが、代表的な定義については次の文献を参照。スーツ, B.：川谷茂樹 他 訳（2015）『キリギリスの哲学：ゲームプレイと理想の人生』ナカニシヤ出版．pp.15-38.

「ルール」というと、ルールブックのように文章で書かれた規則を思い浮かべるかもしれない。しかし、そのゲームが初めて行われたときからルールブックがあったわけではない。またルールブックは完全無欠ではなく、そこに想定されていないことは常に起こり得る。どんな世界のルールにも、慣習や先例などの文字で書かれていないルールが存在するように、スポーツにも不文のルールが多くある。これまでスポーツ活動が積み重ねられてきたなかで、成文のルールブックや不文の慣習などが織り成すルールのシステム（体系）が論理的に、ときに政治的に、そして歴史的に形成されてきたのである[6]。

3．ルールブックや慣習を支える原理と解釈

スポーツのルールをめぐっては、かつて、文章で書かれた形式的なルールを重視する「形式主義」と慣習（エトス）を重視する「エトス主義」とに分かれて議論がなされてきた。形式主義は、「形式的なルールがゲームを構成するのであるから、ルール違反者はプレイすること自体に失敗している」という理論を用いて、形式的ルールを絶対視する[7]。他方、エトス主義は、「公式のルールが具体的なゲームの中でどのように適用されるかを決める慣習の非公式の体系（エトス）」を重視する[8]。こうして形式主義とエトス主義は、スポーツの現場において、ルールブックの記述と慣習とが一致しない場合に（例えば、バスケットボールの公式ルールに従えば身体接触は禁止されているが、NBAの試合は、故意であれ偶然であれ、身体接触の場面で満ちている）、どちらに実効性があるのかということを議論してきた。

ただ、形式主義にしろ、エトス主義にしろ、どちらも、条文と慣習という「事実」を根拠にしている。ところが、これらの議論の枠組みからは、ルールに書かれていない、あるいは、先例にない事態が生じた場合、また、ルールどおりに行えばおかしな結果になる場合、つまり参照できる適切な「事実」が存在しない場合に、どのようにして妥当な判断を導くかということについては何らの指針も導き出せない。そのような時に、プレイヤーや審判がより妥当性の高い（より正しい）判断をするためには何が必要であろうか。

そこで私たちは、スポーツのルールを、バラバラな「事実」（条文や慣習）の集合としてではなく、ある「原理」に支えられた一つの体系として考えてみよう。一見、明確な条文や慣習が見当たらない場合でも、ルールの体系全体を原理的統一体として「解釈する」ことで、ルールに内在し、ルールの体系を支える「原理」を掘り起こすのである（構成的解釈）[9]。このような解釈から、ルールの意図・目的やその競技で求められている卓越性を見出すことができることもある。つまり、そのゲームがどのような意図をもってデザインされたのかを理解することにつながり得る。

4．いろいろな視点からルールを解釈・デザインする

プレイヤーたちは、競技の現場において、ルールの下でプレイをしているが、ルールに向かい合う態度は一様ではない。ルールの文言に忠実であろうとする態度もあれば、ルールの隙間をついたり、ルールの抜け道を探すような態度もある。競技の目的は「勝利」であるのだから、ルールの隙間をつく行為が一様に否定されるべ

---

[6] 中村敏雄（1995）『スポーツ・ルール学の序章』大修館書店．
中村は様々な観点からスポーツのルールの「なぜ？」を問うている。

[7] Suits（1973）The Element of Sport. In Osterhoudt, R.G. (ed.). *The Philosophy of Sport*, Chales C Thomas. pp48-64. など。

[8] D'Agostino（1981）The Ethos of Games. *Journal of the Philosophy of Sport*, 8: 7-18. など。

[9] Russel（1999）Are Rules All an Umpire Has to Work With?. *Journal of the Philosophy of Sport*, 26: 27-49. など。
解釈を重視する論者の多くが法哲学者ドゥウォーキンの言説を引用している。
（文献 ドゥウォーキン：小林公訳（1995）『法の帝国』未来社．pp.85-93.）

きではない。しかし、それでも批難を免れない行為も存在する。

例えば、2010年7月2日、FIFAワールドカップ南アフリカ大会準々決勝、ガーナ対ウルグアイ戦では、同点で迎えた延長戦ロスタイムに、ガーナ側のゴールが確実に決まっていたはずの場面で、ウルグアイのスアレスが故意にハンドの反則を使ってボールをはじき出し、失点を防いだ（図3-4）。この行為にはスアレスの退場と相手側のペナルティキック（PK）という、ルール上もっとも厳しいペナルティが課せられたものの、ガーナ側がPKを失敗し、その後のPK戦ではウルグアイが勝利を収めた。つまり、重大な反則を犯した側が大きな利益を得た事例である。この事例におけるスアレスの行為に対しては、様々な視点からの賛否がある。現行のルール内で勝利を追求するプレイヤーの立場から、「勝利のためにルールを利用するスアレスの行為は、プレイヤーとしては最善のプレイである」と評価する意見もある一方で、「スアレスの行為はサッカーの原理に反する」「このような行為が今後の戦術になってしまったらサッカーがサッカーでなくなってしまう」と厳しく批判する見解もある。また、競技のルールを制定・改正する競技団体の立場にとっては、この事例は、現行ルールが適切かどうかを考える契機でもある。例えば、PKのルールは、「得点の機会」が侵害されたときにその機会を補償する制度であるが、スアレスの行為は、「得点の機会」ではなく、「得点そのもの」を不当に奪ったと解釈することができる。そのような場面では、ペナルティの厳罰化、具体的にはガーナ側の得点を認める「認定ゴール」の制度をデザインすることも考えられ得よう。

「ルールに基づいてプレイする（プレイヤー）」「ルールを適用する（審判）」「ルールを改正する（競技団体）」。スポーツにかかわる人たちは、様々な形でルールに関与している。ルールブックを作るのは競技団体の役割である。しかし、ルールが現実のゲームで機能するときには、プレイヤーと審判がその競技のあり方をプレイの「場」において具体化している。また観客もプレイの「あり方」に照らして現実のプレイを評価する。つまり、競技団体だけではなく、プレイヤーも、審判も、さらには観客であっても、広い意味でのルールの形成に寄与している。いずれの立場であっても（もちろん影響力の強弱はあるにしろ）、ルール形成の担い手（あるいは「面白さ」をデザインする担い手）であることに変わりはない。

（松宮 智生）

図3-4 得点の機会を故意のハンドの反則で防いだウルグアイのスアレス選手
©ロイター／アフロ

> **理解度チェック**
>
> 1 第2部第3章「体育とフェアプレイ」を参照し、「フェアプレイ」を学ぶことと「ルールの解釈」を学ぶこととの違いを考え、それぞれの利点について説明しなさい。

さらに読んでみよう おすすめ文献

- 中村敏雄（1995）『スポーツ・ルール学の序章』大修館書店
- 川谷茂樹（2005）『スポーツ倫理学講義』ナカニシヤ出版
- 守能信次（2007）『スポーツルールの論理』大修館書店

第Ⅲ部
体育原理を
考えるために

第13章
スポーツとメディア

学習のねらい

メディアとスポーツの親和性は高く、スポーツは重要なコンテンツとしてメディアの普及に大きな役割を果たしてきた。しかし、メディアは視聴読者に正確かつ公正な伝達をしているとは限らず、その編集・加工過程において生産者からの一定の解釈枠組が押しつけられ、流通／消費過程においても様々な課題が山積している。そうした仕組みを知ることで、スポーツの発展におけるメディアの役割を考える。

1．スポーツとメディアの共生的関係

メディア
：media。マスコミュニケーション（大量伝達とその媒体）の個々の媒体を意味するメディアムの複数型。参照 岸野雄三 編（1987）『最新スポーツ大事典』大修館書店．

現代社会において、**メディア**とスポーツの親和性は非常に高い。それはテレビ、新聞、ラジオ等での報道をはじめ、映画（DVD）、コミック、アニメ等のエンターテインメント、さらにはWiiやプレイステーションに代表される家庭用ゲーム等においてスポーツというコンテンツが氾濫していることに端的に表れている。

日本におけるスポーツとメディアと関係の起源は、1883（明治16）年に東京・隅田川で行われた海軍カッターレースの模様を報じた『東京日日新聞』の記事に求められる。20世紀に入り、スポーツは主要コンテンツとして、新聞、ラジオ、テレビの**普及に大きな役割**を果たした。そして近年では、IT革新によってスマートフォン、タブレット型端末など、インターネットを利用した様々なメディア端末も登場し、それに伴い、これまでのマスメディアと視聴読者の一方向的受送信だけでなく、テレビの地デジ化によるオンデマンド視聴、FacebookやLINE等でのSNS（ソーシャル・ネットワーキング・サービス）、あるいはYouTube等の動画投稿共有サイトでの双方向利用も一気に進み、スポーツ情報も、より個人のニーズに合わせて発信／取得できるような仕組みが急速に普及してきている。

普及に大きな役割
：大会報道により販売部数を飛躍的に増大させることを目的に、1915（大正4）年に『大阪朝日新聞』が全国中等学校優勝野球大会（現全国高等学校野球選手権大会）、1921（大正10）年に毎日新聞社が選抜中等学校野球大会（現選抜高等学校野球大会）を開催。1934（昭和9）年に読売新聞社がプロ野球球団「大日本東京野球倶楽部」（現読売ジャイアンツ）を創設した。

2．メディアスポーツの構造と意味

メディアスポーツはライブスポーツを忠実に描写・伝達していると受けとめられている。しかし、現代スポーツにおけるメディア（あるいはメディアの受け手におけるスポーツ）の重要性を考えるとき、リアリティの選択・編集・加工の実態とその意味を理解しておくことが求められる。

メディアスポーツ
：マスメディアに取り上げられるスポーツのこと。テレビ、ラジオ、新聞等を通して間接的なかかわりが増え、スポーツ産業が発展した。参照 日本体育学会 監修（2006）『最新スポーツ科学事典』平凡社．

スポーツ報道は、ライブスポーツを資源とし、それをメディア情報に加工し、さらに商品としての価値を付与する「生産過程」と、こうして生産された商品としてのメディアスポーツが、メディアツールを介して配布される「流通過程」の両者を指すが、その中心は前者である。そして、スポーツ報道は読者や視聴者には選択的に受信され、それぞれの解釈フレームによって消費される（「消費過程」）。私たちは、この3つのプロセスをもってメディアスポーツが成立していることを理解しておくことが重要である。

メディアテクノクラート（メディア生産現場の専門家）は「実際の出来事」を視聴読者に正確かつ公正に伝達していると主張する。しかし、こうした認識論的自然主義はメディアがどのようにスポーツを取り扱っているのかという議論に耐えられない。メディアは生のスポーツをそのまま伝えているのではない。ライブスポーツを文字に置き換える新聞・雑誌などの活字メディアの場合、その点は理解しやすいが、テレビなどの映像メディアでもそれは同様なのである。メディアスポーツは**メディアバリュー**の増大をねらってライブスポーツ資源から評価・選択・編集・加工されて提供されるものとして理解されなければならない[1]。その際には様々な要素が絡んでくる。テレビスポーツ番組制作を例に取ってみよう。最新のカメラや映像機器は、生の選手を、ズームイン／アウト、スロー再生、複数の映像の組み合せなどにより、よりドラマチックに、あるいはヒューマニスティックなものに描き出す可能性を広げる。そしてそれを統御するのは、ディレクター、プロデューサー、エディターなどのメディアテクノクラートたちである。彼らには、それぞれの教育的・政治的・文化的背景がありパーソナリティ特性がある。さらには、それぞれが職業文化の中で培ってきた経験や知識のストックがあり、それらに照らし合わせて、視聴者に受けそうな映像／シーンを選別しているのである。またコメンテーター、実況アナはこのような映像に「権威付け」をする。このようなプロセスによりメディアバリューを増大させ、一定の解釈の枠組（見方・聞き方・読み方）を提供（しばしば特権的な意識からの押し付け）しているのである。

　以下、メディアスポーツ制作時から付与・提供されている解釈枠組（換言すると価値／イデオロギー的ステレオタイプ）を検討してみよう。まず、法的秩序である。スポーツ放送では、競技規則の番人（審判）は神聖であり、彼らに対しては疑問の余地なく黙従するよう構成されている。解説者や実況アナは審判のジャッジに関して例外はあるがほとんどの場合、肯定こそすれ否定はしない。つまり、サッカーではハンドのゴールでも「神の手」ゴール等と礼賛するはすれど、誤審に対する非難は回避され、同情的に解釈されるのが常である。わが国では、甲子園の高校野球ではアウト／セーフをめぐるきわどい判定に対してインスタント・リプレイやスロー再生はなされない。また、サッカーのオフサイドやファウルの誤審に対して、確認のためのスローVTR再生をしないか、再生しても誤審と認めない場合が圧倒的である。このようなメディアのスタンスは、規則の遵守と審判への服従の正しさと重要性の提供であり、社会秩序における「法の遵守」や「法の運用・執行者への服従」の価値を象徴している。

　次に、道徳性が挙げられる。列島が熱狂する高校野球とその報道は日本というローカルな共同体でのみ通用するような「道徳劇」を提供し、禁欲的イデオロギーを教化する役割の一翼を担っている。「純真さ」「忍耐強さ」「下積みの大切さ」「あきらめない敢闘精神」等のメディアにおける禁欲的言説は、「女の子にもてたい」「（プロになって）金儲けしたい」「テレビでいいかっこしたい」等の快楽的言説を凌駕している。しかし、一方で近年、若者の間にはこのような言説に対する拒否反応もあり、彼らの抱くヒーロー像が脱規範的な思考や行動を有するアスリートへとシフトする傾向もある[2]。

　さらに、ジェンダー的ステレオタイプ／価値観が挙げられる。近年、メディアは

メディアバリュー
：メディアにおける価値のこと。参照 中村敏雄ほか編（2015）『21世紀スポーツ大事典』大修館書店.

[1] 佐伯聰夫（1997）「メディア・スポーツ論序説：メディア・スポーツの構造と機能〜問題の所在と分析の視点のために〜」『体育の科学』47（12）.

[2] 橋本純一（2002）「メディアスポーツヒーローの誕生と変容」『現代メディアスポーツ論』世界思想社.

女性アスリートを取り上げる機会を増加させてはいるが、記事や番組に取り上げる際、女らしさの際立つフィギュア・スケート、ゴルフ、テニス等が好まれる傾向にある。加えて、女性競技者の描かれ方はその競技パフォーマンスだけでなく、髪型やカラダの形などの容姿や「子持ちか、結婚しているか、彼氏はいるか」等の性的役割に関心が寄せられる傾向もある。これは単に女性スポーツに対するメディアテクノクラートの偏見ということではなく、「何を報道すべきか（すべきではないか）」という彼らの職業的経験に基づく信念もそうさせる要因なのである。また、メディアスポーツ界における女性ジャーナリストやテクノクラートが極端に少ないことも影響しているであろう。加えていうなら、スポーツファンの多くが男性であり、彼らの多くが保守的な性役割・規範を保持している。それに対応する形で拡販戦略や視聴率本位の番組作りがなされれば、メディアスポーツにおけるジェンダー差別は永久に存在し続けることになる。そのほか、メディアスポーツの生産者がライブスポーツを編集加工する際に重要視する**ファクター**としては「ナショナリズム」「ローカリズム」「郷土愛」「ヒロイズム」「レイシズム」などがみられる。

> **そのほかのファクター**
> :「ナショナリズム」ではW杯やオリンピック等の国際試合における自国チームや選手の活躍映像を相手国のそれよりも多くする手法、「ローカリズム」や「郷土愛」では甲子園野球や大相撲における各地方を代表する選手・力士やチームをめぐる報道、「ヒロイズム」ではスター選手、ヒーロー／ヒロインに偏向した放送、などが顕在化している。

3.「流通／消費過程」における課題

前節では主に「生産過程」に潜む意味や問題を指摘したが、「流通／消費過程」では放映権料の高騰、およびメディアグループのスポーツ主催と所有をめぐる課題がある。前者は、人気の高いスポーツ視聴には高額の契約が必要となり、ユニバーサルアクセス権（誰もが無料で視聴できる権利）が侵される危険性が生じていることを指す。一方で、放映権料は競技団体の発展にとって重要な資金源であるのも否めないため、悩ましい課題ではある。後者に関しては、スポーツ・ジャーナリズムが機能障害を起こしている現状がある。とくにマスメディアがスポーツ大会の主催者やスポーツ球団の所有者になっている（代表的な例としては、読売⇒箱根駅伝主催や巨人軍所有、朝日⇒高校野球主催、毎日⇒社会人野球や高校野球主催、フジ・サンケイ⇒高校バレー主催）ため、それぞれのメディアは自社主催の、あるいは自社所有のスポーツに対して、まっとうな批判精神（＝ジャーナリズム機能）を発揮できないままになっていて、スポーツの健全な発展の妨げになっているという課題が存在する。

（橋本 純一）

> **理解度チェック**
> 1. スポーツとメディアの相互関係において、それぞれに有益なことを説明しなさい。
> 2. メディアスポーツの生産過程で刷り込まれる可能性のある解釈枠組（価値／イデオロギー）を説明しなさい。
> 3. メディアスポーツの流通／消費過程での課題を話し合いなさい。

さらに読んでみよう おすすめ文献

- 橋本純一 編（2002）『現代メディアスポーツ論』世界思想社
- 森田浩之（2009）『メディアスポーツ解体』日本放送出版協会
- 阿部潔（2008）『スポーツの魅惑とメディアの誘惑』世界思想社

第Ⅲ部
体育原理を
考えるために

第14章
スポーツと美しさ

学習のねらい

「スポーツの美」を研究する美学的研究によって、「運動の美」と「劇的特質」という「スポーツの美」の内容や、観戦者や実践者の美的体験（美感）の問題が明らかにされている。ここでは、スポーツを美学的に考察する試みは、スポーツと「美しさ（美学でいう「美」の概念）」を結びつけようとすることから出発するものであり、それは、スポーツだけでなく、私たちの文化や社会についての、新たな発見になりうることを理解する。

近代スポーツ
：sportは、ラテン語のdeportare（日常生活から離れた気晴らし）から来ている。「気晴らし」であれば、どんなものでもsportになるのであるが、近代オリンピック復興（アテネ、1896年）後、競技としてのスポーツの国際的な組織が次々結成され、公式のルールが規定されて、今日、私たちの知る「スポーツ」が形をなしていった。それが「近代スポーツ」である。

美学
：aestheticsという学問の日本語名称。「美学会」という国内の学会がある。国際的には、「国際美学連盟」がある。aestheticsは、ドイツの哲学者バウムガルテンのラテン語の著作aesthetica（1750）に由来するが、aestheticaはギリシャ語のaisthesis（感覚的知覚）から来ている。しかし、これまでの「美学」という学問は、「感覚の学」ではなく、主に芸術についての哲学的研究をその内容としている。「美学」＝「芸術哲学」といったとらえ方への疑問も提示されており、最近では、「感性学」への志向もみられる。

(1) 佐々木健一（1995）『美学辞典』東京大学出版会. p.12.

1.「スポーツと美しさ」という表題

「スポーツと美しさ」という表題にこだわってみよう。「スポーツ」と「美しさ」が「と」で結ばれている。ここでの「スポーツ」は、野球やサッカーや新体操などの、いわゆる**近代スポーツ**を意味している。「美しさ」という語は、「美しい」という形容詞から作られた名詞である。自然や芸術やスポーツなどを「美しい」と形容するだけでなく、それらをまとめて「美しさ」という特別な「ことがら」ととらえる見方が、ここにはあるのではないか、と考えてみることができる。

そのような「美しさ」というのは、抽象的な性格をもっているように思われる。こうした見方をするのが、**美学**（aesthetics）という学問である。「美しさ」は、美学においては「美」の概念としてとらえられる。日本を代表する美学者、佐々木健一の『美学辞典』を見てみると、「美」の定義として、「ある物ある事態の完全性もしくは価値が、端的な形で直感的もしくは直観的に、快や感嘆の念をもって把握された場合の、その完全性をいう」[1]と記されている。「美しさ」とは、「完全性」だというのである。それは、快（心地よさ）や感嘆（感動と驚き）として把握される。その場合の把握は、直感的・直観的でなければならない。「完全性」の内容や性格、直感的・直観的といった把握（＝体験）のあり方などが、美学では論じられる。「スポーツと美しさ」という表題は、このような「美しさ」を「スポーツ」と結びつけてみることを意味している。

2.「スポーツの美」についての研究から

「美しさ」は抽象的な性格をもっているとしても、それは、私たちが日常生活の中で経験する、例えば、「雄大な自然が美しい」「素晴らしい技巧によって生み出された見事な絵だ」、さらに、陸上競技で「ダイナミックで素晴らしい走りだ」といった具体的な美がもとになっている。「スポーツの美」については、すでに研究が進められている。

その研究において指摘されている「スポーツの美」の内容は二つある。一つは、スポーツにおける人間の身体運動の美である。見事な走りや泳ぎや、素晴らしいボ

芸術
：西洋語 fine arts などの翻訳語として、造形美術、文学、音楽、舞踊、演劇などを総称する概念。美術や音楽などの具体的な活動は、古く人類の歴史に広く観察されるが、こうした様々な活動が「芸術」とまとめて呼ばれるようになるのは、18世紀の近代ヨーロッパにおいてである。それ以降、「芸術」は文化の中で高い価値を有するものとみなされ、言葉の特有のニュアンス（上流、高級）を持ってきている。しかし、現代芸術の担い手たちは、そうした「芸術」のもつ偏りを嫌い、「芸術」を内側から変質させようとする試みを行っている（代表的な例は、下掲のマルセル・デュシャンの「泉」）。

マルセル・デュシャン『泉』
© Succession Marcel Duchamp/ADAGP, Paris & JASPAR, Tokyo, 2014 E2227
（写真提供 ユニフォトプレス）

図3-5 アトランタのオリンピック記念公園（Centennial Olympic Park）にあるモニュメント。
こうした作品との向き合いも、スポーツと「美しさ」を結びつける手がかりとなる。

ール・パスなど、スポーツには多くの「美しさ」がある。その「美しさ」には、「フォームがきれい」といったものだけでなく、バレーボールのスパイクの豪快さや、柔道の寝技のしぶとさなども含まれる。いずれも、「完全性」といった特性と結びつけて考えることができるからである。

　もう一つの「スポーツの美」の内容は、「劇的特質」である。競技としてのスポーツでは、「九回裏、逆転満塁ホームラン」など試合の流れの中でドラマティックな展開がなされることがあり、それは人々に感動を与える。また、競技者が長い年月をかけて精進し、見事なパフォーマンスに到達するといったことは、たとえ試合には敗れたとしても、人々に感動を与えることがある。こうしたことがらが、「劇的特質」としての「スポーツの美」なのである。

　さらに、スポーツの美学的研究が教える重要な「美しさ」の特性として、スポーツを実際にプレイする実践者の「美感」の問題がある。上記の「運動の美」「劇的特質」は、スポーツを観る人、観戦者が、具体的なスポーツのゲームの中に見出すものとしてまず考えられるのであるが、同時に、そのゲームの中のプレイヤーもまた、自分の運動の見事さや試合の劇的特質を体験しているはずである。トレーニングの結果、「今日は調子がいい、とても楽に走ることができた」とか、あるいは練習の中で、「あっ、こういうことなんだ、コツがわかった」、さらに「自分でも信じられないことが試合で起こった」といった体験である。それらは、スポーツの実践者にとって大きな喜びの体験であり、スポーツの魅力を形成している。

　こうした「スポーツの美」は、スポーツの観戦や実践の具体的な体験を振り返り、文字通り「美しい」ということがらを超えて、「完全性」としての「美しさ」を考察することによって、広くみえてきたものである。スポーツの楽しさや魅力が、美学という学問を通して言葉にされ、さらに、「美しさ」を現実化する**芸術**などの領域と「スポーツ」がつながりをもっていることなどが、理解されるようになるのである。

　これが、「スポーツ」に「美しさ」を結びつけるということである。それは、スポーツの体験や現象を、言語によって考察し、表現することによって実現される。その言語による表現は、「美学」といった学問の言葉によるだけでなく、エッセイなどの文芸によっても、なされることがよくある。そうした現実のスポーツの体験や現象を振り返って省察すること、そして、それについて語ることによって、「スポーツ」と「美しさ」は結びつけられ、「スポーツの美」の広がりがみえてくるのである（図3-5）。

3．「美しさ」を考えるためのテーマとしてのスポーツ

　具体的な事例を挙げよう。一つは、作家の村上春樹が、2000年のシドニー・オリンピックのレポートとして綴ったエッセイから、である。村上は、オリンピックの魅力を、その「退屈さ」に見出そうとする。オリンピックが退屈であることは峻厳な事実であるとさえいう。その意味は、オリンピックの競技でなされていること、例えばホッケーのスティックの見事なフェイスの返しなどは、現実生活の視点から眺めてみれば、どうでもいいことにすぎないということである。そこに展開されるプレイの見事さに時が経つのも忘れてしまう、そうした実にクオリティの高い退屈

さがそこにはあるのであり、「ある種の純粋な感動は、限りのない退屈さの連続の中からこそ——その麻痺性の中からこそ——生まれてくるのだ」[(2)]という。

オリンピックのテレビ放送に熱狂する人々は、そこに上述の「スポーツの美」を見出し、感動することはあっても、そこに「退屈さ」を見出したりはしないだろう。しかし、村上は、オリンピックの競技観戦に引き込まれ感動を味わっているにもかかわらず、そこに「退屈さ」という特質をみてとる。そして、それを「純粋な感動」と結びつける。これは、「美しさ」を考える一つの事例である。そうした「美しさ」は、もちろん、スポーツにだけありえるものではなく、造形芸術や音楽や文芸、そして日常のありふれた風景にもみつけることができるものだろう。ありえるにもかかわらず容易にみえてこない「美しさ」、それを典型的な形でみせてくれるものとして、スポーツをとらえてみることができるのである。

もう一つの事例は、文化人類学者の今福龍太が、2014年にブラジルで開催されたサッカー・ワールドカップの優勝チーム、ドイツについて語っていることから、である。ドイツの優勝の勝因は、走行距離、短距離のスプリント回数、パスの成功率など選手一人ひとりのプレイを数値化して解析し戦略に生かす「トラッキングシステム」だという。それに対して今福は、それは怠けることが許されないシステムで、美しさやひらめきなど数値化できないプレイは評価の対象外となってしまい、そこでは、サッカーがサッカーであるために大切な何かが損なわれたように感じる、と述べている（朝日新聞2015年6月27日朝刊）。今福は、サッカーというスポーツに存在しうる「美しさ」を考えているのである。これからの現代社会で、人はどのように働き、生きていくべきなのかといった問題を考えるための具体的な事例として、スポーツをみてみることができるのである。

このように、私たちの生活の中に広く見出すことができる「美しさ」は、私たちの生きる技法の質を変えていく力をもっている。スポーツは、そうした「美しさ」を発見するための格好の素材となりうるのであり、それが現実化するとき、「スポーツ」と「美しさ」は結ばれたことになる。

（樋口　聡）

> [(2)] 村上春樹（2000）「世の中にオリンピックくらい退屈なものはない、のか？」『スポーツ・グラフィック・ナンバー・プラス・October 2000』文藝春秋. p.39.；村上春樹（2001）『シドニー！』文藝春秋；樋口聡（2002）「オリンピック標語と「日本的感性」をめぐる美学的断章」中村敏雄編『オリンピック標語の考察』創文企画. pp.46-47.

理解度チェック

1. 感動と結びつくようなスポーツの「劇的特質」の実際例を、自分の経験を含めて振り返り、説明しなさい。
2. 自分のスポーツの経験を振り返り、スポーツ実践の中で体験した「美感」と思われることについて述べなさい。
3. スポーツが「美しさ」と結びつくことに触れたエッセイを探してみなさい。見つけることができたら、それを紹介し、それについての自分の感想を述べなさい。

さらに読んでみよう　おすすめ文献

- 中村敏雄・高橋健夫・寒川恒夫・友添秀則 編（2015）『21世紀スポーツ大事典』大修館書店
- 佐々木健一（2004）『美学への招待』〈中公新書〉中央公論新社

第Ⅲ部 体育原理を考えるために

第15章 スポーツとコミュニティ

学習のねらい

2011（平成23）年に制定されたスポーツ基本法では、スポーツがすべての人々の権利として明示され、地域（日常生活圏）を基盤としたスポーツ推進の必要性とスポーツを通じたコミュニティ形成への期待が謳われている。ここでは、コミュニティとは何か、コミュニティスポーツが抱えてきた課題とは何かについて検討し、これからのスポーツを通したコミュニティ形成の可能性と課題について考究する。

1．わが国のスポーツトレンドと「地域」への期待の高まり

わが国のスポーツの「場」は、主に学校、企業、地域の三者で担われてきた。しかしながら、近年の少子化による学校運動部員および運動部の急減、慢性的な不況よる企業スポーツの停滞によって、地域への期待は、急激に高まっている。

わが国の地域スポーツ振興への取り組みは、社会教育法（1949〈昭和24〉年）、スポーツ振興法（1961〈昭和36〉年）等を基盤として、1972（昭和47）年の保健体育審議会の答申「体育・スポーツ振興に関する基本方策について」が出されるに至って本格的に着手された。以来、日常生活圏域のスポーツ施設の整備を中心に進められてきた。しかしながら、1990年代、いわゆる「ハード」の整備が進む一方で、スポーツは生活文化として人々のQOL（生活の質）向上やコミュニティ形成に寄与してきたのか等、いわゆる「ソフト」の充実への政策転換が求められることになる。そのような中、2011（平成23）年、「スポーツ基本法」（法律第78号、6月24日公布、8月24日施行）が成立した。この法律で重要な点は「スポーツを通じて幸福で豊かな生活を営むことは、全ての人々の権利」（基本法前文）と明示した点であり、老若男女、障がいの有無にかかわらず、すべての人の権利としてスポーツをいかに保障していくのかが問われている。

また、基本法前文において「スポーツは、人と人との交流及び地域と地域との交流を促進し、地域の一体感や活力を醸成するものであり、人間関係の希薄化等の問題を抱える地域社会の再生に寄与するものである」と謳われているように、地域スポーツの推進とスポーツを通したコミュニティ形成が重視されている。その拠点として2005（平成7）年、文部科学省は**総合型地域スポーツクラブ**育成事業を開始し、2016年現在、全国約3,500クラブが創設されるに至っている。さらに2015（平成27）年10月1日、スポーツに関する施策の総合的な推進を図ることを目的としてスポーツ庁が設置（文部科学省設置法第15条）されたが、スポーツを通したコミュニティ形成をいかに図っていくのか、その理念と方法論が求められている。

総合型地域スポーツクラブ
：「地域の人々に年齢、興味・関心、技術・技能レベル等に応じた様々なスポーツ機会を提供する、多種目、多世代、多志向のスポーツクラブ」（「スポーツ基本計画」2012〈平成24〉年3月、文部科学省、p.22）のこと。

2．コミュニティとは何か

「コミュニティ」は、マッキーヴァー（MacIver）により提唱された概念であり、「コ

ミュニティは、本来的に自らの内部から発し、活発かつ自発的で自由に相互に関係し合い、社会的統一体の複雑な網を自己のために織りなすところの人間存在の共同生活のこと」[1]としてとらえており、構成要素としては地域性、共

範域性（地域的・空間的範囲）	→	地域性（多様な意味づけに準拠した生活共同圏）
社会的相互作用性 共属感情（我々意識）	→	共同性
社会的資源、生活環境施設・制度の体系	→	媒介性

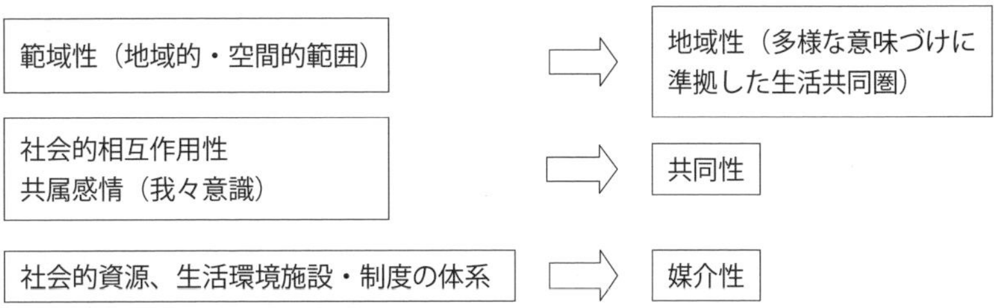

図3-6　コミュニティの主要素

同関心、地域社会感情等を挙げている。その後、ヒラリー（Hillery）は、コミュニティに関する94種類の定義を検討した上で「地域」「社会的相互作用」「共通の絆」を要素として抽出している[2]。このようにコミュニティとは、「地域性」と「共同性」を主な要素とする概念といえよう。さらに松原治郎は、これらの要素について詳細に検討し、範域性（地域的・空間的範囲）、社会的相互作用、社会的資源や生活環境施設・制度の体系、共属感情（我々意識）を挙げている[3]。ここで範域性に関していえば、今日の情報化社会においては、電子メディアを媒介として地表面での地理上の地域性を越えた生活共同圏の拡充と多元化が進行しているといえよう。このことを踏まえ、「地域性」と「共同性」の主要素と松原の示す要素を整理すると図3-6のようになろう。ここで「地域性」に関しては、地表的な地域的、空間的範囲として明確に区分けすることはできない。さらに生活共同圏の拡大と多元化を勘案すれば、むしろ生活者からみてどのようにコミュニティは経験され、いかに「地域性」が意識されるかが論点となろう。また関係づくりの契機や拠点の重要性から「媒介性」を視野に入れておくことが大切であろう。これらの点を踏まえ、コミュニティとは、「社会的資源や生活環境施設・制度の体系を『媒介』として醸成される『共同性』に基づき『地域性』が意識として立ち上がってくるような関係のあり方、あるいは場」ととらえることができよう。

3．コミュニティスポーツの展開と難問

1973（昭和48）年、経済審議会答申「経済社会基本計画」において、経済成長優先の政策のひずみともいえる、地域社会の崩壊や人間関係の希薄化という社会的課題に対してスポーツを通じたコミュニティ形成の重要性が指摘され、初めて、「コミュニティスポーツ」という用語が公的に使用された。しかしながら、その展開においては住民が主体となってスポーツを推進し、コミュニティ形成に寄与するという目的とは裏腹に、行政が中心となってスポーツ振興が展開されてきたといっても過言ではない。このいわば行政主導型のコミュニティスポーツの振興は、その行政努力とは裏腹に、あるアポリア（難問）を抱え込んでいくことになる。すなわち、スポーツ行政サービスの提供を強化することによって、行政と住民との間でスポーツを「与える-与えられる」という関係が成立し、その結果、住民自身がスポーツ振興を自らの問題としてとらえ、自らが進んでスポーツを推進していくという、いわば「スポーツの当事者」というより、誰かが与えてくれるスポーツの機会を単に利用するという、いわば「スポーツの消費者」へと変容したのである。そして行政に依存する体質がより強固なものになってしまったのである。住民は「与えられる」

(1) マッキーヴァー, R.M.：中久郎・松本通晴 監訳（1975）『コミュニティ』ミネルヴァ書房. pp.56-57.

(2) ヒラリー, G.A.：山口弘光 訳（1978）「コミュニティの定義」鈴木広 編『都市化の社会学（増補版）』誠信書房. pp.303-339.

(3) 松原治郎（1978）『コミュニティの社会学』東京大学出版会. pp.25-27.

側として行政に対してよりサービスの向上を求めるようになり、行政がそれに応えようとすればするほど意図せざる結果として住民の無力化を進める結果となる。ここに行政主導による行政への依存体質の形成のメカニズムとアポリアをみることができよう。

4．スポーツとコミュニティの形成

スポーツとコミュニティの関係において、マッキーヴァーはコミュニティを人間の共同生活の結節点としてとらえ、共同関心事の達成のための組織をアソシエーションとして区別する[1]。この区分に従えばスポーツ組織はアソシエーションであり、コミュニティとはならない。そこでスポーツを基盤としたコミュニティ形成を考える場合、重要なことは、スポーツの有する遊戯性と身体的コミュニケーションに基づく「共同性」を契機として、いかに「地域性」が意識として立ち上がってくるか、そのようなスポーツ実践が可能かという点であろう。

このためには、第一は、スポーツ実施者における「消費者」から「当事者」への意識の変容が不可欠である。ここで当事者とは、日常のスポーツ活動のみならず、スポーツ環境、スポーツの置かれた社会的状況、さらには、子供や高齢者の健康や生活、生活圏域に生起する諸問題を自らの問題として引き受け、課題の解決に取り組む人のことをいう。第二は、例えば、学校施設や公的スポーツ施設を「コモンズ（共有財）」として認識しつつ、それらの「媒介性」を契機として、それらの管理運営の方法や、その背景にあるスポーツ環境やスポーツ行政施策に対してアドボガシー（政策提言）を行えるような公共圏の構築とそれに基づく具体的な取り組みがコミュニティ形成の鍵となろう。

つまり、総合型地域スポーツクラブやスポーツNPO法人がコミュニティ形成に寄与できるかは、スポーツ実施者自身がスポーツをめぐる地域の生活課題への当事者として相互連携と公共圏の構築ができるか、行政に関していえば、住民の主体的な取り組みを可能にする仕組みづくりと支援の徹底ができるかにかかっているといえる。

（松尾 哲矢）

[1] マッキーヴァー（1975）前掲書．pp.46-47.

理解度チェック

1. コミュニティとアソシエーションの違いについて説明しなさい。
2. コミュニティスポーツにおいて住民が主体となってスポーツを推進し、コミュニティ形成に寄与するという目的とは裏腹に、行政主導型でスポーツ振興が展開されてきた理由を述べなさい。
3. スポーツを通したコミュニティ形成を可能にするための条件について話し合いなさい。

さらに読んでみよう　おすすめ文献

- 黒須充 編著（2008）『総合型地域スポーツクラブの時代　第2巻 行政とクラブとの協働』創文企画
- 佐藤慶幸（1982）『アソシエーションの社会学―行為論の展開』早稲田大学出版部
- 松村和則 編著（1993）『地域づくりとスポーツの社会学』道和書院

第Ⅲ部
体育原理を
考えるために

第16章
スポーツの制度化と暴力

学習のねらい

けんか（暴力行為）とボクシングは何が違うのか。それはリングという空間に意味が付与され、ルールによって行動が規制され、けんかはボクシングというスポーツになる。そして、スポーツは社会における暴力の飛び地として存在し、人々は日常生活で暴力を自己抑制するようになる。しかし、完全に暴力を払しょくすることはできず、スポーツの制度の中にほころびがみえる。ここでは、スポーツの制度化が暴力に果たした役割を理解する。

1．近代化とスポーツによる暴力の封印

「暴力は犯罪です」。このようなポスターが駅や電車の車内に貼られている。一見当たり前のように思えるこのメッセージは、実は近代になって作られた制度なのである。

近代以前において、暴力行為はあくまで個人的な問題であり、社会的に寛容であった。しかし、近代社会は個人の行為を国家が管理するようになる。その一つが、警察機構による犯罪としての暴力の取り締まりであり、国家による暴力の独占である。つまり、暴力を振った者は、振るわれた相手に代わって、国家が一方的に暴力によって罰することができるということである。このことによって、人々は暴力を「自己抑制」するようになった。この現象をエリアスは「文明化」と呼んだ[1]。

だからといって、この社会から暴力がなくなったわけではない。なぜなら、警察機構の監視が届かないところでは、暴力は発生しうるからである。しかも、近代社会の一つの特徴は、分業制による競争によって業績を高めることで評価される社会であるから、相手に対して敵対意識や攻撃性が助長され、暴力が発生しやすい状況にある。そこで、社会の中の暴力を浄化するため、ラグビーやサッカー、ボクシングなどの闘争スポーツは、暴力的行為が許される**社会的飛び地**[2]となったのである。もちろん、ここでいうスポーツは、例えば近代以前の英国におけるフットボールのように、民衆の祭りにおける暴力的で荒々しいものではなく、ルールという**フレーム（frame）**によって暴力的行為が規制された合法的なものであることはいうまでもない。

2．スポーツ教育による暴力制御の学習

これらの背景には当時の支配階級である上流階級と中産階級の間で、非暴力による行為が価値を有していたということがある。したがって、彼らの子弟のエリート教育をつかさどるパブリック・スクールにおいても、暴力に対する嫌悪感を育て、自己抑制することを身につけるために、19世紀に入ってスポーツが活用されることになる。

---

(1) エリアス, N. (1977、1978)『文明化の過程　上・下』法政大学出版局

社会的飛び地
：社会的に規制され、個人が抑制している興奮の探究を模倣的に解放するための社会的場のことである。

(2) エリアス, N.・ダニング, E. (1986)『スポーツと文明化』大平章 訳. 法政大学出版局

フレーム（frame）
：ゴッフマン, E. は、状況の意味解釈を支えているものをフレームとしてとらえる。私たちがスポーツをスポーツとして認識できるのは、ルールによって意味づけられたスポーツのフレームによってである。（文献 Goffman, E. 1974. *Frame Analysis*. Harvard University Press）

図3-7 英国のラグビー校

パブリック・スクールの一つであるラグビー校におけるフットボールは、かつては死に至らないまでも暴力行為そのものの非常に乱暴なゲームであった（図3-7）。それは、ハウス（寄宿舎）における先輩・後輩による支配関係（プリフェクト・ファギング〈prefect-fagging〉制度）での乱暴な行為（バーバリズム）を背景としていた。そこで、ラグビー校の校長であったトーマス・アーノルド（1827～42年まで校長を務めた）は、学生が自主的に暴力を抑制するようにスポーツを通して学習させようとした。つまり、スポーツを学校のカリキュラムに位置づけたのである。そこでは、スポーツを通して、近代英国のエリートとして必要な判断力、公正心、忠節心、正義感、リーダーシップやフォロアーシップ、勝ち負けにこだわらないグッドルーザーなどの思想、「アスレティシズム（Athleticism）」が培われると考えられ、他のパブリック・スクールに広がっていった。

一方、日本におけるエリート教育機関である旧制高等学校においても、スポーツは重要な役割を果たしていた。一高の野球部にみられるような精神力を鍛えるための武士道的苦行を伴った猛練習は、ある種、バーバリズムを煽ることになり、身体的な暴力を伴うものであった。そして、そのことに耐え、乗り切ることによって、新たな支配階級の身体的**ハビトゥス（habitus）**を形成しようとした。さらに、学校の名誉のために、徹底的に勝利にこだわる姿勢は、忠誠心として高く評価されるようになった[3]。しかし、パブリック・スクールのように、スポーツが旧制高等学校のカリキュラムとして位置づけられることはなく、あくまで学校運動部の活動として留まることになり、精神論と忠誠心は学校運動部の基本的なイデオロギーとして受け継がれており、時として暴力行為が発生することもある。

3．スポーツにおける暴力のほころび

1）フーリガニズムという観客の暴力

1985年、ベルギーのブリュッセルで行われたリバプール（イングランド）対ユベントス（イタリア）のサッカー欧州チャンピオンズカップ決勝戦の試合を前に、双方のファンによる乱闘があり、死亡38人、負傷者425人という大惨事が起きた。このようにファンが試合の前後で、暴徒と化すことをフーリガニズム（hooliganism）と呼んでいる。暴力を制御することに成功したかにみえた近代国家英国でこのような出来事が生起したことからフーリガニズムは世界的に注目されるようになった。

では、なぜフーリガニズムは発生するのだろうか。英国におけるサッカーのフーリガニズムは、一般的に過度のアルコール消費、競技場での暴力的な事件、あるいは審判の偏った下手な判定、失業による不満、逆に豊かさゆえの暴走、さらに社会の「寛大主義」が原因となって起こると信じられているが、ダニングの研究によれば、これは神話に過ぎないという。むしろ、フーリガニズムがスポーツという暴力の飛び地としての空間で起きていることから、民衆の暴力のはけ口としてスポーツ空間が機能しているというのである。また、労働者階級がその大半であることから、その被支配的な階級的不満と「男らしさ」あるいは「男性優位主義」のジェンダー問題と関係しており、さらに、世界的にフーリガニズムが拡大していった背景には、都市における経済的格差、政治的イデオロギーの対立、宗教的対立などの社会的問題を包摂しているという[4]。

ハビトゥス（habitus）
：ブルデュー，P.によれば、同じ階級に属するものが有している行動様式や思考形式などの身につけている性向の総体のことを指してこのようにいう。（文献 ブルデュー，P. 1988．『実践感覚』1今村仁司 他 訳．みすず書房）

(3) デビットノッター・竹内洋（2001）「スポーツ・エリート・ハビトゥス」杉本厚夫 編『体育教育を学ぶ人のために』世界思想社．pp.4-23.

(4) E.ダニング（2002）『問題としてのスポーツ』大平章 訳．法政大学出版

一方、日本において、フーリガニズムが起きないのはなぜだろうか。かつて、日本の野球の観戦者は野次軍団と呼ばれるほどにバーバリズムが席巻しており、試合中に興奮した観戦者がグラウンドになだれ込み、暴力的行為によって試合が中断することがしばしばあった。20世紀の初頭、早稲田大学が渡米したときに、カレッジエールや応援歌による応援を持ち帰り、応援団が結成されると、今日のような日本独特の応援形式が確立された。しかし、一塁側と三塁側に分かれての応援合戦は次第に観戦者を巻き込み、その興奮を煽ることで過激になり、そのために早慶戦は1906年から19年間も中止されるほどであった。そして、再開された後は、応援団には興奮し荒れる観衆を鎮める役割が課せられるようになり、まさしくフーリガン対策としての私設応援団が誕生したのである[5]。

2）日本における体罰というスポーツ指導者の暴力

　暴力は、日本ではスポーツ指導者の暴力、いわゆる「体罰」として表出してきた。日本のスポーツの発展に中心的な役割を果たした学校運動部は、人格形成にとって有用であるという教育的意味により、課外活動として学校教育における存在意義を確立した。しかし、実態は近代の業績主義を反映して、前述した旧制高等学校のように勝利という結果にこだわる、いわゆる勝利至上主義を指向した。しかも、中学3年間、高校3年間という短期間にその業績を上げることが期待されることから、どうしても体罰という外発的動機づけによって早急に良い結果（業績）を出すという傾向になる。さらに、学校教員による指導は、教員が暴力を独占することによって、暴力を「振るう／振るわれる」という非対称性の身体的コミュニケーション[6]を定立し、権力関係を構築するために体罰を行うことがある。

　また、体罰を容認している運動部員の事情もある。それは、体罰を受け入れることによって他の部員と体験を共有し、その集団の行動規範を内面化することで、部員として認められるという一種の儀礼的な要素を含んでいるからである。

　このように、スポーツが制度化されることによって暴力が払しょくされたかにみえるが、実際は私たちの生活に潜在化し、時として**フレーム壊し（breaking frame）** によって暴力となって表出するといえる。

（杉本 厚夫）

(5) 杉本厚夫（1997）「スポーツファンの興奮と鎮静」杉本厚夫 編『スポーツファンの社会学』世界思想社. pp.4-26.

(6) 奥村隆（2009）「教育というコミュニケーション」長谷正人・奥村隆 編『コミュニケーションの社会学』〈有斐閣アルマ〉有斐閣

フレーム壊し（breaking frame）
：ゴッフマン, E.によれば、これまで私たちが暗黙のうちに認めていたフレームを越えて、状況が進行するとき、元の意味が表出することをいう。（文献 Goffman, E. 1974. *Frame Analysis*. Harvard University Press）

理解度チェック
1. 近代社会で暴力の自己抑制にスポーツが果たした役割について述べなさい。
2. 現代社会におけるスポーツと暴力の関係について述べなさい。

さらに読んでみよう おすすめ文献
- 奥村隆（2001）『エリアス・暴力への問い』勁草書房
- 井上俊・伊藤公雄 編（2010）『身体・セクシャリティ・スポーツ』世界思想社
- E.ダニング・K.シャド（1983）『ラグビーとイギリス人』大西鉄之祐・大沼賢治訳、ベースボール・マガジン社

第Ⅲ部
体育原理を
考えるために

第17章
スポーツとジェンダー

学習のねらい

「男らしい男」の文化として発展したスポーツには、男性を中心に据えたあり方が根強く残る。制度上の女性差別が解消されつつある一方、一般的には女性アスリートが男性と同じ評価基準でみられることは少ない。また近年、「男」「女」の枠組みを絶対視したままでは解決できない問題が表面化しており、スポーツ界でも性をめぐる認識の変化が求められる。ここでは、これらの指摘をジェンダーの視点からスポーツをみることで考える。

1. ジェンダーの視点からみたスポーツ

ジェンダーの視点から社会をみると、性にかかわる多様な問題が浮かび上がってくる。不平等な関係や抑圧的な状況を、たとえそれが私的な領域にあってみえづらいことでも「社会的な問題」として言語化する。「当たり前のこと」として問題視されなかった現象の背景や構造を分析し、当たり前などではなく変わるべきなのだと指摘する。そうした場面でジェンダー概念はもちいられてきた。

ここでいう性が、いわゆる「性別」なのか、「男女」の関係性なのか、「男らしさ」や「女らしさ」、性別役割などの規範なのか、**性的マイノリティ**の存在を想定しているのか、それらの判断は個別の問題や文脈による。いずれにせよ、「自然なこと」だから当たり前・変えられない・仕方ないなどとされてきた、性にかかわる制度や規範や関係性など、あらゆることがらに疑いの目を向ける。つまり、そもそも「自然なこと」というとらえ方自体が社会的につくられたものであり、それが現状を正当化する根拠とされ、問題をはらんだままの社会を維持・強化すべく機能したにすぎないのではないか、と考えるのである。

ジェンダーの視点からスポーツをみる近年の議論においては、大きく分けて次の2点が指摘されている。まず、スポーツには、その成立から現代に至るまで、男性を主体にものごとをとらえるあり方が根強く残っている。そうした男性中心主義的な価値観を背景とする、女性への排除や差別、男女格差といった問題がみられる。そして、性別二元論を文化的基盤とするスポーツ観や具体的諸制度などは、性的マイノリティを抑圧する可能性をはらんでいる。

1つめに注目するとき、排除や差別、格差は様々なレベルでみられる。日本ではサッカーのプロリーグとして男子のJリーグがあるのに対して、なでしこリーグに所属する選手のほとんどはプロではなく、多くはサッカーどころかスポーツとも無関係の仕事をしながら選手生活をおくっている。女性のプロスポーツとして比較的歴史のあるゴルフやテニスでは、賞金金額の男女格差解消が長年訴えられてきた。また、女性の競技人口が増加する傾向にある一方で、監督・コーチなど指導者はまだまだ男性中心である。スポーツ関連組織は、メンバーの半分を女性が占めるよう

ジェンダー
：身体のつくりや生殖にかかわる「生物学的性差」(セックス)に対して、男らしさや女らしさという発想や、男とは女とはこうあるべきといった通念は「社会的文化的性差」(ジェンダー)とみなされる。さらに近年では、そもそも男女の二分法に基づく性認識自体が社会的文化的につくられたものであるとする、より広い意味でのジェンダーのとらえ方がある。

性的マイノリティ
：社会において「自然」もしくは「正しい」とされる性のあり方に当てはまらない人々は、アイデンティティの確立や表明における困難があったり、社会制度から排除されたりするという点で、マイノリティである。日本では、同性/両性愛者や、身体的および法律上の性別とは異なる性自認をもつトランスジェンダーに対する差別をいかになくしていくかということが、社会的な課題となっている。

な組織ですら、意思決定にかかわるポジションに目を向ければ、その多くはやはり**男性主導**で運営されていることがうかがえる。

　数字で確認できることだけではない。マスメディアにおけるアスリートの取り上げ方や語り方をみると、男性と女性で大きく異なっており、女性アスリートがアスリートとして尊重されない場合すらあることがわかる。女性アスリートは、男性と比べてスポーツのパフォーマンスや競技成績のみで評価されることは少なく、たいていは併せて容姿や「女らしさ」が取りざたされる。このように「女としての魅力」の有無がジャッジされるとき、当たり前のように想定されているのは異性愛男性の視線や関心である。

2．スポーツの成立と「男らしい男」

　スポーツの男性中心主義がもたらす問題を理解するにあたり、まずはスポーツが競技として近代化する歴史を踏まえる必要がある。いまの社会で主流となっているスポーツの多くは、気晴らしや遊戯、儀礼として行われてきた身体活動が、19世紀のイギリスで規格化・制度化されたものが起源だとされている。おもな舞台の1つが、パブリック・スクールである。当時の社会の要請を受けて、パブリック・スクールは、近代資本主義社会の自由競争に勝ち抜く強さとリーダーシップを備えた、エリートの育成を目指した。その教育方針のもと、元は野蛮で下品な行為とされていた活動が、壮健さや勇敢さ、自制心、規律を重んじる態度、団結心といった資質を身につけるためのスポーツとして奨励されるに至ったのである。

　ただし重要なことに、この時期にエリート教育を受け、卒業後に社会で活躍することが期待されていたのは男性のみ、スポーツを行えるのも男性のみであった。したがって、スポーツのルールや諸制度は男性を前提に整備され、スポーツを通じて身につくとされた資質は、「人としての望ましさ」ではなく「男らしさ」として称賛された。つまり、そもそもスポーツは男性のために成立・発展した文化なのである。

　このことから、近代社会が求める「男らしい男」を育てる場、「男の男らしさ」を示す場であるスポーツの領域への女性の参入がいかに困難であるか、想像がつくだろう。「近代オリンピックの父」クーベルタンは、「より高く、より速く、より強く」躍動するアスリートの身体は男性に特有の美であり、女性スポーツを「自然の法則」に逆らうものとしたが、この考え方は、競技会から女性をしめ出すというかたちでオリンピックの歴史に反映され、「女」について当時の社会で共有されていた知識や価値観がそれを正当化した[1]。

　オリンピックなど競技会への参加をめぐる女性差別に対し、各時代の女性アスリートたちが現状を変えるべく行動を起こしてきた。**開催競技の数**についていえば、2012年のロンドン大会においてようやく男女同数に至る。ジェンダー問題の解消を求める人々の行動や、社会の他の領域との関係を受けて、少しずつではあるが状況は変化し続けているのだといえる。

3．性別二元論がもたらすスポーツの「新しい」問題

　これまで多くの社会では、すべての人間は必ず「男」と「女」どちらかに分類し

男性主導で運営
：国際オリンピック委員会（IOC）のメンバーは、2016年4月、449名の3分の1を超える150名が女性で構成されるに至った。また、IOCは1997年、各国オリンピック委員会の女性役員を2005年までに20％に引き上げることを目標に掲げたが、2016年2月現在でも日本オリンピック委員会の女性役員は10％未満に留まっている。

(1) 田中東子（2004）「オリンピック男爵とアスレティック・ガールズの近代」『オリンピック・スタディーズ――複数の経験・複数の政治』せりか書房. p.54-70.

開催競技・種目・選手の数
：1900年パリ大会で初めて女子選手のオリンピック参加が認められたが、開催競技はテニスとゴルフの2つ、参加選手は997名中22名のみであった。女子競技数が全体の半数に達した1976年モントリオール大会でも、女子選手の割合は20％程度。2012年ロンドン大会では開催競技数こそ男女同数になったものの、種目数でみれば女子は男子に比べて30も少なく、女子選手数は未だ50％に達していない。

うるという性認識のもと、公私にわたるあらゆることが形成されてきた。スポーツも例外ではない。ところが、科学が発達すればするほど、「男」と「女」を普遍的で固定的なカテゴリーとみなすことの困難さが判明し、スポーツのあり方にも影響を及ぼすことになる。また一方で、身体・精神・セクシュアリティなど様々なレベルで既存の性の認識枠組みに収まることができない、いわゆる性的マイノリティの存在が可視化され、差別や抑圧など「生きづらさ」に直面していることが社会的な問題として共有されるようになる。

　出生時に与えられた性別に違和を抱えるアスリートは、ある競技会で「男子」「女子」どちらに参加すればよいのか。また、2009年世界選手権での**セメンヤ選手（図3-8）**のように、それまで認識してきた自分の性別が「医学的に異なる」可能性が指摘されれば、本人の意思にかかわらず「ルール違反」となり、アスリートのキャリアに影響が及んでしまうかもしれない。あるいは、あるアスリートが性的マイノリティとして自らのセクシュアリティをカムアウト（公に表明）したとき、スポーツメディアはどのような反応をみせるだろうか。そもそもスポーツの現場は、マイノリティがカムアウトできる環境にあるだろうか。

　これらの状況は単なる可能性ではなく、すでに起きている問題でもある。枠組みとしての「男」「女」が絶対視されることで生じる差別や抑圧に目を向ける姿勢とともに、「男」「女」の枠組みをどこまで・どのように取り入れたスポーツ界であるべきかを考える想像力が求められているといえよう。

（稲葉 佳奈子）

図3-8　陸上競技キャスター・セメンヤ選手
（写真提供 ユニフォトプレス）

セメンヤ選手の事例
：2009年世界陸上の女子800mで優勝した南アフリカのキャスター・セメンヤ選手に対して、2位に大差をつけた今季世界最高記録という結果および彼女の体格や声質などから、性別に対する疑惑の声があがった。国際陸上競技連盟（IAAF）は医学的調査を実施し、セメンヤ選手のテストステロン（男性ホルモンの一種）分泌量が通常の女性より多いことなどが報じられた。性別検査の結果自体は公表されないまま、2010年3月に南アフリカ陸上競技連盟から出場停止処分を受けるが、同年7月にはセメンヤ選手が女性として競技に復帰することをIAAFが認めている。

理解度チェック

1. 男性文化としてのスポーツの歴史が現代社会に及ぼした影響を述べなさい。
2. スポーツに関して自分の経験や見聞きしたことを振り返り、ジェンダーの問題だと思われることがらを具体的に挙げ、説明しなさい。

さらに読んでみよう　おすすめ文献

- 溝口紀子（2013）『性と柔―女子柔道史から問う』河出書房新社
- 日本スポーツとジェンダー学会 編（2016）『データでみる スポーツとジェンダー』八千代出版
- 中村敏雄・高橋健夫・寒川恒夫・友添秀則 編（2015）『21世紀スポーツ大事典』大修館書店

第Ⅲ部
体育原理を
考えるために

第18章
スポーツと障害者

学習のねらい

近年、障害者スポーツ（パラリンピック）へ注目が集まっている。わが国においては1964（昭和39）年のパラリンピック東京大会を契機として制度化され普及・発展し、1998（平成10）年のパラリンピック長野大会を画期にスポーツとしての認識が高まった。障害者スポーツやパラリンピックを考えることは、「障害」や「スポーツ」をとらえ直すことである。ここでは、障害者スポーツを私たちはどのようにとらえるべきか、そこにはどのような課題があるのかを考える。

1. 障害者スポーツの発展

パラリンピック
：1989（平成元）年にいくつかの国際的な障害者スポーツ組織が統合され設立された国際パラリンピック委員会（International Paralympic Committee：IPC）によって組織される国際的なスポーツ大会のこと。

パラリンピック東京大会
：日本の障害者スポーツの基点といえる大会。このとき非公式の愛称としてパラリンピック（paraplegia（対麻痺）のOlympic）が用いられたことが現在の名称（parallel＋Olympic）となった。この大会は正式には11月8日から12日までが第1部の国際ストーク・マンデビル競技大会であり、13日と14日が第2部とされ国内の身体障害者のための大会として開催された。

(1) （財）日本身体障害者スポーツ協会（1985）『創立20年史』

高まる関心
：2012（平成24）年パラリンピックロンドン大会では、164の国と地域から4,237人の選手が参加し20競技503種目が行われた。全日程での観客数は約270万人、延べ視聴者数は約38億人にのぼり「過去最も成功した大会」と称された。

障害者スポーツあるいは**パラリンピック**に、もっとも大きな影響を与えた人物がルートヴィヒ・グットマン卿（Sir Ludwig Guttman）である。グットマンは1944〈昭和19〉年、イギリスのストーク・マンデビル病院の脊髄損傷病棟の責任者となり、「手術よりもスポーツを」を方針に脊髄損傷者への治療の一環としてスポーツを取り入れた。1948〈昭和23〉年7月28日、ロンドンオリンピックの開会式当日、同病院では、アーチェリーや車椅子バスケットボールなどの院内大会が開催された。この大会は現在のパラリンピックに続く障害者スポーツの源流の一つとなった。

日本の障害者のスポーツ活動は、1964〈昭和39〉年の**パラリンピック東京大会**からだった。国際ストーク・マンデビル大会は、1960〈昭和35〉年のローマオリンピック以降、大会開催年にはオリンピック開催地での競技会開催を目指していたため、日本も国際ストーク・マンデビル大会の開催を打診されていた。当時の日本では、障害者スポーツは健常者・障害者問わずほとんどの人々にとって馴染みのないものだったため、パラリンピック（国際ストーク・マンデビル大会）の開催を契機に国内の振興を図ることが方針とされた。こうして、日本において初の障害者スポーツのメガ・イベントが1964年11月8日から14日にかけて開催された[(1)]。

東京大会の組織委員会であった国際身体障害者スポーツ大会運営委員会はその後、日本身体障害者スポーツ協会へと発展的に解消され、障害者スポーツの普及のため**全国身体障害者スポーツ大会**の開催や**指導者養成**などを主な業務として活動していく。1970年代以降には各種競技団体が設立されたり公認指導者制度が開始されたりするなど障害者スポーツの制度化が進む。こうした日本における障害者スポーツの制度化の集大成が1998〈平成10〉年のパラリンピック長野大会だった。

長野大会以前、障害者のスポーツは福祉の領域で理解されてきた。新聞でも社会面での扱いが中心で、リハビリテーションとしての意味づけが強かった。しかし、長野大会以降は、新聞掲載面もスポーツ面が中心となっていきスポーツとして意味づけられるようになった。あわせて社会的認知も進み、特別なものではなく競技としてとらえられるようになり、**関心も高まっている**。

第18章 スポーツと障害者 153

2．障害者スポーツの概念をめぐって

　障害者スポーツは、大きく分けて、①障害者が参加している／行っているスポーツ、②障害者用にルールを変えたスポーツ、③障害の無意味化を内包したスポーツ、という3つのとらえ方ができる。これらは障害者スポーツの性質や属性によるというより、障害者スポーツを分析する際の視点の違いである。

　まず、①のとらえ方は、私たちにとっては違和感ない考え方かもしれない。しかし、現実のスポーツを分析するための視点としては問題含みである。なぜなら障害者スポーツとそうではないスポーツの間に意味ある線引き（区別）ができず、両者を判別する性能が非常に低いからである。そのため、区別の基準がスポーツではなく、行う人の属性に求められ、「障害者」と「健常者」を線引きした上で、「障害者」の行うスポーツを障害者スポーツとして区別しているのが現状である。

　ただし、この考えを採用する利点もあった。あえて「障害者スポーツ」を特別なものとカテゴライズすることで、スポーツ実践が可能となる制度的・物理的・心理的に特殊な空間を用意できるようになる。この空間が拡がることは、社会のバリアフリー化の進展でもある。スポーツや体育から排除されていた障害者の状況を鑑みればこうした観点から障害者スポーツを概念づけることには一定の意味があったといえ、福祉施策の一つとしてスポーツをとらえ、保護することを可能にした。

　次に、②の視点は、**アダプテッド・スポーツ**（adapted sports）とも呼ばれる。これは「身体に障害がある人などの特徴にあわせてルールや用具を改変、あるいは新たに考案して行うスポーツ活動を指す。身体に障害がある人だけではなく、高齢者や妊婦等、健常者と同じルールや用具の下にスポーツを行うことが困難な人々がその対象となる」[2]ものである。例えば、車椅子バスケットボールでは、車椅子を用いることを前提に立って行うバスケットボールのルールからダブルドリブルを取り除いたり、**クラス分け**などを行って選手の能力をある程度均等化したりする。いわばルールを実践する人に合わせてスポーツをとらえる視点である。しかし結果的に、「競技性を重視した近代スポーツ原理からは自由であったとしても、ギリギリのところで、『健常者／障害者』カテゴリー対から逃れることができていない」[3]ものでもある。なぜなら「障害者」の能力が健常者に対して劣る点があるからこそ、ルールを変更する必要性が提示されるからである。

　①の視点が「健常者」のスポーツからの区別を打ち出すことになったのとは対照的に、これはスポーツとの連続性を打ち出すことになった。この視点は、障害者スポーツを特殊なものとしてよりも、健常者が行ってきたスポーツの一種目として位置づけ、障害者スポーツを「スポーツ」としてとらえることを可能にした。一方これは、突き詰めれば環境の平等化による競争の有意味化（参加者全員が同じルール・同じ環境で行うからこそ勝敗が意味をもつ）からの自由を作り出す。そのため、障害者スポーツをスポーツとしてとらえるときにはある矛盾が生じている。人々の身体条件はそれぞれ異なり、それに合わせてルールを作れば勝ち負けの意味が失われるが、スポーツである以上勝敗に価値をもたせなければならないからである。

　現に障害者スポーツに打ち込んでいる人々への調査からみえてくるのは、彼らはしばしば端的に自らの活動を「スポーツ」としてとらえ実践しており、特にそれを

全国身体障害者スポーツ大会
：パラリンピック東京大会の第2部を前身として、翌1965（昭和40）年から全国身体障害者スポーツ大会として毎年開催されることとなった。2001（平成13）年からは知的障害種目を統合した全国障害者スポーツ大会が実施された。精神障害種目（バレーボール）が2008（平成20）年に正式競技となりいわゆる三障害を対象とする大会となった。

指導者養成（講習会）
：全国障害者スポーツ大会の運営や指導を行える指導者育成のため、1966（昭和41）年から始まった制度。1985（昭和60）年に公認身体障害者スポーツ指導者制度が発足した。2016年4月現在、初級・中級・上級指導員およびスポーツコーチ、スポーツ医、トレーナー制度がある。指導員は初級（12,476人）・中級（2,111人）・上級指導員（554人）が登録している。

アダプテッド・スポーツ
：1990年代頃からアメリカにおいて提唱されたアダプテッド・フィジカル・アクティビティ（adapted physical activity：APA）のスポーツ版。APAは、体育・スポーツを含む様々な身体活動へのアクセス実現するための種々の戦略全体を指すような一種の社会運動であったが、日本におけるアダプテッド・スポーツ概念はそうした規範的な価値づけは捨象されている。

(2) 一般社団法人日本体育学会 監修（2006）『最新スポーツ科学事典』平凡社

(3) 樫田美雄（2013）「〈障害者スポーツ〉の可能性」『現代スポーツ評論』29：38-51.

障害者に特別なスポーツであるとも「適合した（adapt）スポーツ」であるともとらえていないことである。となれば、上記2つの障害者スポーツとは異なる視点が必要になるが、それが③としての障害者スポーツの定義である。これは**非障害者**スポーツとしての障害者スポーツと名づけることもできる。例えば、ブラインドサッカーやサウンドテーブルテニスなどは、プレイヤーにアイマスクの着用を義務づけることで、競技に参加している障害者を非障害者化している。つまり、これらのスポーツは参加者の障害が無意味化されるような仕組みになっている。スポーツ空間において視覚に障害をもつことが不利益を産むことがなくなる。このように考えると現に行われている障害者が主たる担い手であるスポーツのほとんどは「非障害者スポーツとしての障害者スポーツ」ととらえ直すことができる。これは私たちがこれまで親しんできたスポーツや社会に対する考え方の更新を要請するだろう。

3．障害者スポーツを考えること

　スポーツはこれまで、環境と人間の「からだ」を切り離すことで、人工物によらない主体としての人間による競争を成立させ、人間の「からだ」の自然性とその能力を計測しているとの想定をもってきた。しかし、義足のアスリートのパフォーマンスはそうした**想定をやすやすと超えていく**。

　一方、障害者スポーツは、私たちのもっている「障害」という観念に対しても影響を及ぼす。障害者スポーツのプレイヤーにとって、ルールの変更という制度的変革によってスポーツ参加という社会的不利益は解消される。そして重要なのは、障害者スポーツはこうしたルールによって障害を「非障害化」するだけではなく、それぞれの「欠損」自体の意味の変容にもつながっている点である。障害者スポーツのプレイヤーにとって、「障害」とはスポーツ参加の際の「困難」のようなネガティブなものではなく、スポーツに参加するための前提となるようなポジティブなものにも意味づけられる可能性をもつ。「障害」への意味変容がスポーツという閉じた世界ではあるが生起している。それは一つの社会の変化だろう。

　障害者スポーツの実践および考察は、多くの可能性に開かれている。私たちはそこでスポーツそれぞれの多様性とともに、私たちの身体の多様性を再発見するだろう。障害者スポーツは私たちの社会をより良く変えていく上でも非常に重要な視点と実践を提供してくれるのである。

（渡　正）

クラス分け
：障害者スポーツ特有のシステムで、競技における平等性を確保するため、障害種別や程度などの医学的側面と、参加競技に関連する運動機能などによって選手の出場区分を分類するもの。また、車椅子バスケットボールなどの団体競技においてはクラス分けによって個人に点数をつけ、チームの総量を規制する持ち点制が採用されチーム間の公平性を保っている。

非障害者
：「健常者」というカテゴリーは非常に価値的であり、ある一定の人間像が望ましいものとして想定されている。そのため、「障害者」の対義語としてしばしば「非障害者」が用いられる。仮に何らかの欠損があっても、それが社会的な不利益を受けずニュートラル化している存在として「非障害者」が想定できる。なんらかの「欠損」が不利益になる人／ならなかった人として「障害者／非障害者」が記述可能になる。

想定を超えていく
：例えば、義足のアスリートのパフォーマンスは義足という人工物と身体が協働したものである以上、どこまでがそのアスリートの「本当の」身体なのか、その区別に意味はあるのかが問われる。障害者スポーツが示すのは近代スポーツのその先にあるような身体の有り様なのかもしれない。

理解度チェック

1. 障害者スポーツを分析する3つの視点とその特徴を述べなさい。
2. 障害者スポーツ種目を調べ、それぞれの種目がもつスポーツ観や身体観、社会観を考え、その多様性を話し合いなさい。

さらに読んでみよう　おすすめ文献

- 土田和歌子（2010）『身体障がい者スポーツ完全ガイド』東邦出版
- 藤田紀昭（2013）『障害者スポーツの環境と可能性』創文企画
- 渡正（2012）『障害者スポーツの臨界点：車椅子バスケットボールの日常的実践から』新評論

第Ⅳ部
体育原理を
学ぶ人のための
基本文献案内

第1章
体育科教育原論に関する文献

01

新版　体育科教育学入門
(高橋健夫・岡出美則・友添秀則・岩田靖 編著、2010、大修館書店)

　体育授業にかかわる理論や授業づくりの基礎的知識について解説した入門書。教科体育の目標論や評価論など、現在の体育実践を形づくる基礎理論、授業づくりの構造と各運動領域の典型的な授業展開例、実践的力量を高めるための模擬授業の進め方などが示されている。

　従来の体育科教育法のテキストには、ある特定の立場や運動論、学習指導要領に強く規定された内容記述がなされる傾向がみられたが、本書は国内外においてこれまでに蓄積された体育科教育学、スポーツ教育学の研究成果（科学的知識や教授技術など）を最大限に反映させながら、よりよい体育実践の考え方、授業づくりの進め方を示している点に特色がある。また、各運動領域の授業実践例や模擬授業の展開例を示し、実践的な指導力量を備えた体育教師養成＝実習中心の体育科教育法を志向して構成されていることも大きな特徴である。

　理論と実践の双方の力量形成を目指した入門書であり、体育教師志望者や体育授業研究に携わる者にとっての基本文献である。

02

体育科教育学の探究
(竹田清彦・高橋健夫・岡出美則 編著、1997、大修館書店)

　1970年代に専門科学分野として独立した体育科教育学は、以来、多くの研究成果を蓄積してきた。本書は、この分野の研究成果や論議過程を整理するとともに、1990年代初頭までの国際的な体育科教育学、スポーツ教育学分野の研究動向を踏まえて、今後の研究課題を明らかにすることを目的として編まれている。

　具体的には、体育科の目的・目標論や運動領域論、各運動領域の学習内容論、教材づくり論、学習指導論、評価論、授業研究の方法論など、体育科教育学が研究の射程とする諸領域で明らかにされてきた知見やその意味づけが、研究ベースで精緻に検討されている。また、民間教育研究団体によってなされた主張と実践や、アメリカ、ドイツ、イギリスなど諸外国の研究動向も含めて論議されているので、各研究領域に関するわが国の研究成果と国際的な動向を合わせて知ることができる。

　本書は、わが国の体育科教育学の学問的発展過程を理解することができる文献であり、この分野の研究を始める若い研究者、大学院生には必須の文献である。

第Ⅳ部　体育原理を学ぶ人のための基本文献案内
第1章　体育科教育原論に関する文献

03

体育教育を学ぶ人のために
（杉本厚夫 編、2001、世界思想社）

　近年、子供の心と体の問題が取り沙汰され、学校教育の在り方が問われている。編者は、この問題状況には子供の心だけでなく「身体」も大きく関与していると指摘する。そして、過去の体育教育が、単に身体を「社会的道具」としてきたことを批判し、体育教育が「身体を規律化するだけの身体教育ではなく、子供一人ひとりが身体に出会い、自分のライフスタイルに適した身体の所作を学ぶ場所としての身体文化学習へ転換されるべき」であると主張する。このような問題意識から、体育教育を社会学的視点から考察したのが本書である。

　体育内容論、体育教師論をはじめ、近代学校制度における身体形成、運動会と学校空間、体育と暴力、スポーツ教育とジェンダーなど幅広い視点から体育教育について考察がなされている。また、これまでの体育授業研究に対しても批判的検討を行うべきとする立場から、「体育科教育学研究のオーバービュー」という章を設けて授業研究の課題と展望が示されるなど、既存の学問領域を「越境」して体育教育を考えることのできる、内容豊かな一冊である。

04

戦後体育実践論　全4巻
（中村敏雄 編、1998、創文企画）
［第1巻　民主体育の探究、第2巻　独自性の追求、第3巻　スポーツ教育と実践、第4巻　資料編・戦後体育実践主要論文集］

　終戦直後から現在まで、わが国の体育実践は時代による社会的要請を受けながら、様々にその様相を変化させてきた。本シリーズは、それぞれの時代にみられた体育思潮やそれに基づいた実践を、学校現場における研究や運動を中心に総括したものである。

　具体的には、生活体育論、グループ学習論、楽しい体育論とその批判、授業研究の考え方・進め方の変遷、各時代のオピニオンリーダーの主張、学校体育研究同志会や全国体育学習研究会に代表される各地の民間教育研究団体の実践とその成果、そして各時代の体育実践が抱えていたジレンマなど、それぞれの社会背景の下で体育実践が何を目指し、どのように展開され、どのような問題提起をしてきたのか、またそれに対してどのような論議がなされたのかについて考察されている。戦後の学校体育実践を考えるための貴重な文献である。

05

学校体育授業事典
（宇土正彦 監修、阪田尚彦・高橋健夫・細江文利 編、1995、大修館書店）

　学校体育に関連する事項を対象に編纂された総合的な事典。体育授業の基礎的理論から授業展開に至るまで、学校体育に関する情報が具体的に示されている。

　例えば「体育授業の基礎理論」では、戦前から現在までの体育理念の変遷や、体育授業の目標・内容・方法・評価の考え方が特定の立場にとらわれることなく説明されている。「各運動領域の学習指導」では、各運動領域の授業展開例を紹介しながら、各運動の特性、授業設計の要点、典型的な教材例、技術的なポイントなど、授業づくりに必要な情報が提供されている。また、「体育授業の展開」として、全国の体育実践に影響を与えた主張や実践を紹介し、日本の体育実践史を振り返ることを可能にしたことは本書の大きな特徴のひとつである。この他にも、授業を科学的な視点から分析する授業分析の方法や用語解説が行われている。

　教科体育を学ぶときや授業実践の方法的手順を学びたいとき、さらには授業を読み解く際にも役立つ広範な内容を網羅している時点であり、体育授業に携わる者は、ぜひ机上に置いておきたい一冊である。

06

学校にはなぜ体育の時間があるのか？ ―これからの学校体育への一考―
（白旗和也 著、2013、文溪堂）

　「学校には、なぜ体育の授業があるのだろうか？」本書は、このシンプルで重要な課題に多角的な視座から考察された文献である。

　体育は何をする教科であるのか、体育とは何を教える教科であるのか、という、これまでにも研究者が向き合ってきた課題意識に相対するとともに、幼児期からの運動のつながりや体育教員の専科制に対する意見、すべての教師が体育指導により向き合えるようにするための方策など、いくつかの視点からその答えを見出そうとしている点が本書の特徴である。また、学校体育関係者や体育科教育学研究者のみならず、他教科の教科調査官が語る学校体育のアイデンティティや、プロスポーツ関係者からみた運動・スポーツの価値など、より広い視座から学校体育についての意見が示されていることもユニークで意味ある内容だろう。

　体育について学ぶ人、体育を教える人、体育を経験してきた人など、様々な目線から体育を考えることのできる一冊である。

第Ⅳ部　体育原理を学ぶ人のための基本文献案内
第1章　体育科教育原論に関する文献

07

よい体育授業を求めて
（体育授業研究会 編、2015、大修館書店）

　1998年、「真摯に『体育の授業』を研究しようとする者が、あらゆる主義主張を越え、研究者、実践者がその立場にとらわれずに参加し、研究を推進していくこと」を目的に設立されたのが体育授業研究会である。この間、学校体育の考え方は大きな変容を遂げてきた。そのような中にあって、授業研究を大切に展開してきた本会の研究成果を収めたのが本書である。

　第1章では体育授業の今日的課題として、教師が持つべき体育授業の哲学について、教師が構築するべき専門職コミュニティの具体について、そしてわが国における体育授業研究システムの意義について等が示されている。続いて、質的研究やアクション・リサーチといった授業研究で適用しうる研究方法についての論考が掲載され、そして学習集団の育成、戦術学習を志向した授業実践の紹介、各地域における授業研究サークルの取り組み等が示されている。

　「授業から学ぶ」ことを柱に継続してきたこれまでの授業研究の成果を知るとともに、明日の授業に活かせる情報が得られる一冊である。

08

体育の教材を創る
（岩田靖、2012、大修館書店）

　よりよい体育授業の創出に向けた諸要素の中でも、特に教材に焦点を当てた書。

　子供たちにとって意味ある体育授業を実現させるためには、その目標と内容を具現化する教材が不可欠である。いくら適切な目標と内容を設定したとしても、それを踏まえた教材がなければ、教師の豊かなイマジネーションに支えられた授業展開は実現しないだろう。著者は、この教材の在り方に着目し、これまでの研究成果を踏まえて「学習内容を習得するための手段であり、その学習内容の習得をめぐる教授＝学習活動の直接的な対象になるものである」と教材の概念規定を行った。そしてこの概念を土台にしながら、各運動領域の教材を開発し、さらにそれを適用した授業実践の事実と授業成果（エビデンス）をあわせて示しているところに本書の特徴がある。

　理論的でありながらも、限りなく実践的に授業づくりを学ぶことのできる一冊である。

09 体育の人間形成論
（友添秀則、2009、大修館書店）

「学校体育における運動やスポーツは、人間形成にいかに寄与するのだろうか。」本書は、筆者のこの強烈な問題意識に基づいて行われてきた研究成果をまとめたものである。筆者は、体育の存在根拠の重要な柱のひとつを「人間形成」に求め、体育における人間形成を歴史的社会的教育的な視座から分析考察している。

具体的には、わが国の学習指導要領における人間形成に関する内容の位置づけの分析をはじめとして、戦後、わが国にみられた人間形成論に関する主張を整理検討するとともに、諸外国にみられる理論や学習指導論を取り上げてその動向を明らかにしている。そして、体育における人間形成の概念規定を行うとともに、その構造を明確にしている。

学校体育のアカウンタビリティが求められる今日、また運動やスポーツの広汎な意味づけが必要とされる今日にあって、その重要性を歴史的な変遷も踏まえて確かめることのできる貴重な一冊である。

10 新版　体育科教育学の現在
（岡出美則・友添秀則・松田恵示・近藤智靖 編、2015、創文企画）

日本体育科教育学会が、学会としてこれまでの研究成果を整理し発行した同書（2013年に絶版）の新版である。本書は、わが国の体育科教育学研究の総括とともに、これからの展望を見出すことを目的に編集された。これにかかわって編者は「私たち自身は、自分たちの研究成果が何によって支えられてきたのかを明らかにしなければ、あるいは、その質を維持、向上させるには何をする必要があるのかを明らかにしなければ、体育科教育学の研究レベルを維持することもできない。」と、この領域の成果を踏まえつつ、今後に向けた痛切な危機感を示している。

章立ては、「体育科のカリキュラム論」「教授・学習指導論」「体育教師教育論」「体育科教育学研究の研究方法論」から成り、各章では、これまでの研究成果が精緻に検討・考察され、あわせて今後の課題が提示されている。

（細越 淳二）

第2章 スポーツ原論に関する文献

01 スポーツ倫理を問う
（友添秀則・近藤良享、2000、大修館書店）

「あなたはオリンピックで金メダルがとれるなら、『五年後に死ぬ』とわかっていても薬を使いますか」。この質問にオリンピック選手の52％が「イエス」と答えたという。アスリートの現状を知る者にとっては驚愕するほどの数字ではないのかも知れない。誰もが金メダルの価値を疑いえないとしても、先の質問に問われているのは「金メダルの価値」ではなく、「命の意味」であろう。その単純な文脈が見失われるところに、事態の深刻さがうかがえる。

スポーツ界が抱える倫理問題の難しさは、ひとつには、スポーツに情熱が注がれるほどに常識的な倫理観が見失われてしまうところに、ふたつには、文化領域における個人的自由と組織的制限との線引きにある。本書では、具体的な事例を紐解きながら、難問を考え抜くための手がかりが示されている。

02 スポーツ哲学の入門——スポーツの本質と倫理的諸問題——
（シェリル・ベルクマン・ドゥルー：川谷茂樹 訳、2012、ナカニシヤ出版）

著者のシェリル・ベルクマン・ドゥルーは、カナダ・マニトバ大学の体育・舞踊の研究者である。そのドゥルーによって書かれた体育哲学（倫理学）の教科書を、文学研究科で哲学を専攻した川谷茂樹が翻訳している。筆者と訳者の立場の違いは、体育学と哲学というディシプリンだけではなく、スポーツに対する見方にも顕著である。ドゥルーは、スポーツを他者との協同とみなす立場から勝利至上主義やドーピングを「対戦相手へのリスペクトを欠く行為」として批判する。川谷は逆に、競技の成立のために必要な協同と、競技の内部で競技者が追求すべき目的とを峻別し、「競技者は負けない範囲でルールに従えばよい」（川谷茂樹．2005．『スポーツ倫理学講義』．ナカニシヤ出版）と主張する。前者が理想主義的であるのに対して、後者は現実主義的といえようが、それぞれの主張の論理性を学ぶ意味でも、川谷の『スポーツ倫理学講義』との併読を勧めたい。

03 スポーツ文化論シリーズ
（中村敏雄 編、1993～2005、全14巻、創文企画）

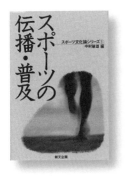

　9年以上にわたって刊行され続けてきたスポーツ文化論シリーズ。著名なスポーツ研究者たちによって、スポーツの現代的な問題が解説されている。特集テーマを紹介すると、「スポーツの伝播・普及」「スポーツのルール・技術・記録」「スポーツをとりまく環境」「スポーツメディアの見方、考え方」「外来スポーツの理解と普及」「スポーツコミュニケーション論」「スポーツ技術・ルールの変化と社会」「日本文化の独自性」「境界を超えるスポーツ」「オリンピックの標語の考察」「日本人とスポーツの相性」「スポーツにおける名誉や称号」「二十世紀スポーツの実像」。

　代表的な研究者たちが、それぞれの問題をわかりやすいかたちで考察している。知的探究心はもちろんのこと、レポート作成、卒論制作、あるいは授業の副読本として、特定の課題にチャレンジしようとする場合には、まず本シリーズに目を通すことを勧めたい。各論稿に挙げられている参考文献を掘り起こしていけば、必ずや研究の方向性がみえてくるはずである。

04 21世紀スポーツ大事典
（中村敏雄・高橋健夫・寒川恒夫・友添秀則 編、2015、大修館書店）

　本事典は、1987年に刊行された『最新スポーツ大事典』の補完を意図して企画されたものであったという。しかし編者によれば、「スポーツのその後の発展に応じて生まれたスポーツ経済学やスポーツ法学といった重要な新分野」と「スポーツ科学諸分野がもたらす新しい情報の大きさと重要性」を視野に入れ、現代のスポーツ研究に相応しいかたちで、新しいコンセプトのもとに編集されたという。

　スポーツにかかわる25のテーマ、すなわち、概念、政策、法、ジェンダー、経済、アカデミズム、健康、身体文化、医科学、メンタリティー、組織、宗教、技術・戦術、学校体育、歴史、民族、思想、オリンピック、ルール、メディア、倫理、芸術、科学技術、人種、障がい者について、最新の研究成果が網羅されている。最終章では、約200のスポーツ種目についても解説されている。

第Ⅳ部　体育原理を学ぶ人のための基本文献案内
第2章　スポーツ原論に関する文献

05

身体の論理
（滝沢文雄、1995、不昧堂出版）

　自然科学だけではなく、社会学や哲学の領域においても身体論が流行して久しいが、本書では、それらのいずれとも異なる体育学者独自の身体論が展開されている。体育論の多くは、学校体育の目標に「体力」「社会性」「運動技能」の獲得を掲げる一方で、運動者自身にとっての「身体運動の過程」を軽視してきた。例えば、跳び箱の踏み板を蹴らせることで、逆上がりの習得は容易になる。しかし、身体運動の過程が軽視されてきたために、なぜその方法が有効になるのかは解明されてこなかった。人間の身体を物体と同じ論理で扱ってきた生理学や解剖学の身体論も、運動者を想定してこなかった社会学や哲学の身体論も、その問いに答えることはできない。運動の習得過程に目を向ける必要があるからである。

　本書では、体育教師が考慮すべき「運動する主体にとって、身体とはどのようにあるのか」すなわち「身体の論理」が解明されている。学生にとっては少々ハードな内容かもしれないが、挑戦の価値ある1冊である。

06

スポーツの哲学的研究
（関根正美、1999、不昧堂出版）

　スポーツ哲学領域を代表する研究者のひとりに、ドイツのハンス・レンクがいる。金メダリストという哲学者としては異質な経験をもつ彼は、自らのスポーツ経験を哲学の理論で裏付けしながら、競技スポーツの特質を「独自的達成」に見出している。スポーツの競争には、経済競争とは同一視しえない自己実現をめぐる独自の達成原理があるというのである。

　レンクの「独自的達成」を彫琢しつつ、卓球選手として活躍してきた筆者自らの想いが込められた本書には、体育を専攻する学生、とくに競技者を目指している学生に共感されうる部分が多いように思う。競技スポーツが哲学的思索の対象となりえることを理解するだけでも一読の価値があるだろう。

07 体育・スポーツの哲学的見方
（久保正秋、2010、東海大学出版会）

　本書は「哲学的な思考訓練の入門書」である。身体的な活動を中心とする体育・スポーツは、楽しく実践するものではあっても、深く考える必要はないととらえられがちである。しかし、体育・スポーツを人類にとって価値あるものとするためには、その活動に深くかかわっている私たちが、体育・スポーツについて深く考えていく必要がある。それゆえにこそ、私たち体育人には哲学的な素養が必要なのである。

　だが、カントやヘーゲルの哲学書を読む以前に、あるいはそのための語学や知識を学ぶ以前に、「柔軟な思考の作法」を習得していなければ、哲学を理解することはできない。「体育とは○○で、スポーツとは××のことに決まっている」。この固い頭をほぐさなければ、哲学書を読むことも、体育やスポーツの問題を考え抜くことも不可能だ。例えば、「体育の科学化は善である」という命題。哲学的な思考の作法とは、その「善」に付随している「悪」に目を向けようとする姿勢である。常識や通念や信念を一歩立ち止まって相対化させること。そのための練習問題が本書の至るところに配置されている。

08 遊戯する身体
（樋口 聡、1994、大学教育出版）

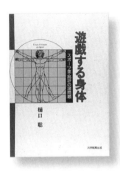

　久保の『体育・スポーツの哲学的見方』とあわせて読んでもらいたい著書である。スポーツ界には、スポーツを愛する人々が共通して口にする常識的観念が数多く存在している。しかしその常識的な観念が、スポーツを愛する人々の想いとは逆に、あるいは、知らず知らずのうちに、スポーツの価値を貶めてしまっているとしたらどうだろうか。真の意味でスポーツの価値を語るためには、何をどのように考え、何をどう主張すればよいのか。本書は、その手順を学ぶための必読の書である。例えば、スポーツをすれば本当に健康になるのか。スポーツが芸術であるというのは本当だろうか。本書による哲学的な思考の訓練を経たならば、体育哲学の代表的な研究書『スポーツの美学』（樋口聡．1987．不昧堂出版）への道が拓かれるかもしれない。

第Ⅳ部 体育原理を学ぶ人のための基本文献案内
第2章 スポーツ原論に関する文献

09 身体教育を哲学する
（佐藤臣彦、1999、北樹出版）

　私たちがよく知る「体育」の概念は、「身体教育（physical education）」の翻訳語として近代に成立した概念であるが、その身体教育はなぜ人類にとって必要であるといえるのか。体育をめぐるもっとも本質的な問いに論理的な回答を付与しているのが本書である。

　「人間はいかにして対象をとらえうるのか」を探究したカントの認識論や、「文化とは何か」を問うた哲学的人間学の知見を取り込みながら、体育の存在が問われていく。哲学の理論を援用しているがゆえに難解であることは否めない。だが、丹念に読み進める根気強さがあれば、けっして読破不能な著書ではないだろう。読後には「なぜ体育は必要か」という本質的な問いに明快な答えが与えられるはずである。

10 身体教育の思想
（樋口 聡、2005、勁草書房）

　佐藤臣彦の『身体教育を哲学する』が近代哲学をベースとしながら、近代的な意味での「体育＝身体教育」に理論的な存在根拠を付与したのであるとすれば、本書は、フーコーやシュスターマンといった現代思想をベースとしながら、現代的な意味での「身体教育」に実践的（＝知的）な意味を付与している（正確には、そのような意味づけ作業自体を相対化させようとする意図を含んでいるのだが）。

　あらゆる近代的な閉域を超える身体教育の意義と可能性を示している樋口の理論（＝身体教育論）は、学校の病理現象が多発し、近代的な意味での教育が容易に成立しえなくなっている現代にあって、子供と教師の関係、あるいは学校や体育という近代的な制度（概念）を、根本からとらえ直す必要性を示すものになっている。体育授業の関係者はもとより、困難な時代を生きている子供たちの教育にかかわっているすべての人に読んでもらいたい一冊である。

（釜崎 太）

索引

※太字はキーワード解説あり。

あ行

項目	ページ
アゴーン	66
アスレティシズム	148
遊びと人間	66
アダプテッド・スポーツ	**154**
アマチュアリズム	115
アレア	66
アンチ・ドーピング	**124**,125
遺伝子ドーピング	5
意図的(な)反則	40,45,130
違法賭博	4,104
イリンクス(めまいの遊び)	66
インテグリティ	**5**
運動技術	68,**70**,71,74,75
運動技能	11,12,**70**,71,72,75,94,164
運動に関する教育	14,15
運動の意味	30
運動の中の教育	14,15
運動部活動(「部活動」を含む)	3,6,34,42,43,44,54,56,68,76,77,80,81,**82**,83,84,85,86,87,96,108,129,131
運動文化	50,54,60,**70**
運動有能感	89,90,93
運動を通しての教育	15
運の遊び	66
エトス主義	136
エビデンスベース	16
エリート(競技)スポーツ	115,131
オープン・スキル	**72**,73
オリンピズム	44,109,132,133,134
オリンピック・アジェンダ2020	105,**134**
オリンピック休戦	106
オリンピック憲章	109,113,134
オリンピック・ムーブメント	106,133,134

か行

項目	ページ
外部経済性	98
開放技能	→【オープン・スキル】
学習指導要領	5,11,17,**21**,40,82,85,89,90,91,93,94,157,161
学習内容論	68,157
賭け	4,66
学校文化	19
ガバナンス	4,122
体つくり運動	**54**,95
カリキュラム	3,5,17,18,19,98,148
カリキュラム論	10,161
環境破壊	4,112,119
環境問題	44,111,113,**119**
教育課程	3,83
教育課程外(の活動)	80,83,85
教育基本法	**94**,110
教育再生会議	**94**
教育再生実行会議	86
教育者	39,77,132
教育的／競技的二重空間	**80**
教育の政治化	94
教育の力	12
教育プログラム	19,80
教科教育学	21
教科体育	**54**,55,56,57,157,159
競技スポーツ	3,5,34,42,45,76,77,79,80,117,121,122,124,129,130,131,164
教材づくり	74,157
教師	34,38,39,40,43,44,45,54,59,74,**76**,80
教授技術	6,157
競争	2,3,6,54,58,59,60,61,62,63,77,114,121,126,128,147,151,154,155,164
競争秩序	59,60
協同学習	91
共同性	145,146
協同的競争	58
協同的な学び	91
教養主義	35
禁欲主義	60,103
クローズド・スキル	**72**
グローバリゼーション	114,115,116,**128**
グローバル化	92,114,115,116
形式主義	136
原理・原則	7,9,13,108,110
合意形成	15,62,63,90,91
構成的解釈	136
構成的ルール	135
コーチング	12,13,76,78,79,81
コーチング回路	79,80,81
コーチ	12,43,**76**,77,78,79,80,81,150
国威発揚	3,105,128
国際オリンピック委員会(IOC)	105,106,109,113,116,124,133,134
国際親善	3,4
国際スポーツ科学・体育協議会(ICSSPE)	15,17
国民体育大会	22,41,107
国民的娯楽	→【ナショナルパスタイム】
国力	3,4,11,106
国連環境計画(UNEP)	**111**,113
国家	4,5,11,24,35,38,39,83,95,98,105,106,107,108,116,120,124,**126**,127,128,132,147,148
国家法	**108**
子供の体力低下問題	88
コミュニケーションスキル	90,91,93
コミュニティ	18,121,122,144,145,146,160
コミュニティスポーツ	**121**,145
コンプライアンス	4,119

さ行

項目	ページ
ジェンダー	16,139,140,148,**150**,151,158,163
ジェントルマン	41
思考力	92,93
自己肯定感	**89**
資質	6,11,14,15,134,151
資質・(や)能力	11,14,15,17,92,95
自然の教育	46,47
事物の教育	46,47
死亡事故	82,86,123,124
資本主義社会	60,151
社会性	11,15,34,39,49,52,70,84,164
社会体育	56,121
弱肉強食	58,59,63
社交としてのスポーツ	41
自由競争	2,60,61,151
障害者スポーツ	97,98,153,154,155

項目	ページ
生涯スポーツ	5,16,68,95,96,98,99,**121**,122,131
商業主義	4,61,63,113,115,116,129
消費文化	53
勝利至上主義	4,63,82,85,96,98,120,129,130,131,149,162
人格陶冶	**35**
人種差別	4,63
身体運動	2,3,12,23,28,30,31,38,48,50,70,72,141,164
身体運動文化	**11**,13
身体活動	15,17,18,19,20,29,31,88,89,120,135,151
身体観	**48,52**,53
身体教育	35,54,55,56,132,158,166
身体訓練	35,38,54,55,56
身体形成	47,48,50,51,158
身体知	57
身体的な思考	56,57
身体的ハビトゥス	148
身体的リテラシー	16,17
身体の教育	14,38,55,**56**,57
身体の洗練化	56
身体文化	6,56,158,163
身体論	52,53,164
身体を通しての教育	14
身体的コンピテンシー	**17**
人的資源政策	5
優れた運動体験	31,33
スポーツ・イノベーション	98,99
スポーツ概念	3,23,24
スポーツ観	6,99,131,150
スポーツ還元主義	**41**
スポーツ議員連盟	**107**
スポーツ規範	40,43,104
スポーツ基本計画	4,107
スポーツ基本法	4,99,107,**109**,110,122,144
スポーツ教育	11,16,41,157,158
スポーツ享受	97,121,122
スポーツ享受能力	11
スポーツ権(利)	**109**,120
スポーツ原理	8,154
スポーツ・ジャーナリズム	140
スポーツ需要	95,96,97,98,99
スポーツ振興法	**99**,144
スポーツ大国	4
スポーツ仲裁裁判所(CAS)	63
スポーツ庁	2,4,82,99,**107**,110,144
スポーツ哲学	8,10,11,164
スポーツ賭博	4
スポーツの商業化	117,120
スポーツの独立性	105,106
スポーツの中の教育	14,15
スポーツの美	141,142,143
スポーツの本質	61,102,130
スポーツ・フォア・オール	**120**
スポーツプロモーション	122
スポーツ文化	6,22,24,34,37,45,61,63,121,125
スポーツへの教育	15
スポーツマン(パーソン)シップ	35,40,41,104,130
スポーツ立国	41,**106**
スポーツ立国戦略	4,106
スポーツ倫理	43,**129**

スポーツ倫理学	35	
スポーツを通した教育	14	
生活の身体	**50**	
精神としての身体	49	
生成体験	31	
性的マイノリティ	**150**,152	
生理的早産説	47	
世界アンチ・ドーピング機構（WADA）	124,125	
世界アンチ・ドーピング規程（WADC）	123,124	
セクシャル・ハラスメント	108	
セクシュアリティ	152	
世俗化	60	
世俗内禁欲主義	60	
ゼロ・サム・ゲーム	60	
全国身体障害者スポーツ大会	153	
全国大学体育連合	14	
戦術	41,61,**70**,71,73,74,75,91,92,115,137,160	
戦術的ファウル	**38**,130	
戦術能	**70**,71	
全人的な発達保証	17,19	
専門分化	9	
相互依存の関係	107	
総合型地域スポーツクラブ	97,**122**,**144**,146	
総合保養地域整備法	112	
想像の共同体	127	
ソーシャル・ネットワーキング・サービス（SNS）	138	

た行

体育およびスポーツに関する国際憲章	15,18,19,108,120
体育科教育学	9,10,39,91,157,158,159,161
体育嫌い	6,89
体育原理	7,8,9,10,11,12,13,36,39,108,109,110
体育、身体活動ならびにスポーツに関する国際憲章	15,18
体育哲学	8,9,10,39,162,165
体育の学力	16
体育の質保証	15,19
体育の存在意義	5,7,11,38,89,93
体育の理念	14,17,18,29
体験	30,31,32,35,36,37,52,56,67,89,90,103,141,142,149
体罰	6,**82**,86,149
卓越性の追求	61,62,102,130
達成行動	70,71
「楽しい体育」論	68,158
楽しい体育	14
男性優位主義	148
知育	11,55,95
チート行為	5
中絶ドーピング	4
統治	4,122
道徳性	34,37,39,139
ドーピング	4,5,12,38,40,43,104,123,124,125,129,130,162
徳育	11,95
賭博	4,103,104

な行

内的な競争性	61,62
ナショナリズム	105,115,120,126,127,128,129,140
ナショナルパスタイム	20
日本アンチ・ドーピング機構（JADA）	125
ニュースポーツ	96,97,98,131
人間形成	3,6,12,34,35,36,37,38,39,48,108,161
人間疎外	58,59,63
能力	6,11,14,15,16,17,18,32,34,43,46,50,54,55,56,58,59,71,72,74,78,89,92,95,129,154,155
ノーマライゼーション	97

は行

バーバリズム	148,149
バーンアウト現象	96
排他主義	98
排他的競争	58
パイディア（遊戯）	66
発達の論理	30,31
パブリック・スクール	132,147,148,151
ハラスメント	6,86,108
パラリンピック	2,3,4,24,82,99,105,**153**
美学	**141**,142
平等	2,18,36,60,62,63,83,154
フーリガニズム	148,149
フェアプレイ	18,35,40,41,42,43,44,45,66,104,130,134
武道	3,11,24,37,38,72,73,75,94
普遍的身体	48,50
プレイ	6,18,31,38,40,41,42,44,45,64,65,66,67,68,69,70,91,112,113,114,115,116,120,121,122,128,130,135,136,137,142,143
フロー体験	67
プロテスタンティズムの倫理	103
プロテスタントの行動規範	60
プロフェッショナル・ファウル	42
文化的身体	**50**
文化としてのからだ	49
文明化	147
閉鎖技能	→【クローズド・スキル】
暴力	6,12,34,43,58,60,63,82,83,86,94,103,108,129,130,147,148,149,158
法令遵守	→【コンプライアンス】
ボール操作の技能	75
ボールを持たないときの動き	75
ホモ・ルーデンス	64,65

ま行

マスキュラー・クリスチャン	**104**
みんなのスポーツ	16,120,121
メディアスポーツ	116,**138**,139,140
燃え尽き症候群	96
目的・目標論	10,157

や行

八百長	4,12,40
野球賭博	4
役割葛藤	**77**,78
遊戯性	59,60,146
優勝劣敗	6,58,59,63
ユニバーサルアクセス権	140
ユニバーサルなスポーツ文化	63
輸入文化としてのスポーツ	21
ユネスコ	15,18,44,108,120

ヨーロッパ・みんなのスポーツ憲章	120

ら行

ライフスキル教育	16
ルール	5,18,28,32,41,42,43,56,58,60,61,62,63,66,77,78,97,99,106,115,130,135,136,137,147,151,152,154,155,162,163
ルールの遵守	130
ルドゥス（競技）	66
レクリエーション	12,121
レジャー	5,102
レジャー志向の体育	5
ロールモデル	**133**

欧文

off-the ball movement	→【ボールを持たないときの動き】
on-the-ball skill	→【ボール操作の技能】
Sports for All	→【スポーツ・フォア・オール】

人名索引

アーノルド	15
（トーマス・）アーノルド	148
アーモンド	73
アリストテレス	36
アンダーソン	127
ヴィゴツキー	49
ウェーバー（ヴェーバー）	58,103
エリアス	60,104,147
カーク	17
カイヨワ	66,67,68
嘉納治五郎	8,107
ギデンズ	114,115
クーベルタン	44,132,133,134,151
グットマン	153
クライン	17
グリフィン	73
グルーペ	29,30
クルム	68
ゲルナー	127
シーデントップ	68
シュピース	48
城丸章夫	36
高橋健夫	70
竹之下休蔵	35,68
丹下保夫	35
チクセントミハイ	67
ペスタロッチー	47,48
ヘリゲル	37,38
ホイジンガ	64,65,66,67,68,69
ホブズボウム	127
ポルトマン	47
マッキーヴァー	144,146
松田岩男	71
松原治郎	145
ルソー	46,47
レンク	28,164
ロイ	58
ワイス	32

編者・執筆者一覧

(2023年7月現在)

編者	友添秀則	(元早稲田大学)	
	岡出美則	(日本体育大学)	
執筆者(掲載順)	友添秀則	(元早稲田大学)	第Ⅰ部第 1 章
	深澤浩洋	(筑波大学)	第Ⅰ部第 2 章
	岡出美則	(日本体育大学)	第Ⅰ部第 3 章
	出原泰明	(元名古屋大学)	第Ⅰ部第 4 章
	森田啓之	(兵庫教育大学)	第Ⅱ部第 1 章
	関根正美	(日本体育大学)	第Ⅱ部第 2 章
	近藤良享	(名古屋学院大学)	第Ⅱ部第 3 章
	久保　健	(元日本体育大学)	第Ⅱ部第 4 章
	滝沢文雄	(元千葉大学)	第Ⅱ部第 5 章
	丸山真司	(日本福祉大学)	第Ⅱ部第 6 章
	松田恵示	(東京学芸大学)	第Ⅱ部第 7 章
	岩田　靖	(信州大学)	第Ⅱ部第 8 章
	久保正秋	(元東海大学)	第Ⅱ部第 9 章
	中澤篤史	(早稲田大学)	第Ⅱ部第 10 章
	吉永武史	(早稲田大学)	第Ⅱ部第 11 章
	菊　幸一	(国士舘大学)	第Ⅱ部第 12 章
	梅垣明美	(同志社女子大学)	第Ⅲ部第 1 章
	鈴木知幸	(スポーツ政策創造研究所)	第Ⅲ部第 2 章
	齋藤健司	(筑波大学)	第Ⅲ部第 3 章
	等々力賢治	(元松本大学)	第Ⅲ部第 4 章
	岡本純也	(一橋大学)	第Ⅲ部第 5 章
	間野義之	(早稲田大学)	第Ⅲ部第 6 章
	水上博司	(日本大学)	第Ⅲ部第 7 章
	竹村瑞穂	(東洋大学)	第Ⅲ部第 8 章
	石坂友司	(奈良女子大学)	第Ⅲ部第 9 章
	岡部祐介	(関東学院大学)	第Ⅲ部第 10 章
	田原淳子	(国士舘大学)	第Ⅲ部第 11 章
	松宮智生	(清和大学)	第Ⅲ部第 12 章
	橋本純一	(日本ウェルネススポーツ大学)	第Ⅲ部第 13 章
	樋口　聡	(元広島大学)	第Ⅲ部第 14 章
	松尾哲矢	(立教大学)	第Ⅲ部第 15 章
	杉本厚夫	(元関西大学)	第Ⅲ部第 16 章
	稲葉佳奈子	(成蹊大学)	第Ⅲ部第 17 章
	渡　正	(順天堂大学)	第Ⅲ部第 18 章
	細越淳二	(国士舘大学)	第Ⅳ部第 1 章
	釜崎　太	(明治大学)	第Ⅳ部第 2 章

教養としての体育原理 新版──現代の体育・スポーツを考えるために
©Hidenori Tomozoe & Yoshinori Okade, 2005, 2016.　　NDC375/viii, 168p/26cm

初版第1刷	2005年4月10日
新版第1刷	2016年7月20日
第6刷	2023年9月1日

編著者	友添秀則・岡出美則
発行者	鈴木一行
発行所	株式会社　大修館書店 〒113-8541　東京都文京区湯島2-1-1 電話 03-3868-2651（販売部）　03-3868-2299（編集部） 振替 00190-7-40504 [出版情報] https://www.taishukan.co.jp/

装丁・本文デザイン	島内泰弘（島内泰弘デザイン室）
印刷所	壮光舎印刷
製本所	牧製本

ISBN978-4-469-26797-6　Printed in Japan

Ⓡ本書のコピー、スキャン、デジタル化等の無断複製は著作権法上での例外を除き禁じられています。本書を代行業者等の第三者に依頼してスキャンやデジタル化することは、たとえ個人や家庭内での利用であっても著作権法上認められておりません。